四特 教育系列丛书 SITEJIAOYUXILIECONGSH

U0577073

师者无敌

《"四特"教育系列丛书》编委会　编著

吉林出版集团股份有限公司

全国百佳图书出版单位

图书在版编目 (CIP) 数据

师者无敌／《"四特"教育系列丛书》编委会编著.
—长春：吉林出版集团股份有限公司，2012.4
（"四特"教育系列丛书／庄文中等主编.教师全方位
修炼）
ISBN 978-7-5463-8765-9

I.①师… Ⅱ.①四… Ⅲ.①中小学－教师－修养
Ⅳ.① G635.16

中国版本图书馆 CIP 数据核字（2012）第 045056 号

师者无敌

SHIZHE WUDI

出 版 人	吴　强	
责任编辑	朱子玉　杨　帆	
开　　本	690mm×960mm　1/16	
字　　数	250 千字	
印　　张	13	
版　　次	2012 年 4 月第 1 版	
印　　次	2023 年 2 月第 3 次印刷	

出　　版	吉林出版集团股份有限公司
发　　行	吉林音像出版社有限责任公司
地　　址	长春市南关区福祉大路 5788 号
电　　话	0431-81629667
印　　刷	三河市燕春印务有限公司

ISBN 978-7-5463-8765-9　　　　　　定价：39.80 元

前　言

　　学校教育是个人一生中所受教育最重要的组成部分，个人在学校里接受计划性的指导，系统地学习文化知识、社会规范、道德准则和价值观念。学校教育从某种意义上讲，决定着个人社会化的水平和性质，是个体社会化的重要基地。知识经济时代要求社会尊师重教，学校教育越来越受重视，在社会中起到举足轻重的作用。

　　"四特教育系列丛书"以"特定对象、特别对待、特殊方法、特例分析"为宗旨，立足学校教育与管理，理论结合实践，集多位教育界专家、学者以及一线校长、老师们的教育成果与经验于一体，围绕困扰学校、领导、教师、学生的教育难题，集思广益，多方借鉴，力求全面彻底解决。

　　本辑为"四特教育系列丛书"之《教师全方位修炼》。

　　教师的职业是"传道、授业、解惑"，教师的职责是把教学当成自己的终生事业，用"爱"塔起教育的基石，用自己的学识及人格魅力，点燃学生的兴趣，促进学生的健康、快乐成长。

　　俗话说："教师不能半桶水。"学生专业知识水平的高低，很大程度上受老师知识水平的制约，如果教师在教学中对教材分析不透，对知识重点把握不准，要点讲解不清，那么学生听过他的课就会产生一种模糊的收获不大的感觉。因此教师必须知识广博，语言丰富，学生才能学到真正的知识。本书从新世纪、新时代经济和社会发展的要求出发，从理论与实践的结合上，对新世纪教师素质及其修养的一系列问题，做了比较全面、系统、深入的阐述。应当说，这是一项十分有意义的工作。

　　本辑共20分册，具体内容如下：

　　1.《师魂》

　　教师被人们称为"人类灵魂的工程师"，担负着传授知识、传承文明、培养人才、提高民族素质的光荣任务。教师的最高境界需要"忙人之所闲，闲人之所忙"，从有到无，从无到有；从看教育是教育，到看教育不是教育，再到看教育还是教育，这就是对教育的最大贡献，让人的精神生活世界有生机、有活力、有智慧。

　　2.《以礼服人》

　　作为教师，我们要正确领会礼仪、礼貌、礼节、仪式和教师礼仪的概念，领会礼仪的地位和作用，掌握教师礼仪的原则、方法，坚持科学发展观，为构建社会主义和谐校园而奋斗。教师的一举手一投足，甚至一颦一笑，都蕴含着教育的力量。本书从教师的个人形象、教师的服饰、教师的语言、师生关系礼仪、教师与家长沟通礼仪、同事共处礼仪、集会礼仪和社会交往礼仪等方面，系统阐述了教师礼仪的一些基本常识。

3.《教师的一生修炼》

本书将重点探讨如下诸方面的理论与实务：职业规划——自我实现的教育生涯、如何设计职业生涯、职业发展规划行动、教师入职与离职规划、新教师角色适应规划、教师专业发展规划、校长成长规则、职场诊断与修炼、潜能开发以及享受学习化教育生活等。

4.《育人先做人》

教师是学生智慧的启蒙者，学生未来的引领者。教师的质量决定了教育的质量。教师的品质决定了教育的品位。教师人格的完善能够提升教育的水准。教育职业对教师人格提出了严格的要求：在教师自身的人格教育中不断提升自我，完善人格。人格教育是一生的工作，提升自我、完善人生会伴随一个人一生的历程。

5.《教育语言随心用》

本书内容涵盖了教学语言艺术和教育语言艺术训练的方方面面。从宏观综论到微观剖析，从课堂艺术到辅导艺术，从艺术对话到精彩演讲，从个性张扬到群体发展，从全体教育到特殊教育，质朴无华，内容充实，观点鲜明，为教师深入研究和准确使用教学语言和教育语言提供了可以借鉴的经验。

6.《师者无敌》

本书编写的基本理念是：从内容构架而言，以促进教师对自身职业的理解为基础，以增进教师职业人生的完善为基本目标，以启发、引导的方式来促进教师德性的自主形成；从编写形式而言，力求摆脱单一的理论说教，从当代教师职业生活实际出发，抓住主要问题，采取生动、灵活的语体形式，把精要的论述与典型的事例结合起来，注重该书的可读性。

7.《教师的信仰》

职业精神是教师不可缺失的最本质的东西。一个教师能不能成为好教师、名教师，关键是有没有职业道德，有没有职业精神。今天的教育，缺的不是楼房，而是文化与技术；缺的不是理念，而是行为与操作；缺的不是水平，而是责任和精神。教育的希望，在于教师良心的回归、精神家园的重建。只要有了良好的精神状态，我们就有战胜任何困难的勇气，就有奋然前行的动力。

8.《看透学生的心理》

学生的心理困惑从何而来？概括来说就是一"高"一"低"：高，学生是个承载社会、家长高期望值的群体，自我成才欲望非常强烈；低，其心理发展尚未成熟，缺乏社会经验，适应能力较差。正是这欲望与不能之间的矛盾造成了学生的心理问题。我们编写了本书，是期望引导老师与青少年共同克服这一难题，去打开人生的成功局面。

9.《卓越教师》

突出骨干教师的培训，既是加强中小学教师队伍建设的当务之急，又是提高教师质量的长远之计。本书在编写上提倡以培训学科带头人为目标，以现代教育思想、现代教育技术、特级教师的学术报告以及当前教改的热点问题为研究内容，源于实践又高于实践，可用做骨干教师的培训教材，也可用于普通教师的自我阅读与提高，以期使教师在不长的时间内达到或接近特级教师的水准，成为学科带头人。

10.《与学生打成一片》

如何做最受学生欢迎的老师，是每个老师都要思考的问题，也是每个老师都希望的，学校的课程很多，语文、数学、英语、科学、音乐、美术、体育等等，每门学科都有自身的特点，每个学生都有自己的喜好，我们都能真正做到让每个学生都欢迎吗？本书将教会教师们怎么样靠自己的才能和高尚的品德赢得学生的喜欢和尊重，让每一个教师都能成为受学生欢迎的教师。

11.《培养教师爱岗敬业精神》

本书从教师的角度，阐述了教师爱岗敬业所带来的深刻变化，介绍了如何爱岗敬业的途径和方法，从勇于负责、乐于服从、热情专注、自动自发、团结协作、勤奋努力、敢于创新、节俭高效等方面，结合大量教育实例和人生哲理，向广大教师提出了爱岗敬业的崇高理念和修炼方法，期盼每一个教师都能从中受益。

12.《教师职业道德与素质培养》

当前，各级教育行政部门和社会各界都非常关注师德建设，师德教育已经被列为教师继续教育的重要内容之一。本书以专题研究为主线，以典型的案例及案例分析为依托，从教师工作、生活实际出发设置情境、提出问题，突出师德教育的操作性和实效性。本书将适应新世纪对教师职业道德建设的需求，该书也适用于在校师范生以及申请教师资格者学习。

13.《教师怎样提升教学质量》

每位教师的心里都有一个美好的心愿，那就是都想使自己的教学质量得到最大程度的提高。众所周知，教学质量是一个学校的生命线，如何提高教学质量是我们每一位教师时刻都在研究、都想努力做好的一件事。要让教育不平凡，出路就在于能突破平常很容易被封闭的平庸局面。优秀的教师，会善于用智慧慢慢凿开通向教育风景的出口。

14.《教师快乐工作指导》

教师工作细致而繁琐，教师不仅要组织好各种教育教学活动，还要保证学生的身心安全。长期的忙忙碌碌、精神高度集中，教师容易产生麻木、倦怠、疲劳的职业状态。为使教师们消除职业倦怠，学会快乐地生活，愉快地工作，需要多渠道支持帮助教师们进入积极健康的工作和生活状态，从心理、物质和精神上给予帮助和支持，让教师感受到集体的关怀和温暖。

15.《教师工作减压指导》

当教师很累，这已经是所有中小学教师共同的感受。中小学教师劳动强度很大，长此以往，就很容易使教师患上疲劳综合症，导致未老先衰，甚至英年早逝的恶果，对教育的可持续发展和教师队伍的稳定十分有害。中小学教师的过劳问题应当引起政府有关部门的高度重视，以人为本的科学发展观要落到实处，不要仅仅停留在口头上。作为教师个人，我们不要只等待有关部门的措施，必须想方设法给自己"减压"，以防被疲劳综合症缠身。

16.《教师文娱活动指南》

与家人、朋友一起开开心心消费课外时间与星期天，使身心从工作中彻底解脱出来，得到完整的休整，全面地恢复。要知道工作是永远干不完的，是没有最好的。我们需要多看到一些明天的太阳，让照亮别人的蜡烛燃烧得时间更久、更久……

17.《教师心理健康指南》

随着竞争愈来愈激烈，教师的工作节奏日趋紧张，精神上容易产生巨大压力，精神上和身体上的超负荷状态对健康是非常不利的。如果不注意休息和调节，中枢神经系统持续处于紧张状态，会引起心理过急反应，久而久之可导致交感神经兴奋增强，内分泌功能紊乱，产生各种身心疾病。本书力图从教师职业发展的实际需求出发，注重必要的理论引领与生动的案例分析相结合，突出专业性、应用性、操作性、可读性，可为广大中小学教师培训、自学提供借鉴，也可为高校相关专业的学生的学习、研究提供参考。

18.《教师怎样进行教学改革创新》

立足素质教育的学理，探析课堂教学的变革，反思课堂教学实践，重新审视素质教育理论，正是在实践和理论的互动中探讨我国教育的现实与未来。

19.《从历代名著中学习教育思想》

撷取世界知名教育家在世界教育史上具有重大影响和学习价值的教育名著进行选读。每位教育家及其著作均有作者简介、成书背景、内容精要、名著选读等内容。本书结合这些教育名家的成长经历，阐述了不同名著的理论内容和实践特色，批判继承了中外历史上进步的教育思想，对于提高读者的教育理论素养，提升教育工作者的教学水平和创新能力具有一定的借鉴意义。

20.《向教育名家学习教育智慧》

着重介绍当代教育家的教育思想。中国是一个教育大国，理应对全人类的教育作出自己的贡献。在两千多年的历史文明进程中，中国也确实不断为世界教育的进步贡献自己的教育思想、教育制度和教育智慧。新中国成立以来，尤其是改革开放以来，中国教育发生了深刻变化，取得巨大成就，同时，也不断涌现出新的教育思想、新的改革成就和新时代的教育家。我国一大批教育专家学者上下求索、大胆实践，为教育发展出谋划策，为教育改革殚精竭虑。他们的学术思想和教育实践直接推动了我国的教育改革与发展，并将对今后的教育实践与研究继续产生深刻影响。

由于时间、经验的关系，本书在编写等方面，必定存在不足和错误之处，衷心希望各界读者、一线教师及教育界人士批评指正。

编者

目　录

1

第一章

顺乎人性是最美

品德就是力量

今天的人谈起人生成功的要素，总是提到智商、情商乃至财商，停留在技能、本领或者性格的层面。确实，这些是成功的要素，但是我们不能因此而忽视了成功的另一项也许更为重要的因素，那就是品德。尤其是对那些希望成就大事业的人来说，这一要素显得更为突出和重要。

高尚的品德是人性最高形式的体现，它能最大限度地体现人的价值；高尚的品德又是世界上最强大的动力之一，它能最充分地调动人的力量。

每一种真正的美德，如勤劳、正直、自律、诚实，都自然而然地得到人们的推崇。具备这些美德的人值得信赖、尊重和效仿。在这个世界上，他们弘扬了正气，他们的出现使世界变得更美好、更可爱；他们激发了动力，这动力推动着国家和民族走向繁荣富强。

天才总是受人崇拜，但品德高尚的人更能赢得人们的尊重。前者是超群智力的硕果，而后者是高尚灵魂的结晶。天才凭借自己的智力赢得社会地位，而品德高尚的人靠自己的良知获得荣誉。前者受人崇拜，而后者被人视为楷模，加以效仿。

高尚的品德，是人生的追求。品德，比财富更具威力，它比其他任何东西都更显著地影响着别人对自己的看法。在生活中，人的身份地位可以有高下之别，它或许与金钱、权势相关，而品德则与这些统统无关。一个身份卑微的人可以是一个品德高尚的人，一个有权有势的人也可以是一个品德高尚的人。

对大多数人来说，当他作为一个普通人在自己平凡的生活中尽心尽责的时候，他最高尚的品德就在这种持久的尽心尽责中表现出来。他们或许没有金钱、房产、学问和权势；但是，他们依然拥有高尚的灵魂，拥有精神财富——诚实、正直、尽职尽责等。在这个世界上，许多人尽管一无所有，但是他们品德的荣光同国王加冕的荣耀相比，可以说毫不逊色。

富兰克林把他作为一个社会名流的崇高声望，归因于个人品德正直诚实，而不是自己的才能或口才。他说："正直诚实使我在人们中享有声望。我口才很差，根本谈不上雄辩。遣词造句还犹疑含糊，很难说正确使用语言。不过，我还是能清楚地表达自己的意思。"

品德就是力量，从一种更高的意义上说，这句话比"知识就是力量"更为确切。善良的人、正直的人、诚信的人……具有高尚品德的人总是更容易让人追随，他们影响的每一个人，都会受到鼓舞和振奋。

政治家、艺术家、商人……各行各业的人都如此，教师也不例外。

2000 年 4 月的一天午后，在成都火车站，一个中年男子和十几个初中学生引起了一些旅客的注意。因为还有十几分钟火车就要开动了，十几个学生围在中年男子的车厢下，一个也不肯离开，一声声亲切地喊着"李老师"。火车开始启动了，李老师探出头、伸出手与学生挥手告别；这些学生一边跟着火车跑，一边流泪挥手。这位李老师就是四川省成都市石室中学教师李镇西。

十八年来一直教书的李镇西，先后在两座城市三所学校任过教。十八年来，学生走了一批又一批，但李镇西从没放弃过做一个有激情、有思想的教育者的努力。

李镇西个子不高，脸庞黝黑，带着一副眼镜，普通、平常，但就是这样一位教师，一旦面对学生，他总是激情洋溢。

石室中学 2000 级 3 班的学生刚刚参加完中考，这场考试后，同窗三载的同学将各奔东西。但他们每一个人都不会忘记 1997 年 8 月 28 日，第一天走进这个班级时，从李老师那里学到的第一个"概念"——让人们因我的存在而感到幸福。李镇西对他的学生说："今天，李老师和你们第一次见面……三年之后我们分别时，一定会成为难舍难分的好朋友。那时，你们会因为在初中遇到了李老师而感到幸运，我也会因为在这三年认识了你们而感到幸福！"

有学生回忆说："当时我们还是不懂事的小孩子，可李老师却教给我们这样一句'重要'的话，顿时我觉得自己心里像有什么在燃烧，不自觉挺直了腰。"

第一堂语文课出乎学生的意料。李镇西并没上语文书的第一课，而是和学生讨论关于语文的问题。他提出了三个问题：一是同学们喜不喜欢语文，理由是什么？二是同学们认为"语文"是什么？三是我（李老师）是来干什么的？在学生答出一个问题然后就卡壳时，李镇西告诉学生："语文"就是"生活"。他诙谐地举出生活中的许多例子，逗得学生哈哈大笑。对于自己是来干什么的，李镇西说："我是帮助同学们学语文的，是你们学习中的指路人，路还得靠你们自己走。"

激情往往都是一时的，李镇西的激情之所以能够持久，源于他对学生的爱——为了一次成功的班会，李镇西会调动全班学生乃至全体家长的力量，只为了传达一个主题——要爱你的妈妈；李镇西可以连续几个星期起早贪黑，编撰、排版、策划班级风采录，只为学生在毕业大考之后能在第一时间拿到它；每个学生在生日那天都会收到李老师送来的小礼物。

民主、科学、个性是李镇西教育思想的精华。李镇西认为，真正的民主教育，要用心灵去赢得心灵；民主不只是教育的条件，更是教育本身。因此，他认为真正尊重学生个性的教育，是不以分数论英雄的教育。尤其对待一些"后进生"，更要从每一个人独特的精神需要入手。

乐于向学生学习。李镇西认为，这是教育走向民主所不可缺少的思想革命。他认为，向学生学习就是还教师以真实，给教育以诚实。这样，学生会把教师当作可以信任的朋友，而朋友般平等的感情，无疑是教育成功的前提……

今天，李镇西还在教育岗位上，用人格赢得学生，用心灵赢得心灵。

真正伟大的人受到人们的崇敬和爱戴是理所当然的，因为他们品德高尚；真正优秀的教师受到学生的崇拜和爱戴也是理所当然的，因为他们同样品德高尚。他们高尚的品德和巨大的榜样力量是他们成功的保障。

无论我们所说的成功仅仅是指教出好学生，成为名师抑或教育家，还是做一个高尚的、受人尊敬的和爱戴的人，我们都需要修炼自己的品德，使之如润物无声的春雨、出淤泥而不染的夏荷、劲直有节的秋竹、凌寒独放的冬梅……

"德"是师之魂

"德才兼备，堪为人师"，这是社会对教育工作者中的优秀者做出的评价与赞誉。

他们是凭什么得到了令社会悦服的赞扬和上级领导的认可与表彰呢？是什么力量促使他们敏于学习、勤于思考、勇于实战、乐于奉献呢？

不是优越的工作条件，也不是丰厚的待遇，而是高尚的教师职业道德、爱岗敬业的精神激励着他们埋头苦干，将自己的青春无私地奉献给教育事业。师德就是这样给予了他们无穷的教育动力，无形地影响着他们的教育能力。

高尚的师德本身就是一本好的教科书，对学生潜移默化的教育作用往往是巨大的、深远的，甚至是终生的。

然而，由于市场经济大潮的冲击，以及社会上一些不良风气的影响，部分教师在世界观、人生观、价值观等方面还存在着一些不容忽视的问题：有的不读书、不看报、不重视时事政策的学习，只满足做一名简单的传授者；有的只管教书，不管育人，认为育人是领导的事；有的缺乏强烈的事业心、责任感和敬业精神；有的奉献精神差，追名逐利，斤斤计较个人得失，缺乏应有的职业道德规范意识，不尽职守责，甚至不备课，得过且过，"只当和尚不撞钟"；有的亦教亦商，以教谋私；有的对学生不能一视同仁，对尖子生袒护娇惯，对成绩较差生讽刺挖苦，甚至侮辱学生人格的事也时有发生；还有个别教师酗酒闹事，违法乱纪……这些问题，虽然发生在部分教师身上，但它严重损害了教师在人们心目中的形象。于是就出现了家长有意见、社会不认可、学生厌学甚至辍学的局面；使素质教育陷入了能力低下、目标难以实现的尴尬境地。

"德是师之灵魂"，有人曾经说过："一个人一旦失去了灵魂，那么他就成了行尸走肉。"可见，精神对人的生命活动的支配作用是极其重要的。所以，师德本身就是一种强有力的教育因素。教师的人格、品德、言行、举止，无时无刻不在潜移默化地影响着我们的教育对象。因此，教师都应以其崇高的道德修养、高尚的人格品质给学生树立榜样，给学生以感染，让学生深受启迪，在调动学生接受教育的内在动力、更加积极主动地接受教育的基础上，有效地实施自身的影响力，开展教育、教学活动。否则，不论我们的教育管理制度多么完善、我们的管理者多么勤奋努力，我们的教育效果都会大打折扣，事倍而功半。

在一所学校曾经出现过这样的事情：

一位教师因在评选区级优秀教师的过程中，没有被推荐为候选人，就闹情绪，无故不上课。还有一位教师因为怕自己家晒的麦子被雨淋而不来校上课。另外，还有一些年轻教师有这样的态度：我教但学生不愿学，这能怪我吗？他不学就是他的责任。

在另外一所学校还曾经发生这样一件事情：

一位教师因事请假两天，学校按规定扣除了他一定的津贴，这位教师到校后再上课时，就按他自己的课时计划不再教请假那几天的课了，他的理由就是：既然我请假了，学校就得找人把课上齐，没有我的责任。

这样的教师，这样的职业道德，对教育的负面影响是什么、有多大，难道不值得我们深刻地反思吗？

苏联教育家马卡连柯这样说过："不要以为只有你们在同儿童谈话、教训他、命令他的时候才是教育，你们的穿戴、怎样对待朋友和故人、怎样笑……这一切对儿童都有着那么重要的意义。"

只有那些时刻都以教师职业道德标准要求自己，在一切细微之处都体现出道德规范的人，才是我们所说的师德的拥有者。

良好的道德品质、高尚的道德情操是要我们全身心、全方位、全天候地规范言谈举止，在长期的积累、沉淀中逐步塑造出来的。教师言行一致、表里如一、没有半点虚伪和矫作，这就是我们最宝贵的职业道德。教育者特殊的职业性质，使得我们在任何时候、任何地方，都必须清楚地知道：我是教育人的人，我的言谈举止都应该合乎师德标准。只有起到良好的榜样作用，才能被社会认可、被学生认可，受教育对象才能从"亲其师"到"信其道"，教师的学术才华才能有施展的机会和场所。

作为教师，我们要时刻告诫自己，我们每时每刻都在进行着教育，这是历史的重任，也是祖国的重托。只要我们这些教育工作者具备了高尚的师德、良好的师风、强烈的爱岗敬业精神，就会产生无穷的进取力量，就能想尽一切办法去优化校风、优化学风，就知道应该做什么、怎样才能做得更好，就可以最大程度地发挥自己的才能。

"德"是师之魂。教师有了圣洁的"灵魂"，必定会更科学、更合理、更有效地开展教育工作，那么施教的对象就会成为善于学习、愿意学习、身心健康、会发明创造的人，而不是厌学、逃学、辍学的人。

爱，让我们义无反顾

在学校教育生活中，在对知识与真理孜孜以求、无比热爱之外，总有诸多美好的事物会激发我们种种丰富的情感体验，尤其是当孩子活泼的生命个体进入我们的视野，进而走进我们内心世界的时候，埋藏于我们心底的爱便得以唤醒，它越过一切世俗功利，深情地拥抱着每一个孩子，与他们一起品尝快乐与苦恼，精心呵护着幼小生命的成长。

师爱是教师道德修养的灵魂，是一股无形的巨大力量，可以让我们在关键时刻勇往直前，义无反顾！

让我们看看几个真实的故事吧：（这些故事均发生于 2008 年 5 月 12 日四川汶川地震中，来源于新华网）

故事一：

2008 年 5 月 12 日下午，崇州怀远中学教学楼发生垮塌事件，在突如其来的灾害面前，该校 700 多名师生绝大多数顺利脱险，但该校英语教师吴忠红却永远离开了他爱的学生——地震袭来，学生从楼梯口蜂拥而下，这位教师引导着学生疏散时，听到有学生掉队，他义无反顾地从三楼返回四楼，这时楼体突然垮塌，这位教师和几名学生被吞噬……

一、楼梯口，拯救学生

虽然昨日学校停课，但一群学生和他们的父母还是来到怀远中学，为离去的英语教师吴忠红和几名学生默哀。看着面前倒塌半边的教学楼，他们的心情像天气一样凄冷。

副校长李宏成折腾了一整夜，他和很多男教师都冲上第一线。不少教师的手在扒土时被磨破了。李宏成说，这栋四层教学楼有 12 个班，下午 1 点 50 分就开始上课，就在第一节课快要结束时，突然地面开始摇晃，学生的尖叫声划破了校园原有的宁静。李宏成说，大楼摇晃了约 1 分钟时，中间裂开一条长长的缝，楼体裂成两半，而裂缝正好在其中一个楼梯边。"这是学生的生命楼梯啊。大部分学生在教师的带领下，从两个楼梯撤离到地面。"李宏成和该校高校长冒着生命危险，跑近楼梯口接应跑下来的孩子。1 个、2 个、

7

3个……李宏成说，当时他们的脑子全懵了，但嘴里却在数着学生的人数。

二、返回时，楼梯垮塌

当时，吴忠红老师正在四楼给初一五班上英语。该班的男学生小斌（化名）描述了当时的情景：教室突然晃动起来，他和同学都吓得尖叫，"同学们，不要慌，什么都不要带，跟着我往下跑！"吴老师挥着手，示意全班同学跟着他往外跑。当时，学生在楼梯口挤成一团，初一五班的绝大部分学生跟在吴老师后面。突然，后面的学生喊了一声："教室里还有两名同学……""吴老师显得很紧张，马上转身，我们已经到三楼楼梯口了，结果他又往四楼上跑，我们跑到楼下，上面的房子就轰的垮了，吴老师不见了……"小斌哽咽着说。

三、残砖中，他牺牲了

李校长说，因为师生有组织的撤离，绝大多数师生安全返回地面，只有5名师生被埋在废墟里。

接到报警后，崇州市政府主要领导率领武警、公安、消防、卫生等部门赶到现场，展开搜寻工作。搜救进行了整整一夜，次日早上6点以后，救援人员才从垮塌的残砖中找到吴忠红，他已经永远停止了呼吸。

故事二：

东汽中学，一所位于绵竹市汉旺镇中心的中学。几天前，一场历史上罕见的灾难降临在了学校所在的这片美丽而富饶的土地上。灾难发生后，东汽中学的1～3号教学楼8个班级中，仅有3个班级的师生安全撤离。高二年级教师李开胜所在的班级就是其中之一。尽管他将班上近40名学生安全撤离，但他的儿子却留在了那片废墟中。

1. 灾难突降，他带学生安全撤离。

"当时我正在上课，突然我明显感觉到教学楼在剧烈地晃动，于是我让学生呆在教室里不动，没想到居然能让他们活了下来。"回忆起当时那惊魂一幕，李开胜现在还心有余悸。

他告诉记者，5月12日下午2时30分左右，他和他的学生正在教学楼2楼的一间教室里上课。突然，整幢教学楼剧烈地晃动起来，当他刚意识到发生了什么事情的时候，坐在前排的三名学生已率先冲了出去。但这三名学生却在教学楼的露台边因房屋垮塌而掉了下去，从此再也没有走出来。

镇定下来的李开胜迅速将学生安顿在教室内，当他走出教室时，发现两边的教室均已大面积垮塌，只有包括他们教室在内的三间教室依然完整。为避免危险再度降临，他没有丝毫犹豫，将班上剩下的30余名学生带到楼梯间，由其中一名最大的孩子带队，安全转移到学校外面的空地上。与此同时，另外两个未受到地震影响的班级也同时抵达。

2. 痛失爱子，他强忍悲痛转移学生。

"大家都没事吧？全体同学报数！"除提前跑出教室的三名学生外，全班同学都已全部安全撤出。几分钟后，惊魂未定的李开胜突然"啊"地叫了一声，然后迅速朝着倒塌的教学楼方向冲去。原来，他的儿子还在3楼的一间教室里上课，生死未卜。

然而，教学楼已不复存在，就连附近的办公楼也未能幸免，剩下的只是残垣断壁。看着眼前的一幕，李开胜再也掩饰不住内心的悲伤，失声痛哭。闻讯赶来的李开胜爱人，在得知儿子被掩埋的噩耗后，也一下子瘫坐在地上。随后，李开胜和爱人强忍内心悲伤，将安全转移出来的学生送到了绵竹市政府临时成立的救护中心。

3. 投入救护，他想到的是需要帮助的人。

"我的儿子两个月前才满17岁，一下子就这样没了，我不甘心啊！"李开胜见到记者的第一句话就说，以前其乐融融的一家子，一夜之间就只剩下了夫妻二人，他们根本无法接受。不过，看到到处都是破损的房屋，还有那些急需救援的人们，本想离开的他还是决定留下来，继续帮助那些需要帮助的人。李开胜已哭干了眼泪的双眼，透出一种坚持。据记者后来了解，李开胜已于昨日加入了绵竹市抗震救灾自愿者队伍。"我失去了孩子，但我不希望更多的人像我一样失去孩子，他们都有生存的权利。"他对记者说。

故事三：

2008年5月14日7时30分，这是令绵阳市北川县第一中学教师刘宁永远悲恸的时刻：念初三的女儿终于从水泥断块下被"搞"了出来，但却永远离开了他。这个外表粗犷的坚强汉子，在目睹女儿遗体的一刹那，突然情绪失控，放声大哭。悲恸之情，令包括记者在内的周围人潸然泪下。

这个在5月12日大地震中失去女儿的教师，却在地震发生的时刻，机智勇敢地保护了自己班上59名学生，使他们安全脱险。

1. 全班 59 名学生仅 2 人受伤

刘宁是北川县第一中学初一六班班主任。地震发生的时刻，刘宁正带领自己的 59 名学生在县委礼堂参加"五四"青年庆祝会。"礼堂突然在晃动，而且越晃越厉害。"刘宁马上意识到发生了地震。他招呼学生不要乱跑。"县委礼堂的椅子离地较高，我叫学生立即就地蹲进结实的铁椅子下面，千万不要乱动。"刘宁说。正是由于刘宁老师在关键时刻的冷静，全班 59 名同学中只有 2 个受了轻伤。

当时的情形是，礼堂发生部分坍塌，沉重坚硬的横梁和砖头水泥雨点般向下砸。"学生躲在椅子下面，牢固结实的铁椅子起到了非常关键的保护作用。"刘宁回忆说。

初一六班一名学生心有余悸地向记者描述当时的场面："我蹲在椅子下面，听见屋顶垮塌掉下来的横梁砖头砸在铁椅子上面发出的砰砰声，非常害怕，护在我身上的铁椅子每被砸一下，我的心都要剧烈地抖一下，几分钟之后，屋顶坍塌的重物终于停止向下砸，就这样，59 名学生奇迹般得救了。但刘宁老师在救援学生时，双手被坚硬的水泥划得鲜血淋漓。"

2. 救人教师的女儿永离父亲

刘宁说，我们跑出县委礼堂时，发现整座县城几乎被夷为平地，往日的高楼现在成了一个巨大的水泥瓦砾垃圾场。到处是呻吟的声音，满目是被砸倒在地的人群。"学校肯定也出事了，我们赶紧往学校方向跑。"

跑回学校时，刘宁惊呆了。两座教学楼垮塌，其中一座被地震完全"粉碎"。刘宁说，要知道，这个校区有 2 600 多名学生。后来刘宁才得知，被压在废墟下面的学生有 1 000 名左右。

刘宁的女儿刘怡，在北川县第一中学念书，她当时也被压在废墟下面。幸存下来的教职员工投入了紧张的救援工作。

女儿刘怡所在的初三一班在二楼。地震发生后，她被压在课桌下面。"据同样困在里面的同学喊话，女儿还活着，只是脚受了伤。"刘宁说。但形势很快发生了变化。由于这两天余震不断，刘宁女儿被困的空间已经被新塌下来的东西挤占，他可爱的女儿永远回不来了。

故事四：

什邡市红白镇中心小学年轻教师王周明，当地震发生时，他指挥学生分两路，从教室的前、后门逃生。在房屋垮塌的一瞬间，他一个箭步冲上前去，把还没跑出教室的一名女生推出教室，一根粗大的横梁打在他头上，他的头盖骨当即被击碎。

20多岁、年轻漂亮的该校舞蹈教师汤鸿，发现险情后，她把学生推向墙角，把她们抱在自己怀中，垮塌的楼房倒在她的身上，尸体被找到时，她俯身趴在那面墙的角落里。在她的怀里，3个女孩活了下来。

刚刚才大学毕业的什邡龙居小学英语教师向倩，地震发生时，她正在疏散学生离开教室。看到有两个学生手足无措，她大步跑过去，一手搂住一个，朝门外冲。教学楼突然垮塌，她和几名学生被埋在废墟中。废墟中，她的身体断成两截，脸部血肉模糊。她的双手仍紧紧拥着两个学生！人们怎么掰，也无法掰开她紧紧搂住学生的双手！

故事五：

当汶川县映秀镇的群众徒手搬开垮塌的镇小学教学楼的一角时，被眼前的一幕惊呆了：一名男子跪在废墟里，双臂紧紧搂着两个孩子，像一只展翅欲飞的雄鹰。两个孩子还活着，而"雄鹰"已经气绝！由于紧抱孩子的手臂已经僵硬，救援人员只得含泪将之锯掉才把孩子救出。

这名男子是该校29岁的教师张米亚。"摘下我的翅膀，送给你飞翔。"多才多艺，最爱唱歌的张米亚用生命诠释了这句歌词。张老师的妻子和不满3岁的儿子也被垮塌的房屋深埋……

以上这些教师的事迹，还只是在灾难来临时英勇的教师群体中的极少的一部分，他们有的是刚迈出大学门槛的风华正茂的年轻教师，有的是已经工作了几十年而历尽沧桑的中老年教师，他们普普通通、勤勤恳恳，与他人别无二致；但只要他们走上了教师岗位，成为一位人民教师，他们就承担了这份沉重的责任，那就是不仅仅要教给学生知识，更要教给他们做人的道理，还要以自己的职业道德和性命来保障这些学生的安危。而越是在危险的时候，他们的这种责任就显得越重要，而他们的这种师德和师魂就更能得到彰显。

教师是太阳下最光辉的职业，而当灾难突然袭来时，他们用生命诠释了这一格言。当成千上万间房屋倒下去的时候，是他们的爱撑起了学生的整个世界！他们用自己的行动乃至生命，向我们阐释了什么是师德，什么是爱！

灾难带给我们的绝不仅仅是伤痛。教师的人格是教育的基石，这些用生命换来学生获救的教师必将彪炳史册！当那些被他救起的学生长大后，他们将会比别人更加懂得什么是勇气，什么是无私，什么是责任。

这是我们中华五千年之魂的不尽延续！这些用生命诠释师德的教师，用血肉身躯教会我们一个大写的"爱"，他们用生命诠释这个字，并一直延续下去！

曾几何时，在一些人的心里，教师成了一些人挑剔攻击的对象，而与教师有关的负面新闻也似乎在增多。然而，在 2008 年 5 月 12 日四川地震中，不少教师所表现出来的英勇无畏，迸发出来的职业理念光辉，塑造出来的伟大师魂，却让我们深深地感慨……

感慨之余，作为教师，请你设想，假如把故事中的主人公换成你，在灾难来临时，在仓促和慌乱中，你会不会做出同样的选择？

可惜，假设代替不了现实，且让我们记住废墟上矗立的一座座师德的丰碑吧，从今天起，爱学生、爱家人、爱朋友、爱社会……

爱会赋予我们无穷的力量，让我们勇往直前，义无反顾。

正直与善良，撑起我们为人为师的脊梁

正直，是人类的脊梁，也是我们为人处事的根本；善良，仿佛是一段缠绵温馨的乐曲，唤醒人们心中最纯真的感情，奏出世界上最美好的乐章——心灵的交响曲。

一个人的人品不像他的轮廓，一眼就能看出来。但它是一个人的精神骨架，支撑着他的身躯东走西奔。这样就有了各种各样的人，拥有各式各样的披挂和身架。看不见的力量才是伟大的力量，那是人的品格魅力。

一个人的品格是其人性中最重要的部分，它是一个人的道德规范在其心智中的内在化。正直、善良才是高贵品质的根本，其他的优良品质都是正直和善良品质的结果。有品格的人不仅是社会的良知，而且是社会的动力和民族的脊梁。主宰世界的力量不是尖端的武器，而是内在的品德。用武力纵横欧洲大陆的拿破仑在晚年也曾经反省过自己失败的原因，从而发现了这样一个道理："道德的力量比物质的力量大十倍。"

由此可见，无论是民族还是个人的成败，归根结底都依赖人的品格。

正直是一种风骨，如同山崖苍松、冬日腊梅，于风急雪大处方显出其高洁傲岸。无法想像一棵歪斜的树能够派上大用场，自然也难以奢望每一棵枝干挺拔的树都能用作栋梁，世界上的诱惑太多，想要站直确实不易，这就是生活；如果努力地站直了，才是诗一般的生活。

正直的人绝不会是一个攀附权贵、心口不一的人。他的内心有一定之规，所以不会撒谎，也不会表里不一，而且内心很少产生矛盾——他才是一个真正的忠实于自己做人标准的人。

正直的人有荣誉感。正直的人视荣誉如生命，珍视每一个获取荣誉的机会。美国作家弗兰克·劳埃德·赖特曾经对美国建筑学院的师生发表演讲："荣誉感指的是什么呢？很简单，关于砖头的荣誉就是一块实实在在的砖头，关于木材的荣誉就是一块地地道道的木材。荣誉，在某种程度上就是要求人们做一个正直的人。"

正直的人都是有良知的人。一个人只有具备了良知，才有可能被列入正直者的行列。良知是正直者的心灵源泉。

正直的人拥有坚强的信念。这一点包括有能力去坚持我们认为是正确的东西，在需要的时候义无反顾，并能公开反对错误的东西。

正直的人富有献身精神。如果说良知是正直的心灵源泉，那献身便是正直的精神核心。没有谁迫使我们严格要求自己，也没有谁强迫我们献身，同样也没人压迫我们服从自己的良知，但每一个正直的人都能做到这一点。

2008年5月12日，在四川汶川，一场突如其来的特大地震灾难降临到了我们身边。

面对这场浩劫，龙马小学的教师临危不乱，表现出了作为一名人民教师应该具备的高尚品德。

2008年5月12日当天，学校正组织大部分师生到温江参加野外逃生自救训练的综合实践活动。14点28分，突发地震。"保护孩子！"教师以最快的速度冲向学生训练基地，学生刚刚接受过避震逃生训练，已经在教官的指挥下抱头蹲在室外空地上。教师逐个查看学生，没有一个学生受伤。"老师，你手上流血了！"刚回过神来的人们才发现有两位教师的手和膝盖在冲向学生的时候受伤了。

当天下午留在学校的幼儿园小朋友正在午睡。地震突然来临，幼儿园教师第一反应就是要以最快的速度将孩子们疏散到外面的空地上。食堂的三个女职工和门卫也在第一时间冲到幼儿园，帮助教师疏散幼儿。大一点的孩子被教师叫醒后，在教师的催促下直往外跑，小一点的孩子根本不明白教师叫他们做什么，惺忪地睁开双眼坐在床上没动静。教师急了，一手一个抱起孩子就往外跑，跑到外面放下孩子又转身回来拉那些跑不动的孩子。肖红霞、王玉华两位教师的子女就在本校幼儿园就读，她们把别的孩子都转移到了安全地带，才匆匆抱起自己的孩子最后跑出去。短短几分钟的时间，一百多名幼儿被全部疏散到学校的操场上，没有一个孩子受伤。肖老师那吓得发抖的孩子哭着说："妈妈，你为什么刚才不先救我……"张老师心疼地抚摸着孩子说："那些小朋友的爸爸妈妈不在，妈妈要先把他们送出去……"

为什么龙马小学的教师要这样做呢？因为他们的正直无私。

对很多人而言，正直是一件艰难的事。因此，正直的人站在我们面前，显得那样有力，那样让我们产生情不自禁的仰慕感。

其实，从根本上说，正直具有其无与伦比的价值。

善良则是一种温情，轻柔似水、暖如春风，让老树发出新芽，拂去心灵上的伤疤，给人间无限生机。

善良，仿佛一段缠绵温馨的乐曲，能够唤醒人们心中最纯真的感情，奏出世界上最美好的乐章——心灵的交响曲。

善良要求教师心肠好、富有同情心，对学生的痛苦感同身受。许多教师一辈子都没有达到这一境界。有些教师不但不够善良，甚至有时有一种置某些学生于痛苦之地而后快的心态。例如，有位教师囿于学校的教育纪律不敢予以学生体罚，便将学生家长叫到学校来，历数学生的种种"罪责"，直煽动得家长火冒三丈、对孩子拳脚相加，他表面上进行劝阻，内心中却感到出了一口恶气、舒坦不少，这哪里是善良，分明是恶毒！有些教师喜欢在家长联系册上告学生的状，苏霍姆林斯基说"这是向学生书包里塞进一条鞭子，父亲就用它来鞭打自己的孩子。""孩子憎恨打他的人。他十分清楚地理解和感觉到，教师在指挥父亲的手。他开始憎恨父亲和教师，学校和书本。"

善良是一种品格，善良是一种修养，善良是一种德行。善良中蕴含着宽容与大度，善良中蕴含着理解与尊重，善良中包含着仁爱友善，善良中包含着慈悲为怀。善良是教师对待学生的底线。

"这几天张萌怎么了？上课精力不太集中。"王老师发现了张萌同学的反常，心想：会不会是……

事过两天，放学后张萌一直不急于回家。王老师想她可能有话要和自己单独谈，因此他有意识地晚走了一会儿。可她一直不抬头地写作业，不理他，回办公室后他还在分析，今天张萌为什么不走呢？

第二天，奇怪的是在上班的路上，王老师碰见了和自己住在两个方向的张萌，显然她是特意迎他的。没等他说话，张萌就抢先说："王老师？我想求您给我调一下座位。"不用问原因，王老师已猜出来了几分。可他故作不解地问"为什么要调座位"？"不…为…什么。"她吞吞吐吐地回答他。"不为什么就换座位，同桌能接受得了吗？"这时，张萌从口袋掏出个纸条递给他说："老师，这就是原因。"王老师接过纸条，认真地放在口袋里说："老师到办公室看，然后再还给你。"她满意地点了点头。

回到办公室，王老师把这张小纸条打开一看，果然不出他所料，问题就出在王彤这"坏小子"身上。怎么办？马上调座位不行，那会伤害两颗纯真的心；找王彤单独谈话也不行，这样他会难为情；更重要的是引导不好，会影响他们的学习。

放学后，王老师留下他们俩研究班级工作（因为他们都是班干部），并鼓励他们在学习、工作中都要成为全班的表率。其实，他俩心里都明白老师为什么单留下他们。后来，还是聪明的王彤向王老师表态了：老师您放心吧，我们会处理好一切问题的。

事后，王老师把纸条还给了张萌，问她：还用调座位吗？她回答说：不用了，王彤已经向我道歉了。后来，这两名学生都考进了黑龙江省名校——哈尔滨市第三中学。

以下是对王老师的访谈。

问：如果按张萌的意愿调座会出现什么情况？有几种结局？

答：如果真的给张萌调座了，可能会出现两种结局。一种是破坏了两名学生的正常关系，从此这两名同学会互不来往，这样一对纯洁的心灵都会受到伤害；另一种结局可能更坏一点，会激怒男同学，并使其对同学采取报复手段。

问：当您对张萌的反常现象有了预感时，您创造条件等她，而不是主动找她谈，是出于怎样的考虑？

答：当时我不急于找她谈，主要出于给她时间，给她一个自己教育自己的过程和机会。如果我找她说，她就会想老师已经掌握了我的情况了，会把问题看重了。

问：您怎样看王彤这个"坏小子"的行为？

答：我认为王彤的行为，并非那么坏，不值得大惊小怪，它只反映了中学生心理成熟过程中的一种现象，只要教师正确地引导，问题是会解决的。

问：您这种处理学生"求爱信"的作法，是出于怎样的考虑？

答：这类问题，不宜公开化处理，采取一切尽在不言中、此处无声胜有声的教育方式更好。

这个案例通过"对一封求爱信的处理"，从另外一个侧面反映了人民教师为人正直、友善待人的高尚师德品质。

学生之间的求爱信很多教师都会碰上，在具体处理方式上也最容易显示出教师的师德品质如何。缺乏高尚师德的教师往往会采取简单粗暴的处理办法，结果必然严重伤害学生的自尊，甚至造成严重后果，而正直、友善的教师则会从爱护学生的角度，谨慎地处理，案例中的王老师显然属于后者。王老师面对有错的学生，实现了一种无伤害并有良好效果的教育。这与那种简单粗暴的教师不负责任的教育形成了鲜明的对比。王老师的教育动作之所以那么轻，那么小心翼翼，那么像春风拂面，完全是因为对学生的爱护，对学生的现在和未来的高度负责。两个学生之间的事，就在两个人之间处理，对于班级好像什么都没有发生过，但对于当事人却产生了巨大的心灵震动，带领他们闯过了一段人生险滩，教师的伟大也因此得以展现。

所以，正直和善良是相辅相成的：正直如同高山，笑傲风云；善良如同流水，滋养生命，让人清凉舒爽。它们一刚一柔，共同组成了生命的根基。只有根基扎实了，参天大树、摩天大楼才能矗立起来，且不被风雨撼动，不为蝼蚁所侵蚀。

约束感，让我们走得更好

年轻教师都期盼自己早点成为经验丰富的成熟教师。倘若年轻的你要向着成熟教师努力的话，那么请你先努力成为一个成熟的人。我相信，所有的校长都希望学校中的教师是成熟的人，所有的家长都希望自己的孩子在一个成熟的人的教导下幸福成长。

自我约束力和约束感是衡量一个人成熟度的重要指标。"约束"和"约束感"一字之差，却有着根本差别。学校发给每位教师一本书，这叫"得到"；如果学校组织教师开展比赛，在比赛中获胜，校方奖励给获胜者一本书，这个"得到"的背后还蕴藏着一种积极的情感，这就是"得到感"。一个经常感觉被约束的人，必定觉得不自在或者痛苦；而一个拥有约束感的人，面对一些必须要约束的事，根本没有这种消极的情绪，因为这完全出自他内心的做人准则和道德价值，他的内心是安定的。约束来自外界，约束感存在于内心。

一个人有了约束感，知道哪些事现在还不能做，什么时候才能做；哪些事不想做，但还是要去做；哪些事是有意义的，需要争取；哪些事是没意义的，需要拒绝；哪些话现在还不能说，到时候才说；哪些话说了也没用；哪些话不说不要紧；哪些话该在哪个场合说；哪些话需要通过什么途径去说……或许你会说，做成这样的人，太世故了吧？不错。所以，一个真正走向成熟的教师的困难与艰辛就在于既要在世故中保存自己，又要在世故中保持自己。不"世故"，你就永远是个不受欢迎的"愣头青"；沉溺于"世故"，你就失去了作为教师该有的那颗常青的童心。

有一次，学校通知青年教师在两天后参加一个会议。开会时，有的教师要请假，说了许多如去市里买东西、已约好了人等理由，我很不理解。买东西天天可以去，为什么非要今天？会议通知两天前就已发出，为什么不另外做安排？问题的症结，我认为是部分青年教师缺少必要的约束感。

我们来看看日本人的自我约束感吧：

有一次，从伊豆半岛西部通往东京方向100多公里长的公路上，几乎

17

全线堵车。日本的道路十分狭窄，国道也只有上下两条车道。几乎所有的车都是回东京的，对面开来的车很少，看不到头的车流在一步一步地缓慢行驶。100多公里的路堵车，居然没有出现一个维持秩序的交通警察，也没有看到哪一辆车从空荡荡的下行车道向前超行，甚至没有人鸣笛催促前面的车辆。大家都耐心地坐在车里，一步一停地向前挪动，大约七八个小时，靠着耐心与自律，他们竟自己把这绵延100多公里的堵塞的车龙给化解了。

有一年，在日本某城市举办足球赛。那是在一个能容纳六万人的体育馆举行的比赛，整个体育馆座无虚席。由于比赛时间长，观众大都带来了饮料、水果和干粮。比赛结束后，整个体育馆里竟然没有一张随意丢弃的废纸，没有一个塑料袋，没有一个空饮料罐。这六万名观众好像突然出现，又突然消失了。

我们是教师，教师更需要这种约束感。教师一旦有了放任、不加约束的"自由"思想，就会有放任、不加约束的"自由"行为，最常见的"自由"行为就是对学生进行体罚、变相体罚或精神虐待。年轻人本来就冲动，学校教育又时时处处与学生打交道，学生不懂事是正常的——一个孩子少年老成，我们会觉得其乖巧；一群孩子少年老成，我们将觉得不对劲；整体性的少年老成，那将是一种可怕。一个教师如果不注意训练自己的约束感，就容易在激情之下做出种种不该做的事情。

很多体罚事件调查到最后，大家都觉得惋惜，都觉得这个教师工作蛮认真、蛮负责的，就是一刹那间控制不了情绪。这就是缺少约束感，由此酿成终生遗憾的苦酒。

许多人都看过这个故事：

有一场世界级的台球比赛，上届世界冠军已到了卫冕的关口，他只要把最后那个8号黑色球打进球门，凯歌就奏响了——这对他来说太简单了。就在这时，不知从什么地方飞来了一只苍蝇。苍蝇第一次落在他握杆的手臂上，有些痒，冠军停了下来，苍蝇飞走了。冠军俯下腰去，准备击球，苍蝇又来了，这回竟落在冠军锁着的眉头上。冠军极不情愿地停下来，烦躁地去打那只苍蝇。苍蝇又敏捷地脱逃了。冠军再次做了深呼吸，准备击球。天啊，他发现那只苍蝇又飞回来了，像个幽灵似的落在8号黑色球上。冠军怒不可遏，拿起球杆对着苍蝇捅去。苍蝇受到惊吓飞走了，可球杆轻轻触动了黑色球，按照比赛规则，该轮到对手击球了。对手抓住机会，一口气把自己该打的球全部打进了。

一只苍蝇和一个冠军卫冕的命运交织在一起，是偶然的；一个教师一怒之下体罚学生并由此影响自己的命运，也是偶然的，但是偶然的背后是一种怎样的必然？

一个能控制自己情绪的人才是个成熟的人。一个成熟的教师，首先应该是一个成熟的人。约束感的底线有两条：一是合理地处理与集体的关系；二是能够在工作中控制自己的情绪。怒火中烧，容易失去理智，只是一味地宣泄，以图一时的痛快，留下的隐患却很多。教师的宣泄一旦伤害到学生，就必然伤害到学生背后的整个家庭乃至更多的人。你要知道，对他人造成的伤害越大，反作用力也就越强，对你个人的影响与伤害也就越大。

有人说，愤怒出诗人。但是，愤怒绝不会出教育家。对教师而言，对学生愤怒往往是缺乏修养和教育能力的表现。每一个教育家都是富有涵养的人、充满耐心的人。涵养，使他永远那么和蔼可亲；耐心，使他有足够的时间思考出最有智慧的教育方式。

那么，如何培养约束感呢？

心理学家做过这样的实验：让一群4岁的孩子走进房间，发给每个孩子一粒软糖。实验者对孩子说，他要出去一会儿，如果他回来时哪个孩子还没有吃掉软糖，那个孩子就能再得到一粒软糖。实验者走到隔壁的房间，从监视器里观察孩子的反映。孩子的反映有三种：一种是不等实验者出门，就抓起软糖剥开纸放进嘴里；另一种是等了一会儿，但禁不住诱惑，也吃掉了；第三种孩子一直克制着，等待实验者回来再吃软糖。

跟踪研究表明，这些孩子进入高级中学时出现了明显的差异。第一种孩子比较孤独、固执，遇到挑战容易灰心，往往易于屈从外在的压力。第三种孩子成绩优秀、乐观自信。学习能力测验表明，第三种孩子也远远优于第一种孩子。很明显，第三种孩子身上的自制力是这群孩子中最好的。自制力为什么能帮助人取得成功呢？因为拥有自制力的人，能战胜自己，成为自己的主人。他们在行动中即使受到干扰，也能够用自制力加以抗衡，按照既定的方向和目标做事。

世上没有天生的好脾气，也没有天生的无可救药的坏脾气，任何人经过教养的熏陶和克制的训练，都能逐渐成为管理自己情绪的人，使身上的冷静与克制像碱中和酸一样地"中和"忧虑、烦闷和怒火。古人"骤然临之而不惊，悴然加之而不怒"的气概，无一不是在生活的点滴的克制中修炼出来的。

作为教师，我们天生具有修炼克制的优势。学生犯错误是最正常不过的事了，谁不是在错误中长大的？

一些教师发现班上学生惹是生非，总十分生气，其实我们应该庆幸孩子的问题能及时暴露出来。再者，这正是修炼克制能力的好机会。如果我们对班上出现的每一桩事情都能以此心态对待，相信师生之间能始终保持应有的美好情感。

此外，在自我发展方面也可以修炼自己。没有教师的发展就没有教育的发展，任何一所学校都希望教师能够发展，教师发展了才会有学校的发展、学生的发展、教育的发展。现在，很多大学怀念朱自清、钱钟书，其原因不一定是这些前辈大师善于教学，而是他们自身的修养和人格魅力令人敬仰，他们本身就是里程碑，就是教育的力量。

教师的发展无非是实践、反思和读书。据我所知，绝大部分教师也的确需要在这三个方面好好用功。怎样用功？首先要学会克制自己。比如，规定自己每周三和周六各写一篇教育日记，那么不管出现什么情况，都要按时在规定的时间写。但是，事实不会这么简单，在做这些事情的时候，可能会出现心理上的冲突，这个时候，一定要战胜自己。如果一次次任由懒惰的、没有自制力的自己战胜勤奋的、有自制力的自己，那么人生将由此走向一事无成；相反，你就能成为一个有着很强自我控制力的人、一个成熟的人、一名成熟的教师、一名有品格魅力的教育工作者。

珍视你的人格，就是储蓄你的价值

我不知道有多少人看过电视专题片《百年恩来》，其中的一个镜头让我终生难忘。说的是多年以前河北邢台发生地震时，余震未息周总理就来到灾区视察。他向灾区群众讲话时，前来聆听的人很多。那天风特别大，人们迎风而立，秩序井然，讲话者面对着群众，自然是背风了。可是周总理发觉这一情形后，立即让乡亲们掉转身子，由迎风变为背风，他自己则由背风变为迎风。看到这个镜头，我禁不住流泪了。我知道周总理所以永远地活在人民的心里，因为在他的身上有着一种高尚的人格魅力。

人格是什么？人格，是一个人全部教养和追求的真实而自然的流露，是人的心态、个性、气质等特征的总和，但是人格首先是人品。所以，"成功就是做人和做事，先做人，后做事。""人格不是金钱，却是一个人成功的最宝贵、最优良的无形资产。"

为什么要特别强调这一点？我们可以设身处地想一想，一个人的能力虽然有大小之分，但可以经过后来的努力不断地弥补和提高，任何一个单位也都愿意提供这样的培训机会；但是一个人的人品有了问题，就是根子出了问题，难易其性，它就像隐藏在人身上的定时炸弹，对人的伤害总是存在着，只不过是或早或晚的起爆而已。

有一位教师在曾对我讲过这样一件事：

2006年，我到各班教室去清理财产，走到一个班，我发现开学时学校统一配备的提水桶、洒水壶、灰撮一样都没有了，于是我问学生，学生异口同声地说："那些新东西轮得到我们用吗？早就被班主任拿去了，留给我们的就只有这些破烂不堪的东西了。真不要脸！"我被学生的话震惊了，这个班主任怎么这么小气？这个班的学生怎么这么恨班主任？静下心来想想，学生的话至少说明了一点：这个班的学生仇视老师的主要原因是这个教师缺乏应有的人格魅力。所以作为教师要注意培养和拥有人格魅力，教师有了人格魅力，才会有威信，才会受到学生的尊重，你的教育才会获得较大的成功。因为教师的人格魅力对学生有着极其深远的影响。

教师的人格魅力来源于健全的人格素养。拥有这样品质的人，他才会爱岗敬业，大公无私，他才会以崇高的师表风范出现在同事中、学生中、工作中、生活中、学习中，他才会自觉地用自己健全的人格魅力去影响和教育学生，就会得到的学生的信任和尊敬，学生在这样的教师的熏陶下才会容易形成健全的人格。

教师的人格魅力来源于渊博的学识和教书育人的能力。具有这样条件的教师不但在教学上游刃有余，而且善于处理和协调跟学生以及同事的关系，会创造出融洽、和谐的工作氛围，以利于获得事业的成功，从这样的老师的身上，学生的性格能得到各方面良好的影响，受益终生。

　　教师的人格魅力来源于善良和慈爱。他们会在平等的基础上善待每一个学生，不会因为学习成绩的好坏与家庭背景的不同而高看或歧视某些学生。他们胸怀博大，能容得下性格各异与兴趣爱好各不相同的学生，他们不仅是学生的良师，也是学生的长者，还是学生的知心朋友；他们不仅关心学生的学习成绩，也关心学生的思想品质与良好的行为习惯的养成，更会把学生的喜怒哀乐、寒热冷暖放在心间。

　　教师的人格魅力来源于对学生的信任和宽容。在教学的过程中，他们不是一味地灌输、包办代替，而是把学习的主动权交给学生，让学生在探索中享受到成功的喜悦，他们是学生学习的指导者和引路人，从不把学生看成是知识的容器和考试的机器，他们充分相信学生的能力，并想方设法锻炼和提高学生的能力。他们对学生在探索的过程中、在学习生活中的过失，采取的是宽容的态度，信任并让学生自己纠正过失。

　　教师的人格魅力来源于对事业的忠诚。他们不是把教书看成是一种谋生的手段，而是毫无私心杂念地投身其中，以教书育人为崇高的职责，并能从中享受到人生的乐趣。他们以自己的真诚去换取学生的真诚，以自己的正直去构筑学生的正直，以自己的纯洁去塑造学生的纯洁，以自己的高尚品质去培养学生的高尚品质，他们是最能以身作则的人。

　　教师的人格魅力来源于从不满足的执著精神。他们始终以胜不骄、败不馁的形象去感召学生追求卓越。在挫折和困难面前，他们是当之无愧的强者。他们不会陶醉在成功之中而不思进取，更不会沉溺于暂时的失败的痛苦之中而不能自拔。他们会反思，并从反思中获得宝贵的经验教训，确立新的奋斗目标，用勤奋和智慧浇灌更加丰硕的成果。

　　教师的人格魅力来源于美好的自身形象。这样的教师，他们十分注重自己的言行举止和衣着仪表，他们在洁身自好的同时，也会影响和教育学生讲究仪表，注意文明，让那些行为不检点的人在他面前自显形秽、无地自容，从而予以收敛，并逐渐养成注意良好的自身形象的优秀品质。

　　教师的人格魅力来源于出众的交际口才和交际能力。具有这种能力的教师，他们很会说话，很讲究语言艺术，注重语言的艺术感染力，善于处理各种关系，在复杂的人际交往中得心应手。对这样的教师，学生喜欢接近，并很容易将其当作知心朋友。他的口才，他的能力让学生折服。他对学生教育的话语才有分量，才富有感召力，对学生产生着巨大的震慑力，对学生的教育是深远的。

教师的人格魅力来源于准确的判断能力和敏锐的观察能力。这样的教师会对学生的未来发展和事物的变化具有前瞻性，进而能对学生因材施教，更有益于学生的发展，他们对事物的发展方向有着准确的判断，从而能得出相应的应对策略，办起事来八面玲珑、得心应手。特别是在处理学生的纠纷时，善于区分主要矛盾和次要矛盾，抓住关键，提高办事的效率，会让学生受到教育，并心服口服、心悦诚服。

教师的人格魅力来源于优雅气质。拥有优雅气质的教师一定是学识渊博、充满激情、充满理想、充满活力的人。这样的教师会给学生留下十分美好的印象，他们很会讲究教育的方法和艺术，备受学生的喜爱，他的品质会对学生产生着潜移默化的影响，学生会乐意接受他的教育和培养。

实践告诉我们：要想作一个成功的教师，首先要作一个充满美好的人格魅力的人。让我们每一个教师努力地培养自身的素质，用自己健全的独特的人格魅力来影响和教育我们的学生，让高尚的人格魅力来成就我们的教育生涯。

为人师表是一种重要的教育手段

古今中外的优秀教育家，都倡导教师要为人师表，以自己的模范品行来教育和影响学生。他们要求教师做到思想进步、道德高尚、遵纪守法、言行一致、以身立教、严于律己。在思想、道德、学习、生活等各个方面，成为学生的表率。为人师表是一种重要的教育手段，对学生而言具有重大的激励作用。

从教育对象的特点来说，学生的模仿性非常强。人是善于模仿的，爱好模仿，是一种良好的天性。因为少年儿童习性未定，行为的习得不仅需要教师的言传，而且需要教师身教。"身教重于言教"，教师为人师表是学生活生生的教科书，甚或是一本最好的教科书，这本教科书将激励学生不断求知和求善。

教师为人师表对学生品德具有定向作用。孔子说："其身正，不令而行。其身不正，虽令不从。"教师没有高尚的品德，是不可能教育出具有良好道德的学生的。所以董仲舒说："是故善为师者，既美其道，又慎其行。"教师高尚的道德能帮助学生提高道德认识，引导学生形成科学的道德意识；教师积极的道德情感可以引起学生情感和情绪上的共鸣，从而形成丰富的道德情感和健康的情绪；教师坚毅的道德意志对学生有巨大的激励作用，它能增强并鼓舞学生锻炼坚定的意志和顽强的毅力；教师高尚的道德行为，能指导学生选择正确的道德行为，培养学生良好的道德习惯。可以说，教师是学生道德的启蒙者和设计者。

2006 年美国年度教师凯慕柏莉·奥立佛在讲述自己如何成为一名优秀教师时说：小时候，我喜欢我的保育教师昌德勒夫人，希望长大后做她那样的人……我知道她在两个方面赢得了我的爱戴和尊敬。首先是她和我的关系，在她班级里的生活，和她的交流，给我留下了鲜活的印象……其次是因为她的惠赐，不仅教会我怎样阅读，还培养我对阅读长久的热爱，正因为她，我才知道终身学习的重要。

教师为人师表对学生智能发展具有促进作用。一个为人师表的教师也会勤奋钻研，不断改进教学方法，端正教学思想，从而彻底放弃苟且情绪，能够对学生智慧能力的发展给予有力的启发和指导，促进学生有效学习。学生也由于佩服知识渊博、治学严谨的教师，而最容易接受这些教师的教诲，在这一过程中，他们的智慧才能得到良好的发展。

鲁迅先生在日本留学时的老师藤野先生曾以纯真的品质、博大的胸怀给身处异国他乡的鲁迅以极大的温暖，使得鲁迅在回国 20 多年后，还深深怀念着老师。在鲁迅晚年，每当写作到极度疲倦时，抬头看见藤野先生的照片，便激起无穷的力量，点一支香烟继续奋笔疾书。藤野先生成了鞭策鲁迅奋斗的力量源泉，这正是教师为人师表的魅力。

以令率人，不如身先

为人师表是对所有教育工作者的基本要求和期待。同时，这也是人们对教师的一种褒奖。教书先育人，教师不仅应在知识和言行上成为学生效仿的对象，而且更应为学生、为世人树立良好的品德样板。

教师的优秀品格可以令每一位学生终生受益，教师的高尚道德可以让所有人为之感动。

2008年5月12日在四川省汶川县发生了里氏8.0级特大地震，在生死攸关之际，许许多多教师为我们谱写了一曲曲师德的赞歌。

我们不妨一起来看看新华社记者采写的一篇报道：

四川省北川羌族自治县陈家坝乡位于距县城不远的山坳里，陈家坝小学就位于陈家坝镇上，全校共有学生700多人，老师50人，分为一至六年级15个班和幼儿园4个班。

12日14时28分发生地震时，学生正在上课，一时间学校的2座三层教学楼大幅晃动，导致墙皮震落、楼体倾斜，师生无法站立，学校老师第一时间呼喊学生趴到桌子下面进行躲避。第一波震动过后，老师紧急将受惊吓的学生转移到学校的开阔地带，并进行人数清点。正当老师进行人数清点时，余震又将学校边上的部分山体震塌，一时间沙土弥漫，伸手不见五指。

顿时，700多个孩子乱作一团，四处躲避。在外围的老师为了不让孩子乱跑受伤，纷纷按住往外跑的学生。来陈家坝小学支教的大学生何超平面对扑面而来的沙尘，大喊着："趴下，趴下，不要跑！"同时，紧紧将身前几名已经吓呆的学生按倒在地。沙土过后，师生眼睛里、嘴里、耳朵里都填满了沙土。

随后，学校决定渡过校前二十多米宽的小河，将学生转移到对面更安全、地质更坚固的山坡上。在清点完学生后，老师赶紧把学生按班级分好，按照年龄由小到大的顺序分批转移，转移过程中老师站成一排，为了不让膝盖深的小河冲倒孩子，老师们几乎是将一个个边哭边喊的学生传过小河，登上对面山坡。随后，一批批学生家长赶了过来，领走了一部分学生，但这时还有近 400 名学生"无人认领"。

由于地震严重，山坡下的陈家坝已经"矮"了下去，仅存的几座楼房也不同程度倾斜着。随后，政府组织的第一批救援队来到陈家坝，由于物资有限，老师把发放的水和饼干全部分到了孩子手中。即使这样，一个十几个人的班才分到了 1 瓶矿泉水，每个孩子只分到了 3 片饼干。

就这样，近千名学生和家长在山坡上度过了一个不眠之夜。许多老师和学生还不知道自己亲人的下落。此时，陈家坝幼儿园园长李顺霞从同乡人口中得知，自己的女儿和丈夫被埋在了北川县城，其中女儿死亡，丈夫下落不明。她强忍痛苦，仍旧照顾着身边的十几个幼儿园的孩子。

地震第二天下午，由于流经陈家坝乡的河流被山上滑下的土石堵住，水位越来越高，陈家坝乡随时有被水淹没的可能，于是学校决定步行前往19 公里外的桂溪乡。下午天空开始下起了大雨，近千名师生和家长浩浩荡荡走向桂溪乡。途中，学生和老师被雨水淋透，冻得瑟瑟发抖，不时路旁还有山石滑落下来。由于食物和水有限，经过 3 个多小时的行走，终于来到了桂溪乡。许多孩子的脚已经被磨得不成样子，但是近百名老师和家长没有让一个孩子掉队、走散。

据了解，陈家坝小学 700 多名师生无一遇难。

而与此相反的是，前几年在某地发生了一次里氏 4.8 级地震，随着一声大喊："地震啦！"正在给学生上课的女教师赶忙夺门而去，慌乱中甚至跑掉了一只鞋，乱作一团的学生惊慌失措地挤作一团，结果地震倒没造成什么损失，学生却挤伤了好几个，事后人们提起她，无不嗤之以鼻……

同样是教师，同样是地震，人格的高低，一目了然。在生命最危急关头，四川省北川羌族自治县陈家坝小学的教师们为我们树立了"先人后己"的人格典范。

在北京师范大学的校园里铭刻着这样的校训："学为人师，行为示范"。这既是对未来的准教师们的教诲和要求，也是对教师品德的高度概括。教师的品德不仅仅在于自己拥有真才实学和高尚品行，更可贵的是在成为人世和社会的楷模："以令率人，不如身先。"做教师，就应作品德的示范者。

威信，教育的潜在动力

威信是指教师具有的使学生感到信服的一种精神感召力，也就是教师在学生心目中的威望和信誉。

教师是否具有崇高的威信，与教师自身的素质密切相关。事实证明，只有那些人格高尚、知识渊博、能力出众、多才多艺、关心和爱护学生的教师，才能够在实践中赢得学生的信任、敬仰和爱戴，获得崇高的威信。

对于有威信的教师，学生的态度和言行通常具有下述的特征。

（1）对教师持信任、尊敬的态度。

（2）希望得到教师的关注，乐于和教师接近。

（3）对于教师提出的要求容易接受。

（4）对于教师做出的决定多给予拥护和支持。

（5）对教师布置的任务，认真对待、努力完成。

（6）对教师的评价、批评、表扬十分看重，且容易产生较强烈的情感体验。

（7）把教师视为某些方面的榜样来学习和模仿。

可见，教师的威信是学生接受教育的保证，同时教师的威信还是一种强有力的教育手段，具有强大的教育力量。

因此，教师一定要注意树立自己的威信。我们先来看一个案例：

刘辉是全国著名的特级教师。刘老师留着小八字黑胡，人特精神，也很开朗，好像从没有什么烦心事似的。他的学生很喜欢他。

有一次，刘老师给学生上课，正值一个大雪纷飞的冬日，天寒地冻。许多同学上课了还不断地跺脚，刘老师站在讲台上并不生气，反而说："跺吧，跺吧，我已经听见春雷滚动的声音了。"许多同学都被他的话逗笑了，感觉这位老师幽默、风趣而又平易近人。

大家很快平静下来，刘老师说："春雷过后，春天就要到了，这节课我们就先来学习朱自清先生写的《春》。"

刘老师先给学生范读课文，他读得声情并茂，让大家觉得浑身也暖和起来。教室里非常安静，同学们都被这富有磁性的嗓音所吸引，一个个坐得很端正。

刘老师刚把课文读完，一个学生突然轻轻地唱了一句"春天在哪里呀"。虽然很轻，可同学们全都听见了。此时，大家都把目光投向那个学生，有的脸上现出厌恶的神情，大概觉得这样捣乱太不应该；有的笑了起来或许是觉得又有好戏看了。面对这突发情况，刘老师没有慌张，他慢慢地走过来，也没有训斥唱歌的学生，而是笑眯眯地说："现在虽然不是春天。但却孕育着春的生机。诗人雪莱有一句名言——'冬天到了，春天还会远吗？'这位唱歌的同学，你还记得吗？"听了刘老师的话，大家无不为他的教学机智所折服。

正在这时，一阵风猛地把教室的门吹开了，一团雪花随风裹了进来。刘老师快步地走向教室的门前，伸出双手，接住了几朵雪花，大声地说："瞧，雪花迫不及待地来告诉我们，春天就在它的后面！"

"哗——"全班同学都为刘老师这句精彩而富有诗意的话鼓起掌来。唱歌学生的脸立刻就红了起来。刘老师关了教室的门，看了那学生一眼，又笑着说："看，你的脸多红呀，艳若桃花，相信从此以后，春天会永驻在你的心里。"

像刘辉这样的教师，他们有丰富的生活阅历，渊博的学识，多方面的才干，旺盛的精力，雷厉风行的工作作风，严谨不苟的生活态度，奋斗向上的性格，高尚的人格魅力，这些优秀的品质有效地帮助他们在学生中很自然地形成了威信。

首先，加强学习和修养，完善自己的个性。

教师，要提高自己的思想水平和道德境界，在教师的个性因素中，思想品德和作风是首要的。一方面，教师的思想水平和道德境界决定着教师的工作态度和工作作风，决定着教师个性的发展倾向；另一方面，学生对教师的态度、情感，很大程度上取决于学生对教师的思想品德所作的评价。年龄较小学生甚至会因为教师的某一品德问题而全面否定一个教师。凯洛夫说的好："对于新生来说，教师具有无可怀疑的威信，教师是一切好的化身和可资仿效的榜样。然而，决定着儿童和教师的关系的进一步建立还是教师的工作作风和他的人格品质。"马卡连柯也说："教师威信首先建立在责任心上。"而责任心正是品德的一个方面。

对于教师而言，正确的人生观，高度责任感，对学生的关心和爱护，办事的公正，等等要求是特别重要的。教师应以此严格要求自己。

有无数的事例可以证明，提高自己的思想水平和道德境界是教师获得威信的必由之路，而思想的肤浅，品格的低下将无可避免地导致威信的降低或丧失。

完善自己个性的另一个重要内容是提高自己的业务水平，完善自己的知识结构和能力结构。业务水平高，获得学生的肯定评价，是令学生敬佩的重要条件。难于相信，一个对自己所教学科的知识似懂非懂、一知半解，学生提出的问题如果难一点就不能回答的教师会有多高的威信；同样的，也难于相信，教法刻板，语言乏味，不善调动学生学习积极性，教学艺术低下的教师会有多高的威信。为此，作为教师要努力提高自己的业务水平。

作为教师，单纯业务水平高是不够的，还应有较广博的知识和多方面的能力。文史哲方面的知识，教育学、心理学方面的知识，行为科学、管理科学方面的知识，观察思维、言语等能力对于教师来讲都是很重要的。一方面可使教师能较得心应手地开展各项工作；另一方面使教师易于和学生接近和交谈，赢得学生的敬重，教师不必也不可能在每一个方面都胜过学生，但在总体水平上应胜过学生，我确信这是建立威信必须的条件。

教师的形象、气质、性格，还有兴趣、情感、意志也是个性因素中不可忽视的方面。教师必须注意培养自己的优秀品质。

其次，要建立亦师亦友的新型师生关系。

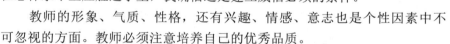

现代教育具有主动性、民主性、合作性和多样性的时代特征。教育的目的就是要培养适应时代需要的人，因此，新世纪呼唤着新型的师生关系。这种新型的师生关系要求教师的权威从此不再建立在学生的被动与无知的基础上，而是建立在教师借助学生的主动参与以促进其充分发展的能力之上。所以，"爱"成为教育成功的秘诀。有些教师误以为要树立威信必须"严"字当头。有人甚至认为鞭打的威胁是唯一制止学生捣乱的前提，其结果不但不能在学生心目中树立威信，反而只能损伤学生的人格和心灵。另外，还有些人主张在一团和气中求得威信。他们讨好、迁就学生，对学生的缺点和错误姑息纵容，懒得深层管理。这样的教师虽然和学生的关系也可能是融洽的，但这种人在学生心目中的分量却很轻，也并不能真正树立起教师的威信。所以说"爱"要有度，"严"也要有度。一个好的教师，他应该不仅仅是学生的良师益友，更是学生的知心朋友。因此，教师要真正从对学生的爱出发，关心他们，严格要求他们，尽可能深入到学生中去，把自己真正融入到学生之中。这样在自己教育教学中才能创造出民主、和谐、愉悦的学习氛围，才能唤起学生对学习的内在需要。再就是出现问题时一定要对学生一视同仁，要公平公正地对待每一个学生，不歧视后进生，不忽视中间生，也不溺爱优等生；只有这样，学生才会真正信服你、敬佩。如此，关系融洽了，教师的威信也就自然而然地树立起来了。

最后，要注意威信的正确运用。

威信是有用的，但不能滥用。教师应该明白：①威信只能用来提高教育的效果，促进工作的开展，而不应用以显示、维护个人的所谓"尊严"，也不应用作为压服学生的工具。②威信的作用是有限的，教师真正而可靠的力量在于自己的优秀品质和才干，在于对学生的关心和爱护，在于学生的道德感和理智感。③威信的作用也有消极的一面，它可能使学生变得迷信和盲从，限制学生独立思考能力和创造能力的发展。④威信是可变的，对威信的滥用将导致威信的丧失。

教育工作的随意性，以及以威信的作用代替必要的教育工作是运用威信容易犯的错误。这是教师在运用威信时必须注意的。

已建立的威信是会变化的，可能提高也可能降低，甚至丧失。威信一旦丧失，其恢复要比从头建立更困难，所以教师要注意保持自己的威信。

威信的保持不仅取决于教师对威信的正确运用，还取决于教师个性品质的发展，天天向上，才具有不减的吸引力。为此，要保持威信，教师必须要求自己，勇于承认错误、改正错误，使自己的个性不断发展完善。

尊重可以使人理智，也易使人悔过

中国古代教育家孔子主张教师在教学中要善于"因材施教"，注意发展每个学生的个性特长；要做到"有教无类"，追求受教育权的平等。《学记》更指出，教学要"导而弗牵，强而弗抑，开而弗达"。这些都是中国先人尊重学生的思想光辉。

在西方近现代教育发展史上，卢梭的"自然教育论"，爱尔维修的"智力平等说"，狄德罗的教育民主化与世俗化主张，以及裴斯泰洛齐的"和谐发展"思想，更是把对学生的尊重看成是教育成功的基本原则。

新教育思潮的代表人物爱伦·凯反对压制学生的个性和施行体罚，倡导教育的民主和自由；蒙台梭利则更呼吁社会要尊重学生的人格，爱护他们"纯清而又敏感的心灵"；伟大的苏联教育家马卡连柯创立的"严格要求与尊重信任学生"的思想，至今仍是我国教育学上的一个基本原则。

翻开这些中外教育史，我们可以看到，尊重受教育者，一直是中外教育家的共同目标和理想。近年来，更有人提出"向孩子学习"的概念，这种"尊重的教育"理念，在无形中指出了教师必须具备的人格素质——尊重自身、尊重教育、尊重学生！

教育的前提是尊重。人皆有自尊心，皆有人格尊严，处在成长期的学生的自尊心更是敏感与脆弱，更需要教师发自内心的呵护与爱惜，需要教师来自灵魂深处的尊重与信任，从而使学生能够在一种健康、自由、愉快的环境中接受教育，自觉学习。

李镇西老师所倡导的民主教育是尊重个性的教育。尊重个性，就是要尊重学生的主体性，尊重学生发展的主动性，承认他作为个体的差异性。他的民主教育是追求自由的教育。尊重学生心灵的自由，就是尊重学生思想的自由、感情的自由、创造的自由。

李镇西说，教育是心灵的艺术。如果我们承认教育的对象是活生生的人，那么教育过程便不仅仅是一种技巧的施展，而应该充满人情味；教育的每一个环节都应该充满着对人的理解、尊重和感染，应该体现出民主与平等的现代意识。

李镇西在班级管理方面改变过去教师一人说了算的"人治"，让全班学生运用集体制订的班级规章互相制约、共同管理，把自己放在与学生平等的位置，与学生一起建设班集体。引导学生自我管理、自我教育、关心集体、参与改革。在李镇西的班级里，大事小事都是民主评定，班主任至多也就"一票"发言权。一次，一个刚刚保证了"不再犯错"的学生，"忍"不住又犯了老毛病。李镇西气急之下，想惩罚这个学生，取消他参加郊游活动的权利。可他转念一想，看看学生怎么办呢？

学生了解事情的前因后果后，纷纷举起小手——让他和我们一起去，集体不能在这时抛弃他。犯错的学生禁不住热泪盈眶，这样的班级教育胜过

100 次惩罚。

李镇西说，在当代中国，几乎每一个"优秀教师""优秀事迹"的辉煌大厦，都必须以其班级大大高于所在年级、所在地区平均水平的"升学率"作为支撑的主要栋梁，否则，他的一切教育思想、探索与创新都等于零，"升学教育"压倒了一切。但是，取得较高升学率所付出的代价，往往是学生个性精神的丧失！没有个性的教育必然培养出没有个性的学生。

对一个各科成绩都差得出奇的学生，李镇西没有去反复问他：你为什么不好好学，为什么不认真听课？而是尝试贴近这个学生的心灵深处，了解他的苦衷：听不懂课而又必须坐在教室里，还不准做其他事，这是多么痛苦的事呀。

李镇西特别批准这个学生可以在语文课上抄《烈火金刚》《红岩》等小说，一个学年结束后，这个连字都不识多少的学生语文竟然考了 76 分！

李镇西说，"教育燃烧着激情也燃烧着思想。教育本身就是最具创造性的精神活动，因而教育者充满理想主义激情的人文情怀和独具个性的思想之光，理所当然地应该贯穿于教育的每一个环节和整个过程。"这是一项光明的事业，更是一项艰难的事业。只有当一个人愿意为它付出很多很多时，才能看得见他深刻的足迹。

教师尊重学生，让学生在宽松和谐、融洽的环境中轻松自然地获取知识的营养、健康快乐地成长，这对学生具有十分重要的意义。尊重学生，教师必须端正认识、从我做起，必须着手实践、立言立行，必须更新观念、与时俱进，必须着眼发展、面向未来。案例中的李镇西老师真正做到了这点。

尊重可以使人理智，也易使人悔过。尊重绝不等于纵容，它往往可以唤醒人的良知，常常可以产生无法估量的教育效应。

作为教师，我们都不可避免地会遇到各种各样的违纪学生，当我们面对这些犯错误的学生时，应首先考虑到对他们尊严的爱护，切不可动辄就穷追猛打，将他们逼上没有退路的绝境，

如果学生是在鞭打厉喝中"成才"，是在侮辱践踏中长大，那么即使他不是"畸形"，心灵也会扭曲，其日后的人生也不知要走过多少弯路才能得以"矫正"！联想起近几年上演的一出出因教育方式不当而引发的校园悲剧，哪一幕不是与此有关？

学生是人，而且是一群需要我们帮助指导的年轻人，因此我们应该耐

心地从各方面帮助他们树立高尚的人生目标，矫正各种不良习惯，同时及时地帮助他们解决各种影响学习的困难，以促使他们学有所成、德才兼备。

而在这之中，尊重是最重要的教育元素——尊重学生的优点和特点，尊重学生的人生观和世界观，尊重学生的行为方式和处事信条，尊重学生的人格和尊严……尊重这些，就是在尊重我们自己的人格和尊严，并以这种尊重深深影响着学生！

尊重是人类各民族在漫长历史发展中形成的基本伦理理念或"最起码的道德共识"，是传统美德的最基本的组成部分，也是人类自身人格魅力的一种体现。

然而，在中国传统的认识中，尊重通常是对上的，如尊老爱幼、尊师爱生等。在人们的观念中，孩子往往是处在受保护、受教育之列的，却常常不会包括在受尊重的范围内，要求孩子得到承认和尊重的呼声很弱。

但事实上，孩子尽管依附于师长，也有被人尊重的需要。一旦需要得以满足，就会有力量，就会前进，就能发展。从教育学讲，尊重也是教育的重要原则。因此，尊重学生的人格与发展，应该是教育的基础，也是一个教师应有的人格品质。

教育是爱的艺术，而尊重是爱的营养。睿智的爱，需要教师真正走进学生的心灵，尊重学生权利，时时处处站在学生的立场上考虑问题，真正做到"一切为了学生"，要理解他们的追求，感受他们的喜怒哀乐。

而那种不顾学生感受的讲解、不容学生辩解的批评、剥夺学生权利的做法，甚至侵犯学生尊严的辱骂，则根本不能被称之为爱，而学生也不可能接受！因为这种爱已经失去了尊重的养分，只是一种自以为是的践踏！

教师培养和教育学生，一定要懂得尊重他们，以平等的态度对待他们，承认他们是权利主体，有着独立的人格和尊严；承认他们有着自己的内心世界，绝对不能用我们成年人的方式去看待和处理。

任何人都是有面子的，也是爱面子的，青少年学生尤其如此，且他们爱面子来得更感性、更直接。所以，作为一个合格的教师，你首先要做到的就是尊重学生的人格，保护学生的自尊，用你的人格魅力去感染他们！

尊重是进行教育的前提，而这种尊重本身，就是对学生最好的教育。

作为教师，应该从尊重这个起点开始，努力为学生创造一个愉快而自由发展的环境，为学生树立一个榜样，让他们在教师的人格魅力的感召下，学会尊重——尊重自己，同时也尊重他人！

所以，放下你"绝对权威"的架子，俯下身来，听听学生们的心声吧！不要伤害他们的自尊，不要扼杀他们的自信！

请用尊重与鼓励做成一颗颗"糖果"，放在学生们的手中，让每一名学生都在你伟大人格的光环下茁壮成长，并放射出绚丽的光彩！

"欣赏"温暖人心

我们先来看一位教师讲述的故事：

我合上最后一本学生的化学作业，双手捧起一摞作业簿，往办公桌上一放，然后清点哪些学生没有交。当我在学生的名单里打完钩以后，一个没有做记号的学生名字，霍地跳入了我的眼帘——刘莉。我的头嗡地一声，眼睛都直了：怎么偏偏是她？！

对于刘莉，我早有所闻。物理老师说她不交物理作业；语文老师说她不交作文；班主任说她又丑又懒；数学老师说她根本就不听课……然而，在我这个刚到任不久老师的化学课堂上，我觉得她还不错哩，我也为此而沾沾自喜过，怎么今天她也不交作业了呢？我的自尊心头一次没有像往常那样满足。

我静静地坐在那里，想着怎么处理这件伤脑筋的事情，把她叫来，当面吼她一声："不学化学，你就滚！"可是，这里不是第一高中啊，一中的学生想学习，你要她滚，她会害怕；而这里的学生，好多都是家长逼来读书的，你要她滚，正是求之不得哩。要是学生都效仿她，学生都"滚"了，这所本来生命力不强的学校怎么办得下去？然而，不这么处理，我的心怎么能平衡呢？要知道，我老彭可还没有遇到过这样的事情哩。以往，只要学生遇见我，唯恐避之不及，哪里还敢不交作业。我可是学生望而生畏的教师哩，我也常常将此引为自豪。"老彭吼一吼，地球抖三抖"，这是学生给我的"恭维"。

不，不能草率处理，好多学生，好多教师还看着我这个校长怎么处理此事哩。想到这里，我发胀的头脑，慢慢地冷静了下来。我让一个学生将刘莉请到了办公室。

来到办公室的刘莉，昂着头，一副满不在乎的样子。

"坐吧，刘莉。"我指着身边的椅子。

"不坐。"

"不坐我们怎么谈话呢？"

"你们老师不常常让学生站着的吗？"

……

一句话梗得你吞吐不得，我真有些难堪。

"你知道我今天为什么要请你来吗？"

"知道。"

"你没有交作业，有其他原因吗？"

"没有。"

"你怎么想的呢？"

"我不想做！"

我的火一下子就"腾"的起来了，不由自主地站起了身。刘莉狠狠地盯着我。我望着这倔强的女孩，老师们说对了，她真是犟，而且又黑又粗的皮肤，泛黄的头发，一对没有丝毫温柔的眼睛，向上翻起的鼻孔还流着少许鼻涕……我厌恶地把眼光挪开。本来，我问她有没有不交作业的其他原因，就是好让她下台，我也可以借此机会下台，大家脸上都有光岂不好？谁知道她偏不买这个账。"真是粪土之墙不可圬"，在我的心底突然冒出了这样一句老师训斥学生常说的话。

刘莉还站在那里，默默地、狠狠地盯着我，没有丝毫妥协的迹象。

冷静，冷静！我在心里叮嘱自己。顺手拿起桌上的茶杯呷了一口，其实，我哪里需要喝茶喽。

我重新回到座位上。突然，一个美国女教师把倔强的学生称作女儿从而征服倔强学生的故事闪进了我的大脑，我一下子来了主意。

"刘莉，老师真喜欢你的个性，你这个犟劲和我小时候一样，我真希望有你这样一个女儿。今天我们就谈到这里好吗？"

这回，轮到刘莉不知所措了。她那倔强愤怒的眼神一下子暗淡了下去，但眼睛依然盯着我不放。她在怀疑，这是真的吗？我真诚地看着她的眼睛。

"好了，你可以回教室了。"其实，我心里并不想她走，因为事情还没有处理完哩！

她果真没有走。

"你还有事情吗？"我明知故问。

"彭老师，我错了。"

终于，我盼到了这十分难得的一句话。我没有像往常那样乘胜追击，"你错在哪里？"而是十分舒缓地说，"你知道错了就行了，我相信你不会有第二次。孩子，你走吧。"

她给我敬了个礼，走了。在刘莉抬头的那一瞬间，我看到了她眼中的泪光。啊，原来，她也不那么丑！

从此以后，刘莉再也没有不交作业或者缓交作业的时候，而且她的化学成绩一跃而成为全班的尖子。

毕业了许久，她写信告诉我，在我们谈话时，我的一声"女儿""孩子"，给了她"心灵最大的震撼"。她说："自我长这么大，也见到了几十位老师，您是第一个称我为孩子的老师，您也是第一位在我倔强时，征服了我的长者。"其实，我当时也没有想到征服她的好办法，只是灵机一动帮了我的忙而已。

不久，我因心脏病离开了那个班级。在我病重期间，刘莉还带领几个同学，专门寻找黑母鸡为我治病，说是只有黑母鸡才能治好我的病。

我一生教过许多学生，我也遇到过许许多多难以对付但都应付过去了的事情，但它们都被淡忘了，唯独这件事情，时时敲打着我的心弦：任何一个学生，都有值得欣赏的地方，这要看你怎么去欣赏，譬如刘莉的倔强。

看罢这个故事我想起了另外一个故事：

在一堂市级语文优质竞赛课上，当时讲课的老师正在讲苏轼的词《念奴娇·赤壁怀古》。这堂课一开始以影片《三国演义》那恢弘壮阔的场景导入，学生们一下子被吸引住了。老师按照事先精心组织好的程序一步步开展下来，课堂气氛十分活跃。可不料讲到下阕时，当老师问到下阕是如何来塑造周瑜这个英才少年时，问题刚问完，便有一个男生举起手来，老师顿时脸上掩饰不住心中的欢喜，便立即点他起来，可该生却道："老师，我也想问个问题，我记得《三国演义》这部小说中，记载了赤壁之战的战争过程，史实表明这场战争最有功绩的应属黄盖，而非周瑜。作者却为何不选黄盖这个人物来写，却要选择周瑜呢？"

老师霍然听到了一个如此异样的声音。也许来得有些突然，也许这不是她精心安排的45分钟之内该出现的，也许年轻的她根本对《三国演义》就不曾研读过，也许当时台下的听众太多，她太在乎这堂课的完美，在停顿片刻之后，这位老师高声再次重复了自己的问题。可这位学生仍不依不饶地说着自己的疑问，这下引起了台下的哄堂大笑。老师已有些愠怒，便高声说道："我现在要求的是你来分析周瑜，至于作者为何选取周瑜而非黄盖，我怎么知道！"此言一出，全场一片唏嘘。

有人觉得这是一个多么尴尬的场面，可是我却为这位老师感到可惜，这样一个值得欣赏的学生，这样一个值得欣赏的问题，这样一个会使她的课堂更增亮色的机会，都被她的气急败坏错过了！退一步说，即使你不知道答案（这个问题本身就是一个见仁见智的问题），为什么不交给学生去讨论呢？说穿了，这个老师不懂得教学的核心在于过程而不是结果，她对课堂上异样声音的"不欣赏"，如果不是因为浅薄，就是因为狭隘——前者当然可以补救，而后者则是为师者的大忌。

你可知道，教师对学生的"欣赏"，是学生在自我成长阶段永远的期待。如果不是品质方面的问题，你对他们个性甚至极端的另类想法的欣赏，就是对他们拥有自由的发展空间的肯定。鸟儿需要天空，你就给他们天空，这不是迁就，而是满足飞翔的需要。

还有，善于"欣赏"，不只是性格宽让，而且是重要的道德修养，而修养是需要积累和历练的。

被学生喜欢，胜过"一打"的教育技巧

在教育教学中，教师一般都有这样的体验：学生一旦喜欢一位教师，往往也喜欢这位教师的课，学习效果也好。同样，也可能因为讨厌一位教师进而讨厌这位教师所教的课，甚至放弃这个学科的学习。一个被学生喜欢的教师，其教育效果往往是比较理想的。

好教师的教育特征主要表现在其学识和人格上。学生对教师各有各的评价标准。一般而言，学生比较喜欢这样的教师。

一、具有很强的吸引学生的人格魅力

教师对学生有潜移默化的影响，其本身就是一本非常珍贵的教科书，大到世界观、人生观，小到一举手一投足，都渗透在整个教育的过程之中。在教学中，如果教师能以自己的人格品质吸引学生，令学生钦佩，那么我们的教育就已经向成功迈近了一大步。"教育无小事，事事都育人。"教师的人格魅力体现在一件件小事上。

好教师的最大特点是教学民主，关爱而不压抑学生，有教学策略，会造势，善于挑起学生思想深处的斗争，从而让学生学得主动、学得高兴、学得轻松。有这样一个例子：一个不断在课堂上出错搁车，被学生抓住不放，从而引起全体学生对所学问题争论不休的教师，居然也能把学生的成绩教得很好，还被学生认为是他们最好的教师。在他的课上，学生最舒展，也最主动，当然效果也最好。

二、关注每个孩子的成长

在教学中，教师要根据孩子们千差万别的个性，促进每个学生的特长和优势的发展。素质教育倡导的是每个学生都能得到富有个性的发展，并关注学生在学习过程中的情感、意志、态度和价值观的变化。当学生遇到困难时，教师应该做的是肯定学生在学习中所付出的辛劳，继而鼓励他们百折不挠；同时，对他们所遇到的困难进行具体分析，帮助其解决一些困难。一个大家公认的差生，可能在教师的充分信任与爱护下，会取得长足的进步，变得让人不得不刮目相看，这种例子在实际教学过程中是屡见不鲜的。这就需要我们的教师在教育教学中要时时关注全体学生的素质，不仅是关心他们眼前的学习成绩和发展水平，更要关心他们未来的学习能力和发展的可能性。"打着灯笼寻找学生的优点，用显微镜来观察学生的闪光点"，尽可能地创造条件让学生有展示自我的机会，满腔热忱地欢迎每个学生的微小进步。教师要让所有的学生站在同一平面上来，关注每一个学生的成长，相信人人都有亮点，人人都有自主选择的愿望与权利，根据学生的特点，找到因材施教的方法，让每个学生都得到健康、全面的发展，从而充分促进学生素质的全面提升。

三、既要懂专业又要懂心理

具有很高的业务素质、渊博的专业知识是对教师的基本要求，教师还应该是一位心理学专家，及时了解学生的心态，掌握学生的思想脉搏，能够分享每一位学生的喜怒哀乐，这样才能有的放矢，以最佳的方法解决问题，赢得学生的信任与尊敬。

好教师都善于学习，注意研究学生。在主动学习中，能积极吸收和借鉴先进的教育文化；在实践中，注意研究学生的身心特点、认识规律和心理需求，心中有学生，能站在学生的角度看问题，能找准学生的兴奋点，从而采取有效的教学方式、方法，取得好的教学效果。

观察发现，好教师上课都富有激情，语言幽默风趣，思维活跃深刻，形式新颖，有感染力，学生与教师容易产生思想上的共鸣和心理上的愉悦，教师的激情时时熏陶着学生；课后，好教师善于反思教学的得失，修正教学方案，彰显出课程意识。

在教育现实中，也有这样的"严师"，他们把浑身上下充满灵气的学生训教得"安静"，把学生个性的东西"压榨"成共性的东西。这种教育抑制了学生的身心发展，阻碍了学生智能的提高，在相当程度上扼制了一代创新人才的产生。教育家苏霍姆林斯基曾讲过这样一个例子：一个叫巴甫里克的学生，在刚入学的时候，是一个活泼、好动、好奇心很强的孩子，而过了不久，他就变得沉默寡言，过分地守纪律、听话和胆小了。为什么会这样呢？原因正是他的女教师经常愤怒和过分地严格，并武断地把她认定为"思维迟钝的儿童"广为宣传，直到小巴甫里克小学四年级毕业时也没有什么好转。到了中学以后，一位善解人意的植物学教师才把小巴甫里克的才能发挥出来。后来，巴甫里克成为一位农艺师。我们不妨设想一下，如果小巴甫里克从一入学就遇到一位善解人意的教师，就受到公正的待遇，潜能得到开发，也许他还有可能成为巴甫洛夫式的大科学家呢。正因为如此，教师务必要懂得学生心理，了解学生的心态，选用最佳的教育方法，从而取得最好的教育效果。

我们先来看一个教育案例：

这是一堂作文课。与以往不同的是：下课了，孩子们蜂拥着上来，把我团团围住，争着想把没说完的话和我说完。听着他们叽叽喳喳如快乐的小鸟般鸣叫的童声，看着他们个个脸上闪现出的快乐的红晕，我的心如灌满了蜜般的甘甜。聊天聊出了这一堂作文课如此美好的境界。

1. 以聊导入，在兴趣中植入聊天的种子

课还没开始上，我就在教室里，摸摸这个孩子的头，拉拉那个孩子的手，和他们聊上了："猜猜今天李老师又要和大家干什么了？"孩子们仰着小脑袋，纷纷猜测：和我们一起上一堂别开生面的作文课？跟我们做一个有趣的实验？给我们猜难猜的谜语……我侧着头认真地倾听他们的话，用满是鼓励

的目光注视着他们，既不肯定，也不否定。在孩子们的眼里，今天的课显得是那么的神秘。这时，上课铃响了……

2. 以聊展开，在说话中激发习作的欲望

我故意卖了个关子，停了片刻，然后认真地告诉孩子们："今天老师是和大家来聊天的！"并认真地在黑板上写下了"聊天"两个字。聊天？孩子们都觉得非常意外，一时间课堂上静悄悄的，大家都瞪大眼睛盯着我。"没错！就是聊天！"我用非常肯定的语气告诉他们，又满含深情地说："同学们都和我相处快一年了，可是大家对我还是有很多地方并不了解，想知道哪些关于我的情况吗？"

少顷，一只只小手举了起来，问什么的都有，我都一一认真作答。在我意料之中：问得最多的自然是他们最不了解的关于我的闲暇时光和我的家庭生活。好！时机到了，我把事先早已精心准备好的"我的一家"满含深情地介绍了起来：长得消瘦但特爱吃肥肉的爸爸；上了年纪爱唠叨的妈妈；忙于工作没时间谈恋爱的姐姐。接着我煞有介事地宣布："前不久，我们家又添了一个新成员——"孩子们大声帮我叫出来："老公！"

……

此时，看孩子们的脸，充盈着的是我的秘密与他们共享的骄傲与喜悦，他们个个坐得昂首挺胸，小脸抬得老高，那神情似乎想告诉全世界的人：哈，我们知道了教师家里的所有秘密耶！

我及时告诉他们："这就是聊天。教师也想知道你们每个同学的家庭情况呀！想知道你们家里人的特点、爱好，愿意说出来和大家一起分享你的快乐吗？"在我的"鼓动"下，小伙伴们马上三个一群五个一伙，开始了他们的谈天说地。而后，小伙伴间的悄悄话又搬到了全班同学面前，有的孩子介绍了爱说笑话的爷爷，有的孩子描述了爱吹牛的爸爸，有的则"隆重推出"了爱上网的妈妈……

3. 以例导文，在学习中深入体会

当孩子们互相为小伙伴描述的家中的趣人趣事或捧腹大笑或哑然失笑时，我抬腕看表："哎呀！还有那么多同学想说，但如果大家一个个轮着上来说，时间可就不够了。怎么办呢？"看着我着急的样子，天真的孩子们马上为我出主意："老师，我们把想说的话写下来，然后再让您看吧。"可是，一听要写出来，有的同学眉头就皱了起来，表现出为难的样子。我依然做出一副着急的表情，这时，孙凡勇敢地站了起来，俨然一位严肃的小老师：

"不急，有一个小朋友也写了一篇《我的一家》的文章，它就在我们的书上……"

话还没说完，孩子们争先恐后打开书本，阅读了起来，尔后又互相出主意。比如可以先总写家庭情况和成员，再分别介绍他们各自的特点和爱好；你最喜欢的人或者最有个性的人可以写得具体些；可以给文章起个有趣一些的题目，如《瞧我们这一家子》；还可以像书上一样给文章配上一幅插图……

4. 以写代聊，让作文"密码"在"聊天"中自动破译

一节课马上就要结束了，看着孩子们因为欣喜，因为激动而泛满红晕的小脸，我也快活得像个孩子一样："这堂课大家过得开心吗？我们聊天聊得开心吗？你还觉得写作文难吗？"孩子们跟我一样激动，"开心！""不难！"的喊声响彻教室。我郑重转过身，在黑板上一笔一画地写下了这几个大字："作文就是聊天。"孩子们像着了魔法一样，还没等我开口，他们便又不约而同地说出了那句我最想告诉他们的话："其实作文就是聊天，我们只要把刚才聊天的内容写下来就是一篇作文呀！"

看着围在我身边的快乐如天使的孩子们，回想着刚才的课堂：时而安静，时而喧哗，安静时，是每个人在默默地与心灵对话；喧哗时，是教师与孩子、孩子与孩子间真诚而随意地聊天。而教师，此时只是一个管理员或者说是一个聆听者罢了，主要任务是为各位"小聊友"创造一个轻松的聊天环境，组织聊友有秩序地发言，偶尔也发表一下自己的见解，刮起那么一阵不大不小的风。

看了这则案例，忽然想起教育家陶行知先生的一句话："谁也不觉得你是教师，你却成了真正的教师。"而这，由聊天聊出的作文教学新境界不正是新课程课堂教学所倡导和一直追求的吗？

总之，学生喜欢他们心目中的教师，喜欢能了解他、鼓励他，给他勇气和力量的教师。我们应该像苏霍姆林斯基说的那样，让我们的学生在每一节课上都享受到热烈的、沸腾的、多姿多彩的精神生活。将课堂还给学生，让他们来体验成功和快乐。只要我们内心充满爱，以无私的师恩、高尚的师德、勤恳的敬业精神锐意进取、开拓创新，就必定能赢得学生的喜欢，做一个学生喜欢的教师！

被学生喜欢，胜过"一打"的教育技巧。

只讲尊严，就是在扼杀尊严

众所周知，自古中国就有"师道尊严""天地君亲师""尊师重教"的优良传统，并留下了"一日为师，终身为父""师恩难忘"的感人慨叹。然而，如今我们却越来越多地发现，从教育理论研究者到实践工作者再到社会各界人士，从学校内到学校外，有了越来越频繁的对"教师尊严还剩多少"的忧虑、并由此发出"要重建新时代师道尊严"的呼唤。

那么，是谁、怎样让教师丢掉了职业尊严？！如何才能使其失而复得？在新时代的今天，又如何在传承与超越历史传统的基础上，永久维系这份尊严？诸多的疑问，显然需要从诸多层面来分析解决。但是，无论教师尊严的丧失、还是重建，教师德性即师德问题，都会成为不可回避且首先要被论及的问题。

这里是师德课上的案例讨论的一段实录：

在一次师德课上，教师组织学生针对报刊上的一则新闻进行了讨论，新闻报道的主要内容是：有一位学生家长在老师正在上课时，跑进课室，在众目睽睽之下掌掴老师。原因是事前教师过于冲动而掌掴学生，于是学生家长在不问是非、不分青红皂白的情况下，就替自己的宝贝儿子"报仇"。

教师要求学生分析事件的前因和后果，并交流对此现象的认识与对策。

首先，学生几乎无一例外地都对那位学生家长表露出了义愤的神情，接着，有了各自的见解：

"现在的家长就是素质太差！"

"那位家长太无理、太野蛮！"

"教师运气不好，'秀才遇上兵'了。"

"那位教师可能外表文弱。"

"学校管理上有问题，应确保无关人员不得随意闯入课堂妨碍教学秩序。"

教师提问："是否那位教师就无可指责？"

"当然不是！教师打学生在先，家长打老师在后。"

"是呀，根据教师职业道德的基本要求，教师要善待学生，不能伤害学生。"教师说。

学生解释说："教师打学生一定事出有因！""教师往往忍无可忍，才会有过激行为。"

……

教师再次提示学生，"那么，我们来设想后果会怎样？"

"教师只有少管学生，或说是不再敢管学生。"

"教师只管讲好课，完成教师工作任务；学得好坏是学生自己的事儿！"

"那样不也有悖于教师职业道德吗？！"教师反问学生。

"一味要求教师讲师德，家长就会更不把老师放在眼里。有的家长还会对老师更放肆、更猖狂。"

"应该设法给那位家长一点颜色看看，让她见识一下教师的威严！"

"应由校方出面，协调家长工作单位或其他社会组织部门，给家长一些教训和制裁，使之做到下不为例！"

……

从师德课上师生间热烈的讨论交流中，我们不难得出：教师在教育教学活动中，如果不能善待每一个学生，必然难以赢得学生、学生家长乃至社会各界人士的尊重。美国著名教育家保罗韦地博士花了40年时间，从收集的9万个学生所写的信中，概括出学生心目中喜欢的好教师具有的12种素质。其中"友善的态度"，即爱学生，善待学生，被放在了第一位。

日本一家报刊，对千名学生进行调查，结果显示有52.8%的学生希望老师温和、可亲，具有爱心；而喜欢渊博知识型老师的只占31.1%。

我们有理由相信：如果教师是受学生欢迎的教师，即使遇见蛮横无理、骄横跋扈的家长，新闻报道中的"一巴掌"是不可能"打掉教师尊严"的，打掉的只会是家长自己做人的尊严，充其量只会是教师与家长为共同促进学生进步而应有的合作中的信任与友谊。相反，如果教师或学校缺乏内在尊严，一味在学生面前耀武扬威，或强迫学生对教师进行"师道尊严崇拜"——有的学校制定了不允许不交齐学费的学生考试，甚至根据学生交学杂费的高低，给学生穿颜色不同的校服、享用不同条件的硬件设施等规定，使贫穷学生遭受歧视；而另有学校竟做出让考试成绩 90 分以下的学生都当众跪下，用双膝走上讲台领考卷的规定——以此对待家境贫寒或学习成绩不优的学生，即使尚未遭受学生及其家长的公然抗争，也对学生心灵深处构成了伤害，同样也损伤了学生对教师的敬仰之情，自然使学生淡却了对师恩的感怀和记忆。对于能忠于执行这样校规的教师，即使不用巴掌打，其独立人格以及教师尊严必然大遭贬损，甚至早已丧失殆尽、荡然无存。

难怪在学生毕业离校时，多数心中尚残存着对老师的些许感激者，给老师留下的真心话是："老师，我钦佩您，但我不想成为您！"而少数学生则在黑板上给母校写出了留言："解放了，自由了。"更有个别学生并非偶然地制造了骇人听闻的恶性事件：2001 年 4 月 25 日，南京一位中学女教师被一名初中二年级男生打成重伤。2003 年 7 月 9 日下午，郴州市一名教师在菜市场买菜时，被人一刀捅死，犯罪嫌疑人是已毕业离校两年的该校学生……而东北某省作了一次社会调查，调查各种职业在老百姓心目中的地位，结果显示教师排名倒数第二位。

我们纵然可以说，教育有问题，但不是教育的问题或至少可以说不仅是教育的问题，而是全社会的问题。但是，同样我们不可否认的是，教师职业，从根本上说，自产生起就拥有了对社会、对人类发展的不可推卸的责任与义务，而且长久以来社会更强调、世人更关注的，也只是教师职业的社会工具价值。

而另一方面，根据日本东京大学著名学者佐藤学博士对教师职业特征的概括。我们还应看到，由于教师职业的"回归性"特征，新闻中提及的家长，即或有千错万错，一定曾经是学校里的学生，她今天的素质状况，应是昨天教师劳动的结果；而现今老师对学生教育的结果，终将呈现为未来教师要面对的学生家长的素质。因为，具有尊严的老师，是具有尊严的教育的前提，也是具有尊严的学生的榜样。由此，在学校里加强师德教育，毫无疑问"利在当代，功在千秋"。

"教师是什么样的人要比他教授什么更为重要"。毫无疑问，只要教师的言行举止有悖于师德规范的要求，必然使其职业尊严受威胁，受挑战。正如古人有言："其身正，不令而行；其身不正，虽令不从。"

在对"科教兴国"与"国兴科教"不可厚此薄彼的前提下，我们必须坚信"振兴民族，依靠教育；振兴教育，依靠教师；振兴教师，依靠师德"。

坚持以"育人"为中心

教师是一门职业，教师到底是一个什么样的职业？教师是以教书育人为中心的职业。教师的教育对象是"人"。育人，是教育的起点，也是教育的目的。但在教育教学实践中，我们的许多行为表现与这个答案还相去甚远。

在一次校长和教师培训班上，有人曾经做过这样一个实验，请校长画出"我的学校"，请老师们画出"我的教室"。结果，大部分的校长心目中"我的学校"是教学楼、操场、图书馆、校园的围墙、办公楼以及校外的商店和树木，而唯独没有老师和学生；同样大部分教师心目中的"我的教室"里除课桌椅、讲台外，便是黑板、墙壁等物，而没有学生；而去年暑期，我到一所学校作新课程的通识培训讲座，教室里除教师外，还有几位小学生，我们让小学生和老师一起画"我的教室"，结果教师画的和小朋友画的完全不同。学生心目中"我的教室"里没有黑板，是电视机、投影仪、是空调，还有站着的、跑着的、蹲着的，各种姿态的学生。

没有学生的学校和教室，即使再庄重、严肃、神圣，也只不过是一堵冷冰冰的墙，而不可能成为学生学习生活的乐园，不可能成为学生向往的地方。但很多的学校和学校的教师把学生"弄丢了"，"丢"在学校之外，也"丢"出了教师职业的责任视野。

几年前，教育部召开了"中国师德建设论坛"会，并明文规定："学校和教育行政部门要加强教师职业道德建设，教师要热爱学生，尊重学生人格；不讽刺、挖苦、歧视学生，不体罚或变相体罚学生。"但近年来，一些教师对学生施以暴力或进行心灵虐待呈变本加厉之势，"尊重学生人格、不体罚或变相体罚学生"的规定在他们眼里成了一句空话。一些不尊重学生的事件时常在我们身边发生。在我们还是学生的时候，或许就曾被老师讽刺过、挖苦过、讥笑过、歧视过、体罚过、打骂过、侮辱过，或许也被老师当做一个无可救药的对象，也被老师评价为"差生""蠢货""白痴"。而今，作为教师的我们，或许不经意间，也像自己的老师当初对自己那样对自己现在的学生，而且认为那是再平常不过的事情。

应试教育的阴影也是我们挥之难去的心头之痛。现在对应试教育弊端的论述可谓是汗牛充栋，但时至今日，应试教育依然大行其道，特别是在中学；而素质教育在很大程度上依然只是纸上谈兵和口头上的说辞。这应该是为什么作为"人"的学生被无奈地遗忘的深层次原因之一。"我们一方面反对应试教育，但当我们自己的孩子面临升学的考验时，我们同样服服帖帖地表现为应试教育的忠诚守护者。在一个均等的教育机会远不能达到保障的社会里，适者生存的竞争法则，很早就摆在受教育者的面前，任何对于教育的美好的期待，很可能在现实残酷的竞争法则面前变得软弱无力。一旦一分两分可能关系到一个人一生的命运时，家长、社会对教育的期望就成了只能成功不能失败的教育改革难以承受之重，换言之，学校的任何改革都只能是完善应试机制上的素质教育，而不能是'冒'应试偏差之'大不韪'"。

两年前的中国青年报曾刊载过一则消息：

刘守琪，57岁，湖北省武汉中学高三语文教师，执教数十年。再过两三年就要退休的他，最近却接连两次被学生在媒体上公开"弹劾"——上课"神侃"。

面对突如其来的两封"弹劾信"，刘老师很震惊，也很委屈：自己身体力行，坚持素质教育这么多年，一直把培养学生的创新能力和思维能力作为教学的出发点，注重学生成人成才，而且教书几十年来从没有学生指出他教学方法的不当，更没有学生向领导反映他在教学上有问题，怎么这一届学生就会"弹劾"他呢？

尽管刘守琪一遍遍解释自己坚持素质教育的同时，在教学中也注重应试教育，但他家里的电话几乎被打爆，一些家长纷纷要求刘守琪加强应试教育，不能误了学生的升学和前程。

在各种不同的评论声中，刘守琪也在媒体上发表了一封公开信，表示自己实施素质教育，并不是完全抛弃、否定应试教育。目前，刘守琪所任教毕业班语文课的课文已经讲完，"后一阶段进入复习，准备开始应试教育——让学生背、做习题，再背，一遍遍练"。

"人"在哪里？"人"就在教育的细节之中，在我们精心设计的各种充满人性关怀的制度、活动之中，在学校生活的各种交往细节之中。当前，反思当前教育中"人"的被遗忘，应该是我们发掘并实践教师职业行为之人性蕴涵的重要内容。

著名大哲学家康德认为，人作为有限理性存在，都自在地作为目的本身存在着，他不单纯是这个或那个意志所随意使用的工具，在他的一切行为中，不论对于自己还是对其他有理性的东西，任何时候都必须当做目的。人是教育的出发点，不能将人当做一个纯粹的经济人、一个社会工具去培养和训练，而应将人作为一个真正的人来关怀和对待。国际 21 世纪教育委员会向联合国教科文组织提交的报告《教育——财富蕴藏其中》指出："教育不仅仅是为了给经济界提供人才；它不是把人作为经济工具而是作为发展的目的加以对待的。"把学生当做一个真正的人，意味着什么？

学生乃是有着与教师同样的独立人格和独特生命的个体性存在，学校教育不是技术化的训练，而是人与人的交往，是师生之间作为平等的个人的相互理解、交流、对话而实现师生生命的相遇相融，达到个体人格精神的积极建构。教育的目的不是让学生都成为教师控制之中的标准个体，成为驯服的工具，而是期待每个人更好地成为他（她）自己，成为活生生的置身现代社会中独立自主的公民个体。教育中的个体乃是一个个独立复杂的生命实体，我们永远也不可能全然把握不同个体成长的细微、幽深的奥秘，这意味着教育在任何时候都需要有对教育中的生命个体的必要的敬畏，那种动辄以理想、规范、高效的姿态来灌输、改造、教训个体，以及揠苗助长的教育方式，都可能成为个体生命中无法抹平的伤害。

学生"不是俯首帖耳、百依百顺、准备苟同一切和盲从一切的人，而是有主见、有毅力、有反抗精神的人。"作为人，"他应当不仅成为一名学生，而且首先成为一个胸怀广泛的兴趣、要求和志向的人。"让孩子成人，这意味着不仅要看到、感到孩子如何区分善与恶，还要保护稚嫩的童心免受邪恶的影响。

假如你要培养一个幸福生活的创造者、自由社会的建设者，你就需要带给他那些充满自由、民主、人权和科学精神的内容，有巨大的质疑、探索、修正、丰富和补充空间的内容，与儿童的生活经验密切相关的内容，有内在的意义（逻辑）联系的内容，能激发起儿童学习的内在兴趣与需要的内容，更多地用探索学习、发现学习、合作学习的方法，带给他们更多的成功的体验和发现的快乐，把所有的学习都提升到自主学习的高度——能够自我导向、自我激励和自我监控，我们才有望培养出具有"自尊自重之意识、是非判断之智慧、责任担当之能力、独立自主之品格"的幸福人生的创造者和民主社会的建设者。

对于教师而言，"以育人为中心"的意义更加明显，正如叶澜教授所说："我在自己的教师生活中体验到，在当今的中国，教师完全可能成为富有时代精神和创造活动的人，教师是教育事业和人类精神生命的重要创造者。这项工作所面对的是成长中的、充满生命活力的青少年，教师若将'人的培育'当成教育的终极目标，那么他的工作就不断地向他的智慧、人格、能力发出挑战，成为推动他学习、思考、探索、创造的不息动力，给他的生命增添发现、成功的快乐，自己的生命和才智也在事业奉献的过程中不断获得更新和发展。

顺乎人性是最美

我反对任何形式的对教师形象的说教，也许根本就不存在一种假定的形象用来描述或约束教师群体的形象，更没有一个固定的画面去绘制或限定教师个体的形象。而我们习惯的思维方式却总要使丰富多姿的生命体凝固在统一的模子里，似乎只有这样才算完成了用于衡量每个人的尺度，我们才心安。

形象是对一个人或一个群体外部行为表现的一种抽象概括。有时我感到疑惑：是先有形象标准，我们才学会做一名教师，还是我们做了教师之后才有对教师个体或群体形象的抽象概括？假定事先有了"应然"的一个标准作为面具，然后我们每一个人都努力戴上这个面具，也不管这个面具是否适合我的精神气质，那对我就会是一种折磨和威压。而我们的传统却恰恰偏爱人物形象的"类型化"，当一想起英雄形象，那他一定高大魁梧、浓眉大眼、气吞山河，当一想起教师就是威严中又透些慈祥，然后再用这个标准去审视身边的人，说这个人像小偷不像英雄，那个人像调皮的毛孩子不像老师。我们这种习惯思维根植在文化之中，可能国粹京剧中的脸谱就是类型化的典范吧。

一旦将"教师形象"放到"民间"来讨论，那观点一定难以统一，教师对教师形象看法不一，学生对教师期待不同，家长对教师要求也各异，不同年龄不同阶层不同经历的人意见可能都不一致，甚至有可能差异较大。一个多元化的社会，必然导致需求的多样化，那是时代进步的标志，如果到今天我们居然还在讨论教师作为一个职业应该有什么统一的形象标准，那实在是逆潮流而动了。而且，因为事实上教师形象讨论的复杂性，倒使人们再一次使用类型化简单化的传统方式来描述教师，说教师应该像"妈妈"，或者说教师应该像朋友，我认为这样的讨论更是没有意义的，因为"妈妈"或"朋友"到底应该是什么样的尚且是有待讨论的话题。如果有人说教师应该"无私奉献"、应该"爱孩子"，或应该"勇于创新"，那更是文不对题了，形象是外部表现，是每个人独有的精神气质的外部表现，也许内心并不太喜欢孩子的人倒具有爱孩子的行为倾向，心口不一、言行不一在我们周围并不少见。可能对教师形象的大讨论最后总要等到官方"钦定"了标准才算有一个了断，而有了这个权威论定的形象标准，教师们淡然处之似乎是不在意料之外的。

如果对教师职业有什么一致性的要求的话，我认为无非要求教师遵守教师职业的基本道德规范，教师职业道德规范本身也无任何特殊之处，凡是和人打交道的职业，其道德规范往往大同小异，无非是要求你把人当"人"来看待，即平等、尊重和善待。我们有时批评一个教师不遵守师德规范，比如侮辱学生、有偿家教之类的问题，这些都不是违反教师职业特殊的道德规范，而是违背了做人的基本道德，或违背作为服务性行业的一员的基本道德。通过既定的教师师德规范将教师职业神圣化，倒是对树立教育整体行业形象不利的做法，我认为在教育民主化、平民化的今天，更应该创造良好的舆论环境，让教师悄悄地走下坐了几千年的神坛，也更应该告诉所有人，教师，每一个教师都是普普通通有血有肉的人，而不是神。

走下神坛摘掉面具的教师才有魅力呢！有人曾这样说过：

你问一问学生就知道了，他们的喜好多种多样：喜欢老师爱开玩笑，喜欢看老师自己犯了错抓头皮的样子，喜欢老师和他们谈明星逸事，喜欢跟老师为更爱哪个而争得面红耳赤，喜欢老师讲义气够朋友，喜欢老师突发奇想带他们一起去郊游，喜欢看老师在操场上拔河摔倒在地时的窘态，喜欢听老师在台上唱歌而且音很不准。这时你会发现老师与学生的心贴得最近；有时，你不舒服，像别的普通人一样捂着自己的肚子或是沙哑着嗓子，孩子们那一双双眼睛满是关切；你告诉他们你最近不高兴很失望，或者最近有好多好消息，他们的注意力全在你脸上；他们是那么讨厌老师摆架子，他们宁愿他们的老师有很多小缺点，然后他们有资格当你面评论你的小缺点希望你改正，这时，学生是多么爱你！

这样的老师充满魅力，因为吸引学生的是你的个性，是人的个性，你带有一切人性的弱点与优点。首先是真实的，而且是善意的，因而也是最美的。

所以，当老师，首先是当回自己，不要你刻意扮演，更不要老想着证明自己，证明自己像个老师；你无须证明的，你就是老师，如果你真实，如果你善良，如果你有学问，那么尽情地在学生面前表现你自己吧，当你表现自己的时候，在学生心中，尽管你不高大，也不漂亮潇洒，但是你最美。到将来，学生们长大成人了，他们彻底忘记了所有学过的知识，却一直没有忘记你，还到你家看望你，是因为可以一起回忆在小小的课堂上发生过的一幕幕触手可及的故事。

而当你终于可以在脑子里抹干净了所谓"学生形象"之类刻板僵化的人物面具的时候，你会突然发现，学生那么值得去珍爱！

循"道"而教

何为道德？《现代汉语词典》上解释说：世代相传、具有特点的社会因素即传统，如风俗、道德、思想、作风、制度等；又说，道德是社会意识形态之一，是人们共同生活及其行为的准则和规范。实际上"道"和"德"是两个概念。"德"是指人内在的本性与行动的主体，而"道"，正如道家所说，就是一种规律，而这种规律又须建立在"自然"的基础之上。所谓"正道必法自然"，正道就是自然的运行，就是自然的原理原则。如果违背自然之道，人类会遭受许多的痛苦和灾难。譬如，一年四季的流转就是自然之道，如果四季错乱，万物就无法生存。再如，星球有它自然的运行轨迹，如果偏离轨道而行，宇宙可能就无以和谐共存。人亦如此，在世间我们依伦常而生存，处在父子之道、夫妇之道、兄弟之道、朋友之道、师生之道上，这一切无不是自然形成的人与人之间的关系。就教育而言，一个真正有品德的教师就是要遵循教育规律，讲究教法。传统教育强调因材施教、启发诱导等，这些便是"循道而教"的表现，是我国优秀传统文化的一部分。

其一，因材施教。孔子尊重学生的志向，注意从学生的具体实际出发进行教学，所以他不用千篇一律的说教，往往学生问同一样的问题，而孔子回答却不尽相同。例如《论语·先进篇》中的这个故事：

子路和冉有都向孔子提出了"闻斯行诸"这个问题，即"得到真理就马上去做吗？"孔子对子路说："有父兄在，怎么能听到就去做呢？"而对冉有说："听到就去做。"答复迥然不同。这引起了公西华的疑惑。孔子回答说："求也退，故进之；由也兼人，故退之。"意思是说，子路平日做事，过分谨慎，所以我给他壮壮胆；冉有有胆量大，勇于作为，所以我要压压他的锐气。

这就是典型的因材施教、因人而教的范例。这个例子说明了孔子的教学注重从学生的实际出发，强调教学生要"观其所以""观其所由""察其所要"并"退而省其私"，意在摸清学生的言行、意向、志趣和特长，而不是无的放矢。

其二，启发诱导。孔子有句名言："不愤不启，不悱不发，举一隅不以三隅反，则不复也。"（《论语·述而篇》）"启发"一词由此而来，"举一反三"成语亦由此而来。朱熹注曰："愤者，心求通而未得之意；悱者，口欲言而未能之貌。启，谓开其意。发，谓达其辞。"我们再来看看孔子是怎样教育学生的：

（1）子路、曾晳、冉有、公西华陪着孔子坐着，孔子想了解各位的志向，于是启发说："因为我比你们年纪大一些，你们不要认为这样就不说了。你们平日说：'人家不理解我呀。'如果有人理解你们，你们打算怎么办？"子路、冉有和公西华发言后，面对曾晳的欲言又止，孔子又启发诱导："说说有什么关系？只是各谈自己的志向而已。"

（2）当子夏读到"巧笑倩兮，美目盼兮，素以为绚兮"几句诗时，问孔子是什么意思，孔子就启发子夏说："绘事后素。"（先有白底然后画花，作画须先有素洁的底子。）子夏领会到孔子是说"礼"须建立在"仁"的思想感情的基础上，但子夏对这个想法还不能十分肯定，于是进一步问孔子："礼后乎？"（是说礼在后吧？）孔子听了很高兴，称赞说："能够阐发我意思的是子夏呀！现在可以和你谈论诗经了！"

从教学法的角度分析，显然孔子在这里运用的是启发式而不是注入式。他避免了用简单的道德说教，而是利用形象思维的作用，由生动具体的画面，引向抽象的道德观念，以便使学生留下深刻的印象，主动地去认识"仁"的意义，从而自觉地接受礼的约束。

能否"循道而教"，既是一位教师教学水平高低的表现，也是衡量一位教师德行高下的标准之一，值得今天的教师学习。

换种眼光看学生

我们该以什么样的眼光看学生？

在古老的师生观中，不少的教师认为学生不懂事，需要人的管教，教师与学生的关系是管理与被管理的关系，没有什么平等可言；还有此教师认为打是亲，骂是爱，打骂学生是对学生负责任、严格要求、严格管理的表现，是爱学生的体现。更有甚者，认为学生是教师的附属品，教师对于学生具有绝对的权力，可以任意摆布学生，学生没有什么主体性。这样的师生观往往会导致教育活动中出现一些严重违背师德的现象。

也有不少教师认为自己年龄比学生大，知识、经验比学生丰富，地位比学生高，主张师道尊严。认为做教师没必要对学生微笑，没必要"讨好"学生，而应当在学生前面神情严肃、不苟言笑，上课时板着脸说教，下课后迅速离开课堂，疏离学生，不让学生有接近自己的机会，在教育教学中充当"我说你听""我管你服"的主导角色，等等。

随着社会的发展，相关的法律、法规对教师和学生的权利与义务都做了相关的规定之后，树立正确的师生观已经成为必然。

首先，树立合理的地位观。

在与学生的交往中，不少教师为了维护所谓的师道尊严，在行为上远离学生，在感情上排斥学生，千方百计使学生对自己敬而远之，甚至为了取得所谓的良好教育效果而无视学生的权利，侵犯、践踏学生权益等行为并不少见。合理地对待学生的权益，在教育活动中正确地对待学生应该是教师应有的职业道德。

在我国相关的法律、法规中，中小学生的身份被定位为：国家公民、未成年公民、接受教育的未成年公民。由此中小学生享有未成年公民享有的一切权利，如身心健康权、隐私权、受教育权、平等权、公正评价权、人格尊严权、人身自由权等。中小学生作为国家公民，其身份首先是人，是具有能动性、具有思想情感、具有独特创造性的个体，在这一点上学生与教师地位是平等的。中小学生作为未成年公民，决定了学生是发展中的人，具有与成人不同的身心发展特点，作为未成年公民，虽然学生的某些权利会由于年龄、智力的原因而受到一定的限制，但这并不意味着教师就可以随意剥夺学生应有的权益。作为接受教育的未成年公民，学生具有获得教师教育关怀的权利，同时意味教师有教育管理学生的义务。因此，师生一方面是民主平等的；另一方面，教师和学生又是教育者和被教育者的关系，教师作为学生知识获得的导师与引路人，对学生又具有明显的权威性。教师代表社会对学生施行教育、管理，对学生拥有一定的行政权力，有权对学生实施奖励与惩罚，但是正因为学生的身份首先是人，是独立自主的个体，这就意味着教师不可以滥用职权。作为教师应当提高法律素养，依法治教，以法制的观念看待学生，凡是相关的法律、法规赋予学生的权利，教师都不能剥夺与侵犯，现代教育要求教师在教育活动中以学生的良师益友、引路人和帮助者身份出现。教师既不是课堂的主宰者，也不是真理的发布者，更不是家长的替身。在教学中，教师与学生是主导与主体、教学相长的关系。教师应在与学生平等、积极和充分的沟通和交流活动中，引导学生发现真理，帮助学生健康成长。

其次，树立科学的评价观。

学生的身份特点决定了教师应以发展的、全面的观念看待学生，学生既然是接受教育的未成年公民，就意味着学生是具有发展潜能的个体。教师在教育活动中科学的评价观应当表现为：每个学生都具有发展潜能，没有发展潜能的学生是不存在的。在这一点上，教师中普遍存在的问题就是不能科学地评价所有的学生。列如，具有发展潜能的往往只是考试分数高的学生，对于考试分数低的学生，从不寄予厚望，甚至对考试分数低的学生冷眼看待或打入"冷宫"。在教育活动中，有些教师把大部分的时间与精力都放在少数所谓的学习尖子身上，而放弃绝大多数学生的教育，这种做法已经有悖于我国的教育目的，即教育是为社会主义培养各级各类人才的实践活动。另外，如果只以考试分数作为衡量人才的标准，往往也不利于各种各样人才的培养，不符合不拘一格培养人才的理念。我国著名的文学家郭沫若就是这样的一个典型例子：郭沫若在初中时，曾经有一年语文的成绩只有 55 分，品德课也只有 35 分，但这并未导致郭沫若后来不能成为文学家、政治家和社会活动家。又如《围城》的作者钱钟书在学生时代数学成绩也经常亮起红灯，但钱钟书在文学方面的贡献也是有目共睹的。因此，作为教师，应当坚信：每位学生的天赋、能力、兴趣、个性都有差异，各有特点且表现各异，但每位学生都具有发展的可能，只要教师能平等地对待他们，并因材施教，相信每位学生都能各成其才，各具特色地得到应有的发展。在评价观方面，教师应当面向全体的学生，努力促进学生的全面发展，同时要不拘一格培养人才。

别把孩子的特点当缺点

　　一个师德高尚、气度非凡的教师总是能分辨出孩子的特点和缺点。因为高尚的品德和善于容纳的胸怀会促使他们用心地观察孩子，走近孩子，了解孩子。

　　每个孩子都有各自的特点，就像世界上没有两片相同的树叶那样，世界上没有两个完全相同的孩子。有的孩子好静，有的孩子好动；有的孩子爱学，有的孩子贪玩；有的孩子内敛，有的孩子活泼……这些都是孩子各自的特点。

　　教育的一个重要原则就是重视差异性，差异性使整个世界文明得以发展，重视差异性具体而言，就是别把孩子的特点当缺点。每个孩子都有自己的特点。教师应该及时发现孩子的特点，并加以引导，使孩子的成长更加健康。

　　有个孩子非常厌学，老师、家长、班干部三结合，采用种种手段全部无效。某天，班主任惊讶地发现孩子居然在看书，还看了两个多小时。于是，他偷看了一下，发现孩子在看一本关于古钱币的小读本。他灵机一动，决定从此处下手，马上就给孩子讲了几个关于古钱的趣事，发现孩子对古钱非常感兴趣。孩子过生日，班主任特意送给他几枚古币，以后又有意识地让家长配合给他一些零花钱，孩子都攒着买铜钱和书了。渐渐地孩子看一些课内书了，成绩也在上升，还立志要考大学学古钱。孩子一点一点地进步，最终考入了某重点大学的历史系。

从一个班上学习成绩最差的学生到重点大学的学生，是教师根据孩子的特点因势利导的结果。假如这位教师不是引导孩子，而是严厉地责骂、无情地否定，这个孩子还可能成功吗？有些教师在发现孩子的特点后，就加以严厉地管教。这样，孩子反而会产生逆反心理，越是想让他们做的，他们偏不做。所以，只有根据孩子自身的特点，才有可能找着他们正确的成长道路。

承认每一个孩子都有特点，才能正确地理解孩子，增进关系。

我们常常感叹现在的孩子太难管教了，有的孩子居然敢公然对抗老师。感叹的同时，我们更应当反思自我：我了解孩子吗？我尊重孩子了吗？我知道孩子在想什么吗？

不尊重孩子，就不能正确地看待孩子的特点，教育就可能出现问题。孙云晓教授在《教育的秘诀是真爱》中提到的一个故事就证明了这一点：

有个小男孩长得虎头虎脑，憨厚淘气，非常可爱。可他却是一个在学校里出了名的"坏孩子"。他在幼儿园的时候就是一个淘气的孩子，因为好动，每天在教室里跑来跑去，常常撞倒好孩子，老师经常批评他，并且还叫其他的小朋友离他远点。有一天，老师竟然当着全班同学的面批评他，还说他是寄生虫。直到小学，他还是别人眼里的坏小孩。他曾经在一篇日记里写道："坏孩子怎么努力也变不成好孩子，这种感觉真让我觉得像冻冰棍似的那么冷。我真是坏孩子吗？可我实在不想当坏孩子！"

这篇日记道出了一个孩子真实的心声。老师没能理解孩子，没有尊重孩子的特点，对孩子的心灵造成了伤害。

有些教师也这样，一旦孩子不符合好学生的标准时，就认为一定是孩子做错了，不问青红皂白就责骂、批评孩子。他们根本没有了解孩子，不知道孩子内心的真实情况，只是用成年人的思维方式来判断孩子的行为。

其实，如果没有了解作为基础，教师和孩子之间就会产生一道阻隔双方交流的无形的墙，融洽的师生关系就只能是奢望。

作为教师，我们首先要树立正确的教育观，承认每一个孩子都有自己的特点，并尊重孩子的特点。

北京市第三幼儿园张菁老师班上有一位名叫赵姗的小朋友，她特别不爱说话，非常内向，做事情时动作也极其缓慢。有一次，张老师请她把《萤火虫找朋友》的故事复述给伙伴们听，她明显地表现出胆怯。张老师问她故事听明白了吗？她摇摇头，其实这个故事大家已经听了许多遍。张老师知道这是姗姗羞于在众人面前说话的原因，于是在她耳边轻轻地说："你不愿讲没关系，晚上你把故事磁带拿回家，再仔细听听……"第二天，姗姗的父亲拿来磁带，说姗姗愿意将自己讲的故事放给大家听。

读完这个故事，你有什么感受呢？如果张老师鼓励姗姗复述故事，孩子可能会更加害怕，由于说不好故事，又会越发自卑。而张老师采取了巧妙的教育方法，尊重了孩子的特点。如果教师能从正确的教育观出发，尊重孩子的特点，就会发现自己的教育方法更加有效、更加艺术。

承认每一个孩子都有特点，接受孩子的独特之处，给孩子更多的尊重和信任，用心去发现孩子的特点，培养孩子的特点，这既是教师教学的需要，也是衡量师德的标准之一。希望教师能睁大双眼，不放过每一匹"千里马"。

改变不了学生的境遇，
但可以改变他的内心

在美国，曾经发生过这样一个真实的故事：

泰迪·史托拉德理所当然地被认为是对学校最不感兴趣的人之一：脏兮兮、皱巴巴的衣服，从来没梳过的头发，没有表情的脸，无神的、模糊的、失去焦点的眼神。每次汤普森小姐和泰迪说话时，他总是以"是"或"不是"冷淡地回答。他没有吸引力，不求上进，还孤僻，是个完全不讨人喜欢的小孩。

即使泰迪的老师说，她给同班同学的爱是一样的，但在内心里她自己都不能完全相信。每当她在批改泰迪的卷子时，她会从打叉中得到某种不当的乐趣，而当她将泰迪的卷子评为F时，她也总是毫不客气。她有泰迪的求学记录，而她比她愿意承认的更该了解泰迪。记录上写着：

一年级：泰迪表示愿意做作业并改善态度，但他家中境况很差。

二年级：泰迪可以做得更好些。他妈病得很重。他没法得到家人的帮助。

三年级：泰迪是个好孩子，但太拘谨了。他学得很慢，他母亲今年去世了。

四年级：泰迪学得很慢，但行为规矩。他的父亲毫无配合的兴趣。

圣诞节到了，汤普森班上的小男孩和小女孩都带来圣诞礼物堆在她的桌上，围着她等她拆开来看。其中一个礼物是泰迪·史托拉德送的。她对他送她礼物这件事感到很惊讶。泰迪的礼物用棕色的包装纸和苏格兰纹的带子包起来。纸上写着简单的几个字："给汤普森小姐泰迪敬上。"

她打开泰迪的礼物，掉出了一串俗气的人造钻石项链，有一半的人造钻石不见了，还有一瓶便宜的香水。

其他同学对泰迪的礼物议论纷纷，但汤普森小姐意识到她必须立刻戴上项链，并把香水洒在手腕上使他们安静。她把袖子卷起来让其他同学闻，并说："闻起来是不是很香？"孩子们接受老师的暗示，就懂得以"哦"和"嗯"来表示同意。

这天课程结束后，其他同学都走了，泰迪蹑手蹑脚地跟在后头。他慢慢走到她的桌子旁，轻声说："汤普森小姐，汤普森小姐……你的味道和我妈好像，而且她的项链戴在你身上真的很漂亮。我很高兴你喜欢我的礼物……"当泰迪离去时，汤普森小姐跪了下来，请求上帝原谅她。

第二天，当孩子们到学校时，他们看到了一个崭新的老师。汤普森小姐变了一个人。她不再是老师了，她变作上帝的经纪人。她现在把自己完全贡献给了爱她的小孩，变成了靠她过日子的这些小孩的保护人。她帮助所有的孩子，特别是学习效果差的，尤其是泰迪·史托拉德。在这一年结束时，泰迪已突飞猛进。他赶上了大部分的同学，甚至超过了一些人。

她已经很久没有接到泰迪的消息了。但有一天，她接到了一封信：

亲爱的汤普森小姐：

我想让你第一个知道。我即将在我们班上以第二名的成绩毕业。

爱你的泰迪·史托拉德

又过了 4 年，另一封信来了：

亲爱的汤普森小姐：

他们刚告诉我，我将以第一名的成绩毕业，我想让你第一个知道。大学课程并不好念，但我很喜欢。

爱你的泰迪·史托拉德

再 4 年后：

亲爱的汤普森小姐：

现在，我成为泰迪·史托拉德医生了，我想让你第一个知道，我下个月就要结婚了，就在 27 日。我希望你能来，坐在我妈坐的位子上。你是我唯一的家人了，我爸去年已去世。

爱你的泰迪·史托拉德

汤普森小姐果然参加了婚礼，并坐在本该是泰迪母亲坐的位子上。她坐那儿是理所当然的，因为她为泰迪做的事使他永生难忘。

美国著名心理学家马斯洛是一位已经对人类产生了重要影响而且还将产生长久影响的天才心理学家。现在，很多人对他的一些思想已经逐渐耳熟能详，例如，"需求层次理论""自我实现""高峰体验""潜能发挥"等。国外有的评论甚至认为，他有的思想已经成了当今世界上公众意识的一部分。

马斯洛的"需求理论"将人的需要划分为五个层次：生理的需要，社交的需要，尊重的需要和自我实现的需要。后两种需要处在最高层次上，"自我实现的需要"又建立在"尊重的需要"的基础之上；换言之，没有"尊重的需要"，就不可能完成"自我实现的需要"。这一理论在 20 世纪 80 年代的我国曾颇为流行，那是因为当时我国的教育刚刚开始对人的个性发展产生关注。在物质需要不再是令人伤透脑筋的问题的今天，人与人之间的尊重与关爱这种高层次需要应如何实现，几乎就成了教育领域中最重要的研究课题；这既是社会文明发展的需要，也是教育工作者对现代教育本质深刻理解的需要。

在我们的学校中，像泰迪·史托拉德这样的孩子不在少数，他们受残缺家境或其他不良生活环境的影响，心理上往往留有自卑的伤痕，他们饱受压抑的内心深处其实更渴望鼓励和承认，汤普森小姐对小泰迪·史托拉德那两件礼物的另眼相看，实际上极大地维护了他小心而胆怯的自尊，使他找到了自信的起点和优秀的踏板。

无论学生处在何种境遇之中，我们都要用心去爱他们；我们未必能改变那样的境遇，但是我们应该能够改变学生的内心。

——这就是师德的可贵。

情感的沟通可以填平"代沟"

有时与同事谈论教育的作用时，常听到有的老师发出这样的感叹："道理讲得清清楚楚，要求提得明明白白，可就是不见效果，真没办法。"很显然，这是学生没有接受老师的正确说教。可见，教育的被接受性不只取决于教育的内容正确性。

针对这种情况，有人说："这就是因为现代中学生的'逆反'心理造成的，没办法。"也有人说："这就是'代沟'的体现，没办法。"总之，都是没办法。其实不然，"逆反"也好，"代沟"也好，都是因为情感上有隔阂所致，所以清除师生之间的情感隔阂是关键。怎样才能消除师生之间的情感隔阂呢？这就是要做好师生之间的情感沟通工作。因为，只有师生之间的情感沟通了，才能达到相互了解；只有相互了解了，才可能相互理解；而只有相互理解了，才可能消除隔阂，使学生乐意接受老师的正确说教。这个道理很简单，因为学生是有思想、有情感的人，而不是机器。对机器，只要按操作程序启动，就可使其顺利运转。对学生进行教育，不会因为说教的内容正确，学生就能接受。学生对老师说教的内容能否接受，或接受多少，还取决于教师人格的影响及师生之间情感沟通的程度。

教师与学生之间的情感沟通，一方面，教师要通过调查研究，了解学生的情感特点、思维特点、意志特点以及学生的思想状况和心理矛盾。这样，教师才能"对症下药"，并且做到适事、适时、适度，增强教育的可接受性。另一方面，教师要让学生了解自己的情感、品质、人格，这是因为教师的主导作用发挥得如何，与教师在学生心目中的威信有直接关系。古人说："亲其师而信其道"，而信其道才能好其道乃至行其道。

有一年，我接受学校领导安排，担任高三年级学习成绩最"差"班的班主任。我首先通过调查研究了解：这些从各班抽调出来的所谓"差"生在心理上有自尊的需求，但得不到尊重；在情感上有好胜心，但不能取胜；在思想上有上进心，但又因懒惰成性影响进步；等等特点。于是，我在与他们第一次谈话时，就坦诚地指出："过去由于种种原因，我们的学习成绩比其他班同学差了一截，这是事实，但这并不意味着我们其他方面也比他们差，而且我们的学习成绩，会通过师生的共同努力变差为良的……"在以后的课余时间，我总是抓住时机与他们"聊天"，设身处地体察他们的思想情感，帮助他们发现自己被掩盖与被扭曲的优点，认清自己身上存在的缺点。他们逐渐认识到：一个人不能因一俊而遮百丑，也不能因一丑而遮百俊，逐渐产生了争取上进的决心和勇气。一个月后，当其他班召开庆祝18岁成人、成才的主题班会时，我则指导他们举办了"展望明天，把握今天，忘记昨天"的畅谈会，给他们发泄"被压抑的情感"的会，让他们互相激励，创造出竞争气氛。会上每个学生都发了言，有的学生还不止一次发言，有的学生还激动地说："要忘记昨天的不足，但也不能完全忘记昨天，因为昨天我们也有过辉煌……"这以后，我更注意坚持深入到学生中去。由于加强了师生间的情感沟通，促进了班风、学风的好转，学生的学习成绩不断提高。第二年高考时，全班28人有26人考上了大学。从他们毕业后的来信中还可以看出，一年来他们的思想情感也有了很大转变。

在师生之间的情感沟通过程中，起主导作用的是教师。在实际生活中，学生还是愿意和老师（包括家长）进行情感交流的，但我们老师（包括家长）常常不给他们机会，这表现在：一方面，我们往往只关注他们的学习，除此之外就跟他们没什么可谈了；另一方面，我们往往只习惯于指教，甚至批评、责备，而不是放下架子，在心理上互换位置，以平等的心态进行情感的交流。

下面这个案例就正好说明了这个问题。

小涛出生在山东，自幼体弱。来北京上小学后，经常受顽童欺侮，他心里不服，暗暗立志：一定要练武强身！他起早贪晚，练了一段时间后，饭量增大，力气也大增，虽说人还是瘦小，但是他觉得浑身有使不完的劲儿。跟同学掰腕子，大个子也常败在他手下，慢慢地得了个"瘦子力士"的绰号。从此，也很少有人再敢欺侮他了。尝到了甜头，小涛更爱武术了，可父母却开始干涉了，说"练武有什么用？将来又不能靠它吃饭！念好书才是正经事。"不久，小涛攒钱买的武术书不见了，练武用的"双节棍"也找不到了。他多次问爸爸妈妈，可他们总是推说"不知道"。小涛就只能背着父母，在外面偷偷地练。

初中毕业后，小涛考上了本校高中重点班，但学习成绩居班里的下游。爸爸、妈妈对他的学习抓得更紧了，每当考试卷发下，他们首先关心的就是"分"，在班里排第几名。爸爸还多次用自己的例子教育小涛，说自己当初如何用功，才从农村考上大学，又如何刻苦，现在才在大学里站住了脚，工作到现在。

就这样，小涛除偷偷练武外，回家后，就将自己关进小屋。爸爸、妈妈以为他用功了，就很少唠叨了，小涛心里有事也不再向父母多说多道了，连练武摔伤一事都没告诉父母。

小涛的平静与"用功"并没给他的学习带来转机。期中考试卷出现了不及格的科目。他担心父母的指责，害怕见到父母那怨恨、伤心的目光，也觉得自己太无能力了，被同学看不起……沉重的精神负担使他练武留下的隐伤发作，一下子病倒了。他终于失去了继续学习的机会。小涛与他的父母都陷入了痛苦之中。

这是一件不该发生的事情。如果父母理解孩子练武的动机与兴趣，在尊重这种业余爱好的同时，提出学习要求；如果父母较少指责、批评，而与孩子有更多平等条件下的思想交流；如果孩子对父母有更多的信任，将练武受伤的真情告诉他们，使伤病得到及时治疗……这一串的"如果"之所以没有出现，就是因为父母与孩子之间存在着一定的隔阂。人们一般将此称为"代沟"。

所谓"代沟"，是指两代人之间由于认识上的差异而引起的情感上的隔阂，甚至行为上的对立。既然指两代人，那就不只是指父母与子女了，还泛指老一辈与年轻一辈，长一辈与小一辈，父（母）子、师生、师徒之间都有可能存在"代沟"。

代沟是如何形成的呢？两代人由于各自的经历、阅历不同，在社会、家庭中所处的地位与其所承担的责任不同，他们对社会中各种客观事物的了解和认识不尽相同，尤其是价值观也往往不同，所以形成了对外界事物的观点与看法的差异。本来，客观事物之间就是有差异的，而有差异就会有矛盾。

"代沟"的内容及其表现形式和范围是很广泛的。大到对社会政治经济制度、传统文化的看法，小到服饰样式、业余生活的安排，都可能出现不同的观点、不同的兴趣、不同的选择，具体的体现就是两代人具有不同的价值观、世界观、人生观、道德观、幸福观、审美观等。其中以价值观为核心。

"代沟"的产生其实并不在于人们之间有差异、有矛盾，而在于人们之间有隔阂。由于经历、阅历、价值观的不同，人们各自生活的社会环境不尽相同，交往的人群不同，使他们彼此之间不了解，由不了解到不理解，由不理解到不谅解，从而产生冲突，进一步加深隔阂。

以现在社会、家庭、学校都十分敏感的"早恋问题"为例，有人认为现在中学生早恋的现象比比皆是，俯首可拾。家长、老师、街坊、邻居只要见到一个男生与一个女生单独在一起学习、娱乐、走路，立刻会被认作"谈恋爱"了。但是，现在的中学生认为这是同学之间很正常的交往。因为进入21世纪，与异性同学在一起进行这些活动，是在友情的范围内，所以不必如此大惊小怪。有的学生甚至将长辈的劝阻、说教看做是封建意识使然，认为他们自己年轻时，谈恋爱的形式就是这样，现在用这种形式规范自己很不合情理。矛盾就这样产生了，成年人认定这些中学生在谈恋爱，中学生却认为十分委屈，认为自己的行为与动机受到误解，人格受到侮辱。于是，从抵触、争辩到沉默、对抗，到弄假成真，到将错就错，甚至离家出走。

按理说，不论是父母还是教师，他们与学生朝夕相处，怎么还会不了解、不理解孩子们的心理状态？应该指出的是，地理位置的接近，不等于心理位置的接近。有句成语叫"同床异梦"，这就是形容地理位置接近而心理位置疏远的现象。心理位置的疏远能使朝夕相处的人犹如陌路人，而相隔千山万水的知己，由于心理位置的接近，使"天涯"也"若比邻"。由此可见，要想防止"代沟"的出现，或填平已经出现的"代沟"，最有效的方法就是要善于在心理上互换位置。长辈们向青少年提出要求、批评、指责时，应从他们的角度想一想，这样也能帮助自己理解年轻人充满青春活力，要求得到发展的心理与行为特点。经过"心理换位"的思考和教育行为，必然会收到良好的效果。

事实上，两代人之间并非一定会产生"代沟"。鲁迅与柔石、冯铿、胡也频等一代革命青年之间就没有"代沟"，他们彼此理解，相互扶持；美国电视剧《草原小屋》中劳拉姐妹和她们的父母之间也没有"代沟"，她们的父母就是她们最好的朋友和导师。

许多学生认为，中学生中的许多苦恼，是因为成年人的不理解所造成。如对异性同学赠送的物品、异性同学的来信或采访进行无端的盘问，甚至做出私拆信件、当他人面训斥等不尊重人格的事；又如节假日中同学们想痛痛快快外出玩玩，做了许多准备工作，却受到教师、家长的阻挠；浓厚的课余爱好被摧残；职业或升学志愿的选择受到粗暴干扰……他们从心底呼喊着："请理解我们，请填平两代人之间的沟壑吧！"

其实成年人也是如此，他们为青年一代不理解自己而苦恼。例如：孩子将长辈恨铁不成钢的苦心视作坑害、惩罚他们；将无微不至的照顾看做束缚他们的手脚，影响了他们的独立；将真心诚意的教育劝告当作唠叨，而不以为然……成年人也在抱怨，"青年人太不理解我们、太不尊重我们了。"

可见，填平这个沟壑是双方的心理需求，而填平"代沟"的方法就是互换心理位置，认真替对方想一想。

把急躁的心沉静下来

我们先来看一个教育案例：

我走进教室的时候，教数学的孙老师怒气冲冲地对我说："那个张辰，上课时竟把前面两个女生的辫子结在一起，还在上面别了一支笔。

我顿时火冒三丈，这个张辰，从进我们班开始，就没有让我省心过，迟到、旷课、作业不做、上课做小动作、搞恶作剧、课间……让我头疼不已。

同学们陆续回家了，张辰坐在座位上，隔着晃动的人影和我对峙，一脸的倔强和漫不经心，我耐心地等着同学们走光，想起他的种种劣迹，我酝酿着情绪，想给他来一场雷霆之怒的爆发。

我干硬地咳了咳嗓子，为怒吼做充分的准备。就在这个时候，有个同学气喘吁吁地告诉我说，我班有个同学的自行车钥匙不见了，让我帮忙把车锁撬开，于是我赶紧跑去为他们排忧解难。

那个车锁很难撬，费了我九牛二虎之力，等到大功告成时已是暮色四合。我长长吁了一口气，嘱咐那个学生路上小心，然后自己也想骑车回家。就在开车锁的时刻，我忽然想起那张辰来，我想他大概早就跑得没影了。不过我还是走向教室，向那边望了望。

出乎我意料的是，在暗暗的暮色里，那个小小的影子还站在那儿，我的心动了动，怒气随之烟消云散了。我想，教育也不是万能的，点石成金总有失败的可能，算了，让他走吧。就在我想草草地打发他走掉的时候，我看到他在冷风里打了个寒战，那一刻，我心里突然升起了一股温情。

我摸着他的头，俯下身子和气地说："张辰，谢谢你还在这儿等我。天黑了，我送你回家吧，好吗？"他猛然抬起头来，眼睛闪了一下，随即又黯淡下来，支支吾吾地说："不……不用了，我妈妈还没下班。""我只是想送你回家而已。"

他没有说话，跟在我身后，坐上了我的自行车。

路灯已经亮了，远远地看过去，像星星，很美。我慢慢地骑车，怕夜风冻着他，他的衣服穿得很少，按照他的指点，我送他到离家不远的地方停下，"谢谢老师！"他一边大声地说着一边飞快地跑了。

很快我有了新发现：张辰再也没有出现在不做作业的学生名单中；任课教师表扬张辰上课听讲很认真；课间做广播体操，张辰把胳膊和腿伸展得很到位……我想再调皮的学生也有反常的时候，恐怕时间长不了。但在课堂上，我还是及时地表扬他。从此张辰像换了个人一样，期中考试的成绩竟然前进了十多名。

开家长会那天，我见到张辰的爷爷，这才知道张辰父母离婚了，妈妈不要他，爸爸在外地工作，他只好和爷爷过……

"老师谢谢你！那天你把张辰送回家，孩子告诉我说，第一次有老师专门送他回家……"

我背过身，忍住夺眶欲出的泪，不为自己意外的收获，是为自己曾经的冷漠而惭愧……

我蹲下来，把张辰搂在怀里，拍拍他的后背，他矮矮的个子，只比蹲着的我高一点点，但我知道，他会健康地成长，长得比我高。

要了解学生的性格，就必须经常和学生交流和沟通；要改变学生的行为，最好去了解养成这种行为的根源。

"急"则易乱。"急"使我们迫切地想求得结果，"急"使我们忽视对列车细节的琢磨，"急"使我们忘记了深刻是需要时间的，"急"使我们做事的过程变得浮躁和浅尝辄止——世间万事大概如此——教育当然也不例外。教师忌"急"的原因是我们需要和学生交流沟通，需要了解学生，没有时间的累积是完不成的。而且，当我们想消灭学生身上毛病的时候，当我们想解决学生中存在的问题的时候，"急"只能增加我们的"火气"，助长我们的"霸气"。"急脾气"非但不会让我们和学生更亲近，反而会使我们和学生更生疏；它会使我们远离耐心和细致，越来越变得霸道和粗俗。

"爱心"是医治"躁"的良方。只有"爱心"能给你"耐心"，只有"爱心"能给你"恒心"，只有"爱心"能给你"信心"。

把急躁的心沉静下来，用充满爱意的眼光去观察，用充满爱心的行动去感化，没有哪个"差生"不能被改变。

厚学养德

朱永新教授在《读书与教师成长》一文中讲到：

"教师是一个冒险甚至危险的职业。伟人和罪犯都可能在他的手中形成。因此，教师必须如履薄冰，尽最大努力让自己和自己的学生走向光明大道。

教师的幸福也不仅仅是学生的成功，同时应该是自己的充实与成功。教师可以利用的时间与空间决定教师是一个幸福的人。他完全可以进行自我的设计与武装，让自己脱离庸俗。

教师要达到上述的境界，最重要的途径就是读书。人类几千年的教育历史中，创造和积累了许多宝贵的教育思想财富。这些财富保存的载体主要就是教育的经典著作。阅读经典，与过去的教育家对话，是教师成长的基本条件，也是教师教育思想形成与发展的基础。教育智慧的形成，在一定意义上说，就是跨越由这些经典构成的桥梁的过程。这是一个不可超越的过程。人类的教育虽然不断变迁与发展，但是教育的根本不会改变，教育培养人的功能不会变化，教育过程的内在规律不会变化。如教育创新，虽然是我们这个时代的主旋律之一，但是对于创新教育的论述，现在可能并没有超过陶行知的。因此，现代的许多教育新思想，其实只不过是用我们这个时代的语言和案例与过去大师的对话而已。

教师读书不仅仅是寻求教育思想和营养，寻找教育智慧的源头，也是自我情感与意志的冲击与交流。从过去的教育家的著作中，教师可以学习的东西很多。有心的教师会认真阅读教育的重要文献，认真学习不同时代教育家的人生理想与人格力量。读书会让我们的教师更加善于思考，更加远离浮躁，从而让我们的教师更加有教育的智慧，让我们的教育更加美丽。"

厚德载物，厚学养德。读书对于我们教师来说，是一个基本的素养修炼。就像一个农夫善待他的大铁锄头一般，即便没事，他也要扛着大铁锄头在他的田间转悠转悠。作为教师，除了日常教书，也应该在古往今来浩如烟海的经典著作里转悠转悠，否则怎么称得上"读书人"？

《阅读改变人生》中说到："阅读不能改变人生的长度，但可以改变人生的宽度。阅读不能改变人生的起点，但可以改变人生的终点。"读书还是教师成长的重要"投资"。教师通过读书，可以不受生活时间和空间的限制，以最小的生活成本获取宝贵的生活经验。因为，书里写的东西大多是作者长期思考的思想结晶，它可以使我们省去许多不该走的弯路。这等于节约了我们自己的生活成本，是一种最好的"投资"。

江苏省吴江市实验小学教师费建妹，以前在茶余饭后非常喜欢打牌，她对于打牌的迷恋是很有名气的。可是，有一天她来到了"教育在线"（网上著名的一个教育网站），在那上面，她看到了教育的一片新气象，从此她跨进了追求理想教育的大军中去了。她看到自己，或者说是我们中的每一个人都可以去追求一种新的境界，可以去追求更好的自我。在找到了目标的同时她又找到了一种途径——上网学习与写作。于是，她开始了匆匆而踏实的足迹。从此，她居然很少有时间打牌，同事们开玩笑说这是一个"奇迹"。同时，我们又看到了她正在创造的另一个奇迹：我们看到了她写的《草叶集——我的教育随笔》，看到了她的《让我们的教育少一点遗憾》《教育并思考着向前走》……难以想像，在不到一年的时间里，她写下了好几万的文字。那是一篇篇读书的点滴思考，是听报告的真实启示，是关于班上聪明的、调皮的学生，是关于成功的、失败的课堂……

如果一个教师热爱读书，那么他会在阅读中形成丰富的思想，建立一个丰满的精神世界，拥有充实而宁静的内心。我们知道，人生不只是科学，人生的大部分不属于科学。维也纳的孩子之所以没有不懂音乐的，是因为长期在音乐中耳濡目染，是环境的熏陶。同样，教师不仅要担起教书育人的责任，也应该在书香中塑造自己。余秋雨先生说到："我到很晚才知道，教育固然不无神圣，但并不是一项理想主义、英雄主义的事业，一个教师所能做到的事情十分有限。我们无力与各种力量抗争，至多在精神许可的年月里守住那个被称作学校的庭院，带着为数不多的学生参与一场陶冶人性、人格的文化传递，目的无非是让参与者变得更像一个真正意义上的人，而对这个目的所能达到的程度，又不能期望过高。""我是个文化人，我生命的主干属于文化，我活在世上的一项重要使命就是接受文化和传递文化。"面对理想与现实的距离，面对种种不如意以及种种诱惑，多少教师就像余秋雨先生一样以他们的德性坚守着自己的精神庭院，"非淡泊无以明志，非宁静无以致远"。

南宋时期著名的哲学家、文学家吕祖谦（字伯恭、号东莱先生），间任著作郎兼国史编修官，与同时代的朱熹、张栻并称"东南三贤"。

吕祖谦自幼聪颖好学，但性情急躁，小不如意，便满腔怨愤，且爱无端地迁怒于人，把周围的人际关系搞得很紧张，单独外出挨揍是常有的事。据《宋史》记载：一天，他生了一个朋友的气，便强按怒火，硬着头皮读书。读着读着，紧皱的眉结却渐渐舒展开来，当他诵到"躬身自厚而薄责于人"时，胸中的怨气竟"涣然冰释"了，以后每当他心中不平时，就赶快使自己进入书中的境界，并把"薄责于人"的句子作为座右铭，因而逐渐养成"心平气和、不立岩异"的气质，使得"一时英伟卓荦之士争相归之"。朱熹称赞他"学如伯恭方是能变化气质"。吕祖谦潜心读书，修身养性，不仅改变了人际关系，使一些英才志士"争相归"，而且学业有成，著作颇丰。

教师读书不仅是为了学生，也是为了自己，也就是古人所说的修身、正己，培养自己的人格、道德和情操。事实证明：读书多与读书少的人所表现出的内在气质与素质是绝对不相同的。常言"独善其身"，练好"内功"，提高自身的素质和修养，从而会有益于身心健康。正因如此，有位校长提出了："以读书来沉淀浮躁的思想，以读书来培育沉稳的个性，以读书来培养严谨的治学风气，与教师分享读书的经验与欢乐，以读书修养引领教师的成长"的治校方略。

当代社会上浮躁之风盛行，功利之心蔓延，在这样一个大背景下，最有文化的校园也沾染了同样的风气。教师也是一种职业，教师也要谋生，但是，我们真的要等到校园这最后一方圣土也改变以后才读书吗？也许，在每个人的内心世界里，都有一块属于自己的黑暗空间，读书的火苗太微弱，如果不坚持，心中就：永远没有敞亮的天地。"轻则失根，躁则失君。"当我们的学校只有考王、考霸、考典等习题集；当我们的学校把教师读书看作是"业余"活动；当教师进修学校的书架上仅有几本教师培训的书籍；当我们听到"多元智能是一种新型的机器人理论"时，我们的教师就会离教育的距离越来越远，离危险越来越近。有一位班主任介绍自己的"思想工作经验"时说，有个学生迷上了世界文学名著，影响了学习，家长忧心如焚，但是没有好的办法；经过她的思想工作，该生"改正了缺点，再也不看小说了"，后来成绩名列前茅。教师是最重要的课程资源，是学生成长的标杆。如此教师，为学生树的什么标杆？教师是天生的职业读书人、职业的学习者。活到老学到老，方可为人师。

藏书，蕴的是为师的底气

有个作家讲过这样一个故事：

老同学从教二十年，评中学高级教师职称却连年受挫，便邀我去"面授机宜"。他家房子不小，却没有书房，只在卧室办公桌旁有张小小的书橱，里面除了大学的教科书，就是几本教材、教学参考书和《新华字典》。我对他说："你每年订 3～4 种专业和教育类杂志，每周买 1～2 本书，不需多久，你的职称肯定解决。"

同学听闻，如法炮制。三年后，不但评上了职称，还出了一本教育类颇受欢迎的书。

教书的没藏书，那是万万教不好书的。俗话说，要给学生一杯水，你自己必得有一桶水。自己不读书，肚里空空如也，怎么能够给学生，丰富而广博的知识？弄不好连教科书上的内容都难以理解透、参悟透，那样去教书，自然是"以其昏昏"，难以"使人昭昭"了。再说，教师教书，不只是让学生掌握课本上的知识，更主要的是要激发学生阅读、探究的兴趣，引导学生形成良好的读书习惯和方法，而要达此境界，教师必须"身先士卒"，以自己勤读书、爱思考的行动去影响和感染孩子。试想，家无藏书，自然无书可读，甚至是不爱读书，他的兴趣爱好可能就在喝酒、打牌等方面，如果这样，又会给学生施以什么样的影响？更为重要的是，当今社会处于知识爆炸时代，新观念、新知识、新方法层出不穷，成为"学习型人才"是时代发展的必然要求，你没藏书自然是因为不想买书，不想买书其实是不愿读书，多读书才能跟上时代节拍，少读书就要与时代产生距离，不读书自然更要被社会甩下，由此产生的结果，可能就不仅仅是评不上职称了。

苏霍姆林斯基曾要求教师带学生走进自己的藏书室，让学生一览为师者的藏书领地，这既是想让学生跃入书籍海洋，更是想让教师真正成为知识的拥有者和创造者；著名教育家朱永新认为教育的本质是读书，他的"新教育实验"，其"六大行动"首要的是"营造书香校园"，要师生把教、学的过程变成读书的过程，而教师首先必然是书满架、籍满堂。对照名家要求，我们不少教师是应该"汗颜"的。为此，我们应该强化"藏书"的意识，从自己所从事的专业藏起，所谓"术业有专攻"，并由此渐渐拓展，延伸到与专业相关的领域，直至科学与人文的博大空间。这里有这样一种循环关系，爱书才想到藏书，藏书则利于读书，读书为了用书。假如我们每一位教育工作者都有一个足以向他的学生炫耀的藏书室，那教师的整体素质将达到一个怎样的水平，他的学生受其熏陶，又将会出现一种怎样的阅读氛围？

当然，藏书绝非目的，如果像清代袁枚的《黄生借书说》里所叙的藏书后"高束焉，庋藏焉"，还要重蹈某些古人"书非借不能读也"的覆辙，那绝非我们要求教师注重藏书的初衷。作为教师，他应该尽其所能，以藏书为自己的精神财富，读书、用书，并借此实现"求知、立德、开智、审美的多重功能"（中国阅读学研究会副会长兼秘书长甘其勋语），不断完善自己，升华自我，从而提升教育品位、优化教育行为、强化教育效果。从这个意识上说，我们主张教师要有丰富的藏书主要是希望在教师中形成一种浓郁的读书氛围，并进而以这种行为影响我们的学生，营造书香校园，借此培育"读书人口"，营造"书香社会"。

中国阅读学研究会副会长、南京大学徐雁教授一直致力于推动社会阅读，致力于"培养读者爱书的情怀，来增益他们对图书的爱好，从而把自己陶冶成为一个真正的中国读书人。"（《华夏书香丛书》序）是啊，如果大家都能将读书作为一种习惯，那整个社会就会洋溢着浓浓的读书氛围，一旦这样的氛围形成，那我们的社会文明程度就会大大提高。而教师则应在这当中成为引领者、带头人。从这个角度讲，我们希望教师藏书，更希望教师有一种良好的读书态度。假如我们当教师的能把读书看得很平凡，有空便读书，能读书处就读书，从而家有书千卷，胸有书万卷，那于己、于学生、于周围、于社会，自然其益莫大焉。

教师，你有丰富的藏书吗？你可知道，藏书，蕴的是为师的底气。无书，何以修德？

教师的职业自律

道德结构的地基是规则道德，要求社会公民都要遵规守法，不论是自觉的还是他律的。在规则道德的实践中，人们培养公民的道德意识，并能够上升为自律道德。自律道德是依靠自身的道德修养，自觉遵守道德规范的道德行为。自律道德是道德教育的核心目标。

道德规范要真正成为指导人们行为的规则，必须从他律实践中升华为自律意识。一切的道德规律只有通过个人的思想和行为，转化为道德的自律，才能成为实存的道德行为和道德风尚。道德是自律和他律的统一，个体的自律以社会的外部的他律为基础和根据，同时社会道德要求只能通过个人的自律才能实现。

如何培养道德自律？

首先，要进行道德认知教育。道德认知是道德情感和道德行为的基础和内在动力，是促使道德信念形成的认知基础，是道德自律的先导。一个缺乏正确道德认知或道德认知水平低下的人，不可能自发地产生自律意识和行为。

其次，形成道德情感。情感是认知转化为行为的"催化剂"，对人的行为的方向和强度都产生重要影响。因此，培养人们对道德的真情实感，对促进其对道德的认知向行为的转化具有重要作用。

再次，形成道德意志。实现他律的内化，必须通过培养主体道德的真情实感、维护道德的坚定信念，以及履行道德义务和承担道德责任的意志。

最后，道德行为习惯的养成。使特定的道德行为方式由偶然变成必然，由不经常的行为变成一贯的行为，是道德自律形成的又一重要条件。道德行为习惯的培养主要通过参加各种实践活动，反复实践某一种行为从而养成习惯。

重视教师道德实践

思想道德建设是教育与实践相结合的过程，要重视道德实践环节，以体验教育为基本途径，区分不同层次人群的特点，精心设计和组织开展内容鲜活、形式新颖、吸引力强的道德实践活动。各种道德实践活动都要突出思想内涵，强化道德要求，并与丰富多彩的兴趣活动和文体活动结合起来，注意寓教于乐，满足兴趣爱好，在活动中思想感情得到熏陶，精神生活得到充实，道德境界得到提升。道德实践是加强公民道德建设的重要途径。

道德实践是道德形成、发展的基本前提，也是构建社会主义思想道德体系的内在要求。人们道德理想的树立和道德信念的巩固，离不开丰富多彩的道德实践。加强公民道德建设，必须高度重视道德实践的作用，把道德实践渗透到道德建设的全过程。

道德实践是吸引群众参与道德建设的有效载体。作为道德建设的主体，人民群众既是道德建设的实践者，也是道德建设的受益者，人民群众中蕴藏着巨大的道德建设的积极性和创造性。从根本上说，道德建设是与人民群众生活、工作息息相关的，它集中体现着人民群众的利益。道德建设工作做得好，人们思想道德水平高尚，社会风气优良，百姓安居乐业，人民群众的实际利益便能得到切实保障；反之，就会受到不同程度的损害。

道德实践是提升公民道德境界的重要保证。道德教育属于养成教育，是知行统一的过程。公民道德境界包括道德认识、道德情感、道德意志、道德行为等各个方面。其中，道德行为是衡量人们道德境界高低的重要标准。在从道德认识到道德行为的演变过程中，道德实践发挥着关键作用。

应该说，中共中央、国务院印发的《新时代公民道德建设实施纲要》和教育部的《中小学生日常行为规范》的颁布，为我们解决了道德理论问题。现在的关键问题是，要抓住民族精神的核心，深入持久地开展群众性的道德实践活动，只有将道德理论付诸道德实践，并致力于不断总结经验的创造过程，才算是某一阶段最生动、最有效果的道德教育完成过程。

教师职业道德的特点

教师职业有许多特点，如高尚的道德、丰富的知识、为人师表的行为等。与其他行业的道德相比，教师的职业道德的特殊之处，就是爱心、表率与自我发展。

1. 教书育人的特殊的"操作软件"——爱心

教师职业与其他职业相比，突出的特点是职业客体不同。生产加工业的客体是物，服务行业的客体是人，但基本是成年人，中小学教师职业的客体是人，而且是未成年人。正因为如此，教师职业的"运行"需要一个特殊的"操作软件"——爱心。爱学生，用爱心引领学生健康成长，这是教师职业的"基本程序"。

作为教师，只有热爱学生，特别是尊重、爱护、信任学生，使学生真正感到来自教师的温暖和呵护，教育才富有实效。爱学生，是师德的重要组成部分，是师德区别于其他行业道德的主要特点。

师爱的基础是对学生人格的尊重。尊重学生人格是师爱的基本要求，也是获得学生的爱的基本途径。人格是一个人的尊严，是一个人对生存条件的心理反映。任何人，包括未成年人，对侵犯自己人格的行为都不可避免地会产生警惕、防御、抵触和反击的心理和行为。不尊重学生的人格，就等于丧失了教育的权力。既然教育是面向全体的，"一个都不能少"，那么师爱也是面对所有学生的。尊重学生的人格就是让每个学生都有自信心，都在师爱的沐浴下健康成长。教育学生的法宝只有一个——先尊重他。

要尊重学生的兴趣、爱好。古人说"己所不欲，勿施于人"，又说做事要"以己度人""将心比心"，可惜很少有人用到教育上。过去我们总以为，我们的出发点是好的，学生就应该听从，殊不知在教育的规律面前，我们常常是好心办坏事。其实，教育者的所有用心和努力如果不能通过学生认同这一环节，那么一切心血都将白费。从另一个角度来看，教育者一味采取强制的办法，可以暂时地让学生服从，可是只要环境一变，只会让学生更叛逆。

要尊重学生的情绪和情感。青少年自控能力差，但独立意识、反抗意识却很强，稍有不顺心的事，往往通过爆发的形式表现出来。教师对这种情绪如果不予重视，或者以硬对硬，便可能导致师生对立，造成彼此之间的伤害，甚至导致学生心理上难以弥补的挫伤。现实中这样的例子是屡见不鲜的。那种能够体谅学生情感的教师，那种不对学生发火的教师，才能成为大多数学生佩服的教师。对学生的缺点和弱点，要及时提醒，实事求是，不宜过分夸大，尽量不在其他学生面前批评学生，更不在全体学生面前揭示一个学生的缺点和错误。

要尊重学生的选择和判断。一个人生活在社会中，每天都要对各种各样的事物、各种各样的人物进行选择和判断。鼓励学生自己做出选择和判断，不仅是尊重人性、尊重人的权利和自由的表现，而且有助于提升他们的主动性、自主性和创造性。教育者的任务不应该是让学生"掌握"一套现成的价值判断标准，而应是鼓励学生自己对事物做出选择和判断，并把自己的判断和社会期望的判断做比较。所以，凡是有争议的问题，教师都应该暂缓发表意见，而让学生自己说话，让他们讨论。

师爱的真谛是让学生主动地进行学习。在课堂上让学生先说，可以让学生清晰、有条理地表达自己思考的过程，这个过程也是学生自己去发现问题、探索问题及学生之间进行交流的过程。最重要的是让学生主动提问。学习就是一个从有疑到无疑的过程，让学生带着问号进课堂，培养学生的问题意识就是培养他们的主动探究意识。学生敢于问和善于问的前提是有一个轻松愉快的课堂气氛。

师爱的最高境界就是把自己的心与学生的心融为一体。不管生活中有多大困难，见到学生就什么都忘了；不管心里有多少愁事，投身到学生中间"天就一下子晴了"；不管自己是否已经是一把年纪了，在学生中间总觉得自己年轻。可以说，这样的教师达到了"修成正果"的程度。在现实中，这样的教师真不在少数！

2. 教师职业的特殊作用——表率

教育的根本任务是育人，在育人的过程中，教师的表率作用非常突出。教师的言行举止、精神面貌、治学态度、道德情操及思想作风等对学生都具有示范性、渗透性和权威性，起到言传身教、春风化雨、潜移默化的作用。可见，育人得先正己，打铁先得自身硬。作为教师，比从事其他职业的人更须严格要求自己，要求学生做到的，自己先做到，要求学生不做的，自己首先不去做，使自己时时处处成为学生的表率。正因为如此，许多学生把学习阶段能否师从几位品德高尚、学识渊博、教育得法的好教师作为自己人生发展的关键因素。现在的"择校热"，其实质是"择师"。教师道德对加强学校的德育工作具有表率作用。学校的德育工作主要通过教师对学生的教学、管理与亲身示范来完成，教师道德状况将直接影响学生德育工作的成效。

教师道德对学校整个教育工作的健康和稳步发展起着促进作用。教师的行为规范能有效地调节教师在职业活动中的行为，并因此能够妥善地处理好学校教育过程出现的师生之间、教师之间、教师与自己职业和社会各方面的矛盾，形成社会各个方面和环节的最佳结合，为学校的各种教育工作健康和稳步发展创造最有利的条件，从而极大地促进学校教学工作的完成。

教师道德能直接或间接地影响社会风气，推动物质文明和精神文明的进步，有利于国家和社会的稳定与发展。教师的世界观、人生观、价值观等思想情操和道德品质都会对学生产生巨大影响，并通过它们对道德建设产生十分重要的作用。教师道德对社会风气产生影响，教师的言行，直接影响人们对是非、善恶、荣辱观念的判断，能对社会经济生活、政治生活及婚姻、家庭、教育等方面产生社会影响，从而促进良好社会风气的形成。

3.教师职业的特殊要求——不断学习和自我发展

教育永远是一个开创的事业，教师永远是一个前进的职业。随着社会的发展和教育事业的发展，时代对教师提出了更高的要求。尤其是基础教育课程改革，使教师职业遇到前所未有的机遇和挑战。

党的十六大报告把"形成全民学习、终身学习的学习型社会，促进人的全面发展"作为全面建设小康社会的一个重要目标。这一目标的实现，教育担负着重大的责任，教师担负着重大的责任。教师必须不断学习、不断发展自己，才能跟上社会发展的步伐。

教师职业道德的实施难点

1. 爱每一个孩子

首先，要特别尊重学生的人格，呵护他们的自尊心。一些学生存在心理问题。这时，他最需要理解和同情。给他一点尊重，就能唤起他的一点信心。在任何时候也不要对学生表现出反感、蔑视的情绪。

其次，要主动接近学生，读懂他们，和他们交朋友。教师要多与学生接触，去了解学生，特别是在学生生病或遇到困难时，教师应像慈母那样去关心、帮助他们。对于性格内向的学生，就不可用过于严厉的形式批评他们；而对于个性倔犟的学生，需要有耐心，要长期用真情去感化他们。教师要以身示范，爱岗敬业，把自己的学生看作自己的儿女。俗话说：情到真处心即通。

再次，要善于发现学生的闪光点。爱学生还要善于发现学生的闪光点，即优点、长处。任何一个学生都有自己的优点、长处。教师要善于发现学生的闪光点，千方百计地让学生的闪光点有用武之地，使学生的自尊心、上进心得到承认和强化，从而激起学习的斗志，鼓足前进的勇气。只要细心观察，最终都会淘尽黄沙始到金。对一些成绩没那么突出的学生，如果教师真正了解他们，很可能就会发现，原来他们有着一颗爱钻研的头脑、一副体贴和同情别人的好心肠，或者一种异乎寻常的积极性。

最后，严爱相济，教育为主。不能一味地慈爱，时间长了，会使学生感到教师管理不严，以致失去约束，甚至行动随便、纪律涣散。所以，爱是有条件、有限制的，发现学生有缺点，应及时批评指出，并给予其改正的方法及机会。对学生表现出的不良习惯应及时纠正，不能迁就，更不能撒手不管或放任自流。教师不能和学生"斗气"，更不能歧视他们。初中学生身心的健康成长也需要教师严爱相济，教书育人。

2. 让学生自主发展

教会学生学习、教会学生积极主动地发展是世界各国的共同目标。随着社会经济和科学技术的发展，人才的素质要求越来越全面、完善。教师不仅要关注知识的获得，更要关注学生态度的形成、品德的提升和情感的陶冶，而且学生态度的形成、品德的提升、情感的陶冶将比知识的获得更为重要。在人类进入信息时代的新世纪，人们将面临知识不断更新、工种频繁更换的考验，学习成为贯串人一生的事情，教师不仅要关注学生素质发展的全面完善及个性的健康和谐发展，更为重要的是要让学生掌握学习的方法、技能和对此应持有的态度，能够积极主动地学习。

"主动发展"的内涵是，学生具有较强的学习主体意识，有较高的成就动机；热爱学习，求知欲强，能发挥主观能动性，积极参与教学活动；学会学习，有较强的自学能力和良好的学习习惯，能主动地规划自己的学习任务和发展力向，并能通过自我评价不断掌握学习策略；有较强的选择、评价、研究信息和问题的能力，以此实现素质的全面提高。

3. 甘于淡泊，无私奉献

坚守高尚情操，发扬奉献精神，不利用职责之便牟取私利，这是教师职业道德的明确要求。教师是人类文化的传承者，而不是重利的商人，其本职工作是教书育人，教师应该是淡泊名利的。

无私奉献精神的实质，是把国家和人民利益放在首位，全心全意为满足社会需要贡献自己的力量，而不是指从事任何劳动都不要报酬。在这里，"无私"与"无酬"是两个不同的概念，"无私"指的是没有自私自利之心，"无酬"则是指没有任何报酬。道德高尚的人可以做到不带任何自私自利之心地进行工作，但无法做到任何工作都不要报酬。因为在社会主义社会中，劳动仍然是一种谋生的手段。如果把无私奉献精神理解成从事任何劳动都不要报酬，那么具有无私奉献精神的人就根本无法生活了，这实际上就等于从根本上否定了无私奉献精神存在的理由和价值。大量事实表明，越是认真贯彻按劳分配原则，使劳动贡献大的人能得到相应的较高报酬，就越有利于鼓励人们发扬无私奉献精神，积极努力地做好本职工作。

为什么提倡教师甘于淡泊、无私奉献呢？这是因为，任何具体的道德准则，都有自己特定的反映对象和适用范围。商业道德的基本原则是等价交换，但是师生关系不是经济关系，而是一种高尚的育人关系。如果一个人在任何事情上都讲等价交换，斤斤计较个人得失，他就无法完成培养具有高尚品德的新一代接班人的历史职责。

在市场经济的大环境下，发扬无私奉献的道德风尚是不容易的，这确实需要教师甘于淡泊、不计名利。要做到这一点，主要就是在师生关系中抵制商品交换原则。而乱补课、滥发教辅图书、乱收费等违反职业道德的行为都是被"利"字挡住了双眼。

一枝红色的康乃馨

我国古代哲学家孟子曾讲过"君子有三乐"，其中"得天下英才而教育之"即是其中一"乐"。教师职业是一个幸福的职业，而教师的幸福首先源于学生的成才与成功。教书育人是每个教师义不容辞的神圣职责，一个合格的教师应该努力使自己成为学生心灵的雕塑家。对于成绩不理想的学生，不要把他从你身边推出去，而应该用爱心接纳他们。唯有挚爱，才能产生情感，有了情感，才能形成巨大动力。在情感上对学生少一分要求，多一分理解；少一分埋怨，多一分宽容；少一分责备，多一分尊重；坚持用自己诚挚的心去关心他们、鼓励他们，善于发现他们的优点并及时进行鼓励。教育要有情有理有力有度才会取得成功。以爱唤醒爱，以心灵雕塑心灵，教师在奉献与付出中诠释对职业的挚爱，也享受着这份深沉的幸福。"教育是用大爱来做小事，教育是心灵的事业"。教育是植根于爱的，爱是教育好学生的前提，教师对学生只有先动之以情，再晓之以理，才能收到良好的教育效果。教育的丰富性不仅表现在它是一门科学，还表现在它也是一门艺术。聪明的教师在课堂上善于发现和利用教育资源，从尊重、爱护学生的角度出发，以人为本，春风化雨、润物无声地启迪学生的心灵，激发学生的创造力和探索兴趣，使学生感受到教师是尊重自己、爱自己的，从而主动改正缺点，构建属于自己的完整的精神世界。

教育是一项充满激情、关爱和生命体验的活动，是师生双方共同成长的过程。教师是人类灵魂的工程师，是学生灵魂的雕塑者，付出的是心血与汗水，获得的是精神上的愉悦和满足。总的来说，教师在教学活动中要注意以下四点：

（1）以尊重打开学生的心灵之锁。教育的核心在于让学生始终体验到自己的尊严感。一位教育家说得好，如果美好的品质得到蓬勃发展，那么恶习就会受到排挤，在学生自己不察觉的情况下自然而然地消失。教师面对的学生是极易受到伤害的，他们有着极其脆弱的心灵，因此教师要像爱护最宝贵的财富一样保护学生的自尊。

（2）以理解和关爱打开心灵之门。心理学研究表明，情绪可以成为意志的动力，也可以成为意志的阻力。对待学困生，教师要利用自身的人格、威望及对学生的真挚热爱和期望进行潜移默化的熏陶，让感情的温度提高到学困生思想的"熔点"，使师生的感情熔化在一起，促使学困生转变。教师对学生的理解和殷切期盼会产生不可估量的作用。教师平时要设身处地地为学生着想，多了解学生的内心，多关心他们的生活，在课堂上要多提问，课后要多辅导、多鼓励、多关注。感情上，变"严厉"为"关心"；在态度上，变"恨铁不成钢"为"献爱心给学困生"；在方法上，变"隔靴搔痒"为"对症下药"；在效果上，变"急功近利"为"治标治本"。

（3）以恒心和耐心向心灵播撒雨露。教育的过程是一个复杂的过程，由不知到知是一条很复杂的道路，做教师的千万不要急于求成。学生无好坏之分，只有个体的差别，每个学生都是有待进步的学生，每个学生都是能够教育好的学生，每个学生都能天天进步，哪怕只是一点点。所以，要耐心教育，细水长流。这种教育体现在教师对于主动要求上进的学生的鼓励中，也体现在教师对待进步学生的重视和鞭策里；这种教育体现在教师的每节课堂上，也体现在课堂外的时时刻刻；这种教育体现在教师对在校学生的日常教育里，也体现在学生离校后更长久的社会生活中。

（4）以成功的喜悦让心灵绽放鲜花。要让学生能正确认识自我，有机会表现自我，让他们体验到成功的喜悦。教师要以满腔热情积极引导学生共同参与，给他们以极大的信任和理解，相信他们每个人都是可以雕琢成器的璞玉。让学生真正感受到关心和呵护，激发他们奋发向上的学习精神。对学生的点滴进步应及时予以表扬和鼓励，让他们自信倍增，成功的喜悦可使他们产生进取的动力，以成功唤起更多的成功，走上良性发展的道路。

作文里的真情

教师对待学生，必须坚信每名学生都具有"可教育性"，不管学生多调皮，只要教师看到他广阔的内心世界，用爱默默地滋润他，就能感化他、改变他。爱，不仅是一种促进心灵对话的情感力量，更是一种激励学生和谐发展的无可取代的教育力量。在教学活动中，教师如果用真诚去关心和支持学生，师爱将成为黑夜中的明灯，为迷茫孤寂的心灵送去惊喜和安慰，能够给学生一种更强的动力。正是在这种动力之下，学生才会对未来的学习充满信心。

教师既要教书，又要育人。要做到这一点，关键如下。

（1）要循循善诱。魏书生说过："严格要求非要横眉怒目不可吗？大可不必。好的教师总是循循善诱，平易近人，使人敬畏。"教师如果用爱心有步骤地引导学生，可以在学生的内心形成"被重视"的暗示，有利于缩短师生之间的距离，有利于学生顺利接受教师的点拨。

（2）要因势利导。新的课堂留给教师和学生的空间很大，课堂上会出现许多教师难以预见的问题，这就需要教师因势利导，机智处理；这样，既不影响教学顺利进行，又使学生受到深刻的教育。教师应营造一种愉悦的教学氛围，使学生在轻松的氛围中接受教育，从而产生一种内在动力，激发他们的探索精神。在生成性的课堂教学中，教师的因势利导能把学生带到更广阔的天地。新理念下的课堂是动态的、灵活多变的。在这样的课堂中，教师要善于"导"，进行巧妙的点拨、睿智的启发，让学生感受到学习过程是一种充满魅力和激情的活动过程，从而让课堂教学真正达到"润物细无声"的效果。

（3）要情理交融。从生命活动的视角来看，教学过程不仅是知识传授与学习的过程，还是教师与学生共同进行生命活动的过程，是生命与生命间相互对话、交流、理解、沟通的过程。情趣教学思想，就是要把教学活动的内在生命力解放出来，将教师的生命世界与学生的生命世界打通，将学科知识与学习的生命体验融会，让领悟与感悟产生强烈的共鸣。教师在教学中要以理服人、以情助理、以情动人、以理固情。在教学活动中，教师应善于找到解决问题的办法，用真诚去关心和支持学生，将爱的力量融入教学的每一个环节，温暖和引导学生的心灵；以情动人，促使他们投入到正常的学习生活。

延伸的教学故事

有一天，"智慧""成功"和"爱"三位天使来到人间。一位母亲请他们到家中做客，三位天使对这位母亲说："我们只能去一个，你回家商量一下，再做选择。"母亲最后决定把"爱"请回家。奇怪的是，另外两位天使也跟着进了屋。母亲惊讶地问："你们两位怎么也进来了？"天使说："哪里有'爱'，哪里便有'智慧'和'成功'。"有爱就有一切，教育教学更是如此。在学校里，爱是学生接受教育的情感基础。

教师与学生接触的时间很多，对学生的教育无处不在、无时不在，师爱也相应地渗透到教学的每一个环节。有的教师习惯于明示教育，直接给学生以指点，以此规范学生的行为。这种直接的、外在的方法，学生随着年龄的增长，可能会慢慢地觉得教师唠叨，从而产生严重的逆反心理，影响教育效果。所以，爱的教育崇尚身教，崇尚用自己的行为来影响学生。

师爱是教育的生命，它体现在教学活动和教学行为之中。爱的渗透就是教师将爱一点一滴地、源源不断地传达给学生，让学生在生活和学习中时刻感觉到教师的关爱。教师应走进学生的心田，感受学生的变化，分享学生的喜悦，成为学生的朋友。

教师每一个教学行为都会或多或少地影响着学生的学习和生活，要求教师具有良好的职业修养和深厚的知识底蕴，这就需要做到以下四点。

（1）以丰富的学识引导学生。树立优良学风，严谨治学，认真学习教育理论，积极参加各项进修和教研活动，提高教研水平；经常阅览教育丛书，做好读书笔记；认真钻研业务，不断提高教育教学和科研水平；积极进行课堂教学改革，探索教育教学规律；改进教育教学方法，突出个人专长，形成自己的教学特色。

（2）以高尚的人格感染学生。生活态度积极向上、性格乐观开朗、做事谦虚内敛的教师，能够用自己的行动为学生做出表率，这种教师带领下的班集体一定会形成一股正气，给学生营造一个良好的成长氛围。

（3）以和蔼的态度对待学生。教师与学生说话时，不妨蹲下来与学生保持同样的高度，绝对不能对学生有训斥和教训的态度，引导学生自己去发现错误、改正错误。

（4）以整洁的仪表影响学生。教师用健康向上的形象和充沛的精力来感染学生，学生能主动地去奋进、争取。拥有整洁的仪表须注重细节，大到发型、衣服，小到指甲、鞋子，这些细节所体现的美感是一种无形的教育力量。

春风化雨般的教育，无声地拂过学生的心灵，滋润学生的心田，达到教育学生的最佳效果。教师以无声的力量来唤醒学生的激情与动力，激发学生参与到活动中来，体验成功的喜悦。

接纳和尊重学生

在了解学生内心世界的时候，不应伤害他们心灵深处最敏感的地方——人的自尊感。教师常常会碰到：有的学生刚刚来到一个新的集体，带着自身的"特点"走进来；有的学生地位特殊或有着特别的经历，与教师和同学不能融洽地相处；有的学生在课堂上大错不犯，小错不断；有的学生偏偏在教师强调某个问题后"闯红灯"；有的学生恰恰在最不应该出问题时出了差错……这时，教师不能认为学生故意和自己过不去，不能采取不冷不热的态度，甚至实行"高压政策"。要知道，这些学生刚加入一个新的集体，本身心理就有些压抑，他们内心也时常感到不安。此时，他们最需要班主任给予帮助，而不是不理不睬或训斥；此时，班主任最易用接纳的态度触动其心灵。

师生之间民主平等关系的基石是教师接纳学生。接纳，意味着教师首先把学生当作和自己一样平等的人，一个自由、独立，有其独特天性、人格和尊严的人。接纳是一种爱，是理解和接受，是关注和认同，甚至是宽容。

作为教师，要善于接纳学生，接纳表达了教师对学生的宽容和信任、尊重和认可、真诚和爱心。教师不仅要接纳乖顺听话的学生，更应该接纳那些更需要理解和帮助、更渴望走出困境的学生。每一个学生都是一粒种子，都需要我们用心呵护，精心栽培。

接纳意味着用心灵感动心灵，用生命点燃生命，用智慧开启智慧。在师与师、生与生、师与生的互动中，接纳是互动得以顺利进行的基础，只有相互接纳、相互信任，才能开展愉快的教学活动。每一个学生都有一颗敏感的心，学生只有在被接纳的安全的感觉中，才会融入集体，发挥自己最大的潜能。

（1）平等对待每一个学生。教师应多展露些温暖的笑容，让新来的学生尽快融入新的集体；多送上些关注的眼神，让自卑的学生重新找回自信；多留点操练时间，让学困生及时融入；多留点思考时间，给中等生留有余地；多留点拓展时间，让优等生更上一层楼……平等才有民主，民主才有和谐，和谐才有发展。

（2）充分抓住每一次机会。教师应不断挖掘课程资源，善于抓住时机，发挥学生的主观能动性。一次特殊的课堂提问，一次难得的演示，一次特别的作业，一场难忘的比赛……这些都是师爱的表现，师爱在潜移默化中为学生的心田注入一股无形的力量，这种力量将化作学生成长的动力。

当然，教师对学生的尊重和接纳并不是毫无原则的，并不等于赞同学生的不良行为，尊重和接纳的是学生作为一个人的价值，对学生所做的一些不良行为可以不接纳、不赞同。教师对学生的尊重和接纳并不等于教师不能拥有自己的价值观和思考模式，而是教师在拥有自己的价值观和思考模式的前提下，给学生一个自由表达自己的空间，即使学生还没有进步，仍然给予学生鼓励进步的力量。尊重和接纳学生意味着让学生在表达自己的内心世界时，不轻易下判断，不对学生随便做出"好"或"坏"的判断，应先进入学生的内心世界去聆听，给予学生充分的机会去表达自我。

尊重和接纳学生是教师对学生爱的外在表现，也是教师对学生爱的能力的体现。教师应相信每一个学生都有无限发展的潜力，每个学生都可以通过教育和社会的影响，朝着好的方向发展，相信教师对学生的良好沟通会产生良好的影响——不论这种沟通效应会持续多长的时间。

接纳学生不仅是学生的幸福，也是教师的幸福。在这些幸福中，学生得以幸福健康地成长。

桌子里的小星星

我们之所以称学生为孩子，就是因为他们正处在成长过程中。他们的一切都是丰富而又稚嫩的，特别是他们的情感，天真、脆弱又淳朴。作为教师，如何去呵护这样的情感，是值得我们深思的。

事实上，只有尊重学生的人格和情感，学生才能愿意接受你的教育。而尊重的表达是需要技巧的，当在课堂上出现了与教学无关的事情时，教师是否能根据教学内容，在保护和尊重学生情感的前提下，把意外枝节巧妙地嫁接到教学的主干上来，借题发挥做"文章"，是对教师教学机智的一种考验，更是对教师如何面对学生情感的一种挑战。

爱学生，就要尊重学生。尊重学生的情感与尊重学生的人格和自尊，具有同等的重要性。情感是行为的动力，学生在校的一切活动都与他的情感体验密切相关。学生只有在健康良好的情感状态下，才能安心地接受教育。教师若采用专制、冷酷、高压式的管理方法，极易使学生产生紧张、焦虑、忧郁、恐惧等负性情感，而这些负性情感一旦形成和发展，就会对学生的学习、生活、个人感受、师生关系和班级管理产生强烈的冲击。因此，无论是从学生情感健康发展的立场出发，还是从减少负性情感对学生的不良影响出发，教师对学生的情感都应表现出多理解、多宽容、多尊重、多支持、多帮助，使每个学生的情感都能得到应有的尊重与健全的发展。

（1）捕捉情感教育的契机。情感教育的契机总是稍纵即逝的。对于每个学生存在的问题，教师要做到心中有数，不能束手无策，也不能操之过急，要耐心等待时机，一旦时机到来，抓住就不要放手。抓住教育契机是一种教育技巧，既要机敏又要耐心，关键在于教师要善于捕捉、用心呵护，使学生受到情感的熏陶和感染。

（2）加强师生间的交流与沟通。理解和帮助是教师对学生最佳的爱的表现，每个学生都渴望得到教师的尊重与爱护。在教师的眼里，没有"差生"，只有学生。爱学生，就要学会以宽容的态度对待学生，用赏识的目光看学生。当然，宽容不等于纵容，它是教师对学生深层次的理解和信任，是严格与责任的另一种表现形式。

（3）丰富自身的教学机智。教学机智是一种大智慧，是教师综合素质的集中反映，是日积月累的结果。如果教师具备了精深的专业知识、开阔的人文视野、扎实的教育学和心理学功底，就会在与实践的相互碰撞中逐渐培养起对教学的敏感性、洞察力和自信心，教学机智的迸发就会化为真真切切的现实。教师应该明确，教学机智不是"小聪明"的投机取巧，而是大智慧的自然流露，是大境界的坦然展现，甚至有时表现为大巧若拙、大智若愚。

小强居然变了

公平和公正是使学生对教师感到可亲可敬的必备条件。缺乏公正性的爱，必然会带来各种副作用，不但不能推进教育活动的开展，反而会严重影响教育的效果。小强是个性很强的学生，经常跟教师对着干，对老师说的话总是不服气。可最近他变了，"变得懂事了，有礼貌了"。他看到了希望，对自己、对教师充满了信心。这些变化源于教师对"同桌纠纷"的公正处理。看来，教师处事的公平对学生该有多么重要。

教师对每个学生的态度要保持一致，不能以自己的好恶偏袒、庇护一部分学生，鄙视、冷落另一部分学生，要一视同仁，批评和表扬要恰到好处。虽然学生的情况是多种多样的，个性不同、能力有差异、智力有高低、品行有上下、家庭情况有差别，但是教师也一定要做到公平公正。

（1）实事求是，赏罚分明。班主任应该认真对待学生的每个行为，做出公正的评价。一方面，要根据学生的实际因材施教；另一方面，在制度面前也不允许有特殊的学生存在。一个学生犯错误，不管他是成绩优秀的还是较差的，该批评的都要批评；一个学生做了好事，不管他平时是调皮的还是听话的，该表扬的都要表扬。一视同仁，不带偏见。班级里出现了一件不留名的好事，或是一件无人承认的坏事，教师应实事求是地调查，而不应带有惯性思维，总以为好事是他心目中的"好学生"做的，坏事是调皮的学生做的。弄不好，就会冤枉学生，伤害学生的自尊心。

（2）面向全体，点面结合。就是要求教师在个别教学和集体教育中做到教育公正。只有因人制宜、因材施教，才能促进每个学生的发展。

同等对待莫偏爱

苏联一位教育学家曾说过："漂亮的孩子人人都爱，爱不漂亮的孩子才是教师的真正的爱。"如何实现这"真正的爱"，公平对待每一个学生，不偏爱任何一个学生呢？

（1）博爱献给全体学生。一个学生对教师来说，可能只是 1%，然而，对于这个学生及他的家庭来说，却是 100%。当家长把学生送进课堂的那一刻，学生就成为我们教育的对象，教师就应该爱护、关心每一个学生，让他们拥有平等的受教育的权利，让他们享受平等的师爱。

（2）严爱送给优等学生。优等生集万千宠爱于一身，就算出现什么错误，也很容易得到原谅。长此以往，优等生身上就容易产生"娇""骄"二气，一旦遇到挫折，就会承受不了而一蹶不振。因此，教师要正确地评价优等生，严格地要求他们，注重其心理健康，增强其受挫折的能力，激励他们向更高的目标奋进。

（3）厚爱送给发展学生。每一个学生都具有自己的优势和不足，面对发展中的学生，教师的爱应是无条件地给予，让他们在课堂中找到自己的心灵归属。教师应真正接纳、包容他们，无微不至地关怀他们的学习、生活，持续不断地给予激励与肯定，使其在自信中进步成长。

听，叶子在说

我国近代教育家夏丏尊说过："教育没有爱，犹如池塘没有水……没有爱就没有教育。"真正的教育是从教师与学生心与心的对话开始的，而心与心的对话又是从真诚的倾听开始的。现今的学生，因学业繁重、家长、期望值过高等方方面面的压力，造成心理负担过重，他们迫切需要倾诉，需要理解。教师应充分了解学生的这一心理需求，学会倾听学生的心声。倾听，是学生成长过程中最简单的需要；倾听，是实施有效教育的前提。心理学研究表明，人在内心深处，都有一种渴望别人尊重的愿望。教师应具有倾听的意识和习惯，倾听学生的心声，了解学生的想法，走进学生的内心世界，看到学生的精彩。只有这样，学生才会被感化，产生对教师的亲近感，从而接受教师的教育和指导。

一位善于"倾听"的教师就像一位高明的心理医生，能够准确把握学生的脉搏，能够及时预测学生情绪的波动，对学生的教育也会有的放矢。所以说，真正的教育是从倾听开始的。

学生的内心世界是多彩而复杂的，教师只有善于倾听，才能够深入了解学生。倾听是一项技巧，也是一种修养，更是一门艺术。在教育教学过程中，教师的倾听具有重要的价值。首先，教师的倾听意味着对学生的尊重和接纳，是对学生最好的鼓励和奖赏，学生在教师的倾听中发现自己的价值。其次，教师的倾听是医治学生心理疾病的有效方式。

那么，教师该如何倾听学生的心声呢？

（1）静心倾听，给学生说话的机会。在教学过程中，也许学生的一些表现令人气恼，教师要先保持冷静的态度，学会换位思考，给学生一个述说的机会，给学生述说的空间与时间。师生在倾听中交流，在倾听中沟通，在倾听中辨别是非。

（2）真诚地倾听，给学生述说的动力。教师要以平和的态度走近学生，让学生感受到教师的关爱，把教师当成知心朋友，敞开心扉，把自己的心里话说给教师听。教师要有包容的心态，要用真诚的倾听赢得学生的信任，走进学生的内心世界，去抚慰成长中敏感的心灵。

（3）专注倾听，捕捉教育的契机。相互尊重是人与人交流的前提。教师在倾听学生述说时，一定要专注，要有耐心，不要随便打断学生，要对学生的倾诉做出反馈，让学生感觉到教师在用心地听，很重视与他的交谈。教师也要把学生看作发展中的人，多想一下"如果我是孩子"，不过分追求立竿见影的教育效果，给学生成长的机会，为学生提供必要的帮助。

倾听是教师与学生心与心默默靠近的驱动力。学会倾听，我们的教育也就成功了一半。

爱，在取舍之间

俗话说："人心不同，各如其面。"每个学生都是一个独立的个体，他们中有先进、中间、后进的不同层次和状态，他们的学习状况和学习态度都有所不同。"一切为了每一个学生的发展"是新课改的最高宗旨和核心理念。然而，作为教师，你了解自己的学生吗？你知道在学生的成长过程中，他们在想什么、他们最需要什么、最乐于接受什么样的教育吗？

曾经有过这样一个故事：一把坚实的大锁挂在大门上，一根铁杆费了九牛二虎之力，还是无法将它撬开。钥匙来了，他瘦小的身子钻进锁孔，只轻轻一转，大锁就"啪"地一声打开了。铁杆奇怪地问："为什么我费了那么大力气也打不开，而你却轻而易举地就把它打开了呢？"钥匙说："因为我最了解他的心。"

在教学过程中，每个学生都是一把锁，教师只有用"爱"的钥匙才能打开他们的心锁；只有站在学生的角度，了解学生的心声，才能设身处地地想学生之所想，急学生之所急，教育才能收到良好的效果。教师只有带着一颗爱心积极主动地去了解学生的个性特点、爱好、才能、欢乐和忧愁，才能走进学生的内心世界，感知他们的心理需要，才能将信任和赞赏给予每一个学生，用一颗颗爱心托起他们飞翔的翅膀，使其闪光点充分燃烧，升华为教育的"生长点"。

学生的烦恼

镜头一：沉重的书包，高度的近视眼镜，一摞摞堆积成山的练习册，一张张答不完的考卷，一次次紧张的模拟考试……学生整天在书山题海之中艰难跋涉，各种压力使他们身心疲惫，不堪重负。

镜头二："这次考试前进了多少名？""你王伯伯家的女儿考上清华了！""孩子，你可要争气啊，一定要考上重点啊！"家长的殷殷嘱托每天都萦绕在学生的耳畔……

来自各方面的沉重压力使学生长期处于紧张状态，造成孩子精神负担过重，其后果不仅降低了学习效率，严重时还可酿成精神疾病。"我是一只小鸟，想要飞却怎么也飞不高……'给我自由，给我天空，让我自由地飞翔'！"——这是发自学生内心的呼唤！作为与学生朝夕相处的教师，应该走进学生的内心世界，了解学生的烦恼，减轻学生的课业负担及精神压力，使他们以轻松的心态应对生活，愉快学习，快乐健康地成长。

俗话说："有压力才有动力。"如今，繁重的学业负担、升学考试的压力、家长"望子成龙"的教育观念，使学生像一艘超负荷运载的船，身心疲惫，精神上满负重荷，心理处于"亚健康"状态，这不能不引起教师和家长的重视。在教育教学过程中，教师应密切关注每个学生的外在表现和思想动向，一旦发现存在严重心理压力的学生，要像朋友一样理解、呵护他们，帮他们减轻压力，用师爱的神奇力量来维护学生的心理健康。面对有着沉重心理压力的学生，教师要努力做到以下两点：

（1）引导倾诉，寻根导源。当学生产生各种不良情绪时，教师要努力创设民主、宽松的环境，引导学生倾诉自己心中的想法。通过这样的方式，不仅让学生倾吐自己的不良情绪，使其焦虑心情得到宣泄，又可以通过教师的循循善诱了解其产生心理压力的原因，进而帮助他们解除一些烦恼和忧虑，走出压力的泥沼，逐渐变压力为动力，走向成功。

（2）焦点转移，自我解脱。当学生在遇到冲突或挫折时，教师不要将学生的注意力集中在引起冲突或挫折的情境之中，而应该尽快地引导学生投入丰富多彩的课余生活，让学生在不知不觉中放松自己，消除紧张，从压力中解脱出来，实现压力转移，从而身心愉悦。

做个快乐的小精灵

孩子的心理世界是丰富多彩的，同时也是变幻莫测的。学生正在成长之中，心理也正处于萌动时期，在这一时期，各种因素很容易引起学生的情绪波动，导致产生忧愁、悲伤、愤怒、紧张、焦虑、恐惧等消极情绪。消极情绪犹如片片乌云笼罩在学生的心灵上空，这些情绪对人的行为有很大的影响，会抑制学生的学习、生活及自身发展，学生可能因此失去前进的动力与方向，变得消沉、痛苦……

那么，教师如何在教学过程中运用教育机智，把阳光播洒在学生的心田，引领他们走出消极情绪的沼泽呢？

（1）真情沟通，打开心结找病因。教师关切的询问使学生说出了内心的烦恼与困惑，教师也从学生的诉说中找到"病因"，为下一步的教育工作奠定了基础。

（2）心理疏导，关爱学生送温暖。教师循循善诱地引导学生直面挑战，不能逃避，让学生正确对待自己的不良情绪，走出消极情绪的沼泽。调换座位、开朗的小伙伴的引领，这一切都让学生感到集体的温暖，有利于帮助其走出"抵触新环境"的误区。

（3）学习激趣，体验成功树自信。课上教师的关爱、真诚的表扬与积极鼓励，让学生充分品尝成功感，从而找回了自信，增强了对自己情绪的调控能力，使学生成为自己情绪的主人。此外，班会、演讲、参加文体活动等灵活的教育方式，也有助于调整学生的消极情绪。

学生生命的流程是快乐还是痛苦，是提升还是沉沦，教师起着至关重要的作用。教师应了解学生情绪的特点，探索学生不良情绪产生的原因，使他们消除不良情绪的困扰，激活积极因素的"生成点"，帮助他们找回学习的自信和兴趣，引领他们走出消极情绪的阴影，使其快乐健康地成长。

只有专业，才能敬业

一、提升专业素质

1. 加强修养，提高师德

教师的职责是教书育人，这就要求教师要在教育实践中用高尚的职业道德准则来加强自身修养，形成良好的职业道德素养。教师的职业道德是在其"传道、授业、解惑"的活动中形成并体现出来的。如果没有良好的职业道德，教师的职业价值就不可能真正实现。

教师的职业既平凡又崇高。随着科学技术的不断进步，现代教育对教师提出了更高的要求，不但要厚德博学，还应有先进的教育理念、科学的教育技能，以及不断获取新知识的技能，等等。教师的职业身份特殊，社会涉及面广，其他社会成员对教师十分关心，全社会对教师的期望值很高，教师每天要面对每个学生。

因此，教师要严格要求自己，细枝末节，一言一行，都必须严格检点，用良好师表影响社会、感染学生。要像"万世师表"孔子那样，不断地"正身"，不断地提升职业修养，丰富职业内涵。

2. 强化学习，通晓业务

现在提倡素质教育，就是要求面向全体学生，使学生能够得到全面和谐的发展，这就给教师提出了更高的要求。教师不但要有精深的专业知识、专业技能，还要有宽广的知识面，不断适应现代教育的需要。因此，教师要强化学习，丰富自我。

一是加强学习，做到多读、多看、多写。多读名著、教育理论文章，多看报章杂志文章、电视网络信息，多写教育心得、教学经验、教学总结，等等。这样，从平时做起，从点滴积累，从而达到"跬步"至"千里"，积"小流"成"江海"的效果。

二是虚心向自己身边的人学习，要不耻下问，向有经验的教师学习，与他们谈教学体会，交流教学经验，积累教学技巧和方法。

三是注重教学信息反馈。在课后，要向学生征求意见，及时反馈信息，不断改进和更新教学方法。要让自己去适应学生，决不能一意孤行，牵着学生跟自己走。

四是搞好"回头看"。在教学过程中，既要不断积累，同时要善于总结经验教训，检查得失，做到"吾日三省吾身"。

3. 求知若渴，终身不止

二十一世纪是知识经济时代，是数字化、信息化、智能化高度发展的时代。科学技术突飞猛进地发展，教育新理念、新理论、新方法也层出不穷，新课程改革应运而生，摆在教师面前有很多的课题需要去破解。因此，教师要适应时代的发展的需要，必须努力学习，不断获得新信息，吸收新知识，接纳新方法，掌握现代教育技能技巧。当今社会已成为终身学习的社会，学习已成为人们最重要的人生权利和义务。作为教师，要实现人生的理想，就需要不断地进行自我学习，既当先生，也当学生，勇于开拓创新，与时俱进，用全新的教育理念指导整个教育工作。

无愧时代，不负子孙，这是每个教师的责任和良知所在。教师必须强化职业素养，拒绝平庸，追求卓越，在平凡的岗位上做出不平凡的业绩。

二、改善知识结构

教师的知识结构和知识水平是其从事教育工作的前提条件。教学是一种复杂的认知活动，教师教学活动的成功在很大程度上依赖于具体情境下所具备的知识。从教师的知识结构来说，我们可以把教师知识划分为：文化知识（教师对科学和人文等方面的基础知识的了解）、本体性知识（教师具有的特定的学科知识）、条件性知识（掌握相应的教育学、心理学知识）和实践性知识（教师教学经验的积累）。教师文化知识的广博性和深刻性能够很好地树立教师的个人权威，赢得学生的爱戴，激发学生的求知欲，促进学生的全面发展；教师的本体性知识是教师进行教学活动的基础，当前教学的最终绩效一般也是用学生掌握的本体性知识的质量来衡量的；教师的条件性知识涉及如何教的知识，是教师成功地进行教育教学的必要条件；教师的实践性知识对本体性知识的传授起实践性指导作用，同时也促进条件性知识的运用。教师知识结构的这四个方面是相互补充、相互促进的。只有具备了如此完善的知识结构，教师才能够更好地履行自己的职责，达到社会的要求。

完善教师的知识结构需要做好以下四方面的工作：第一，根据对教师知识结构的要求，改革教师教育中的课程设置和授课方式；第二，把对教师知识结构的要求作为教师资格认证体系的一部分，严把教师的"准入关"，从来源上保证教师知识的系统性；第三，教师要形成终身学习的理念，把知识的获得和积累提到人生的整个历程上来；第四，积极进行教学反思，及时补充和学习自身所欠缺的知识，促进自身的专业成长。

三、提高教育能力

教师的教育能力是教师从事教育教学活动的核心要素。教师只有具备了一定教育能力，才能开展有效的教学，才能顺利履行自己的责任和义务，成功地"扮演"好教师角色。一般来说，教师的教育能力主要包括教师的人际交往能力、课堂管理能力、教育研究能力和教学监控能力等。人际交往能力是师生沟通、同事沟通和教师与家长之间进行沟通的基础。良好的沟通是教师的教育活动顺利进行的前提。教师的课堂管理能力调控教学的节奏、引导教师的教学行为，是制约教学效果的重要因素。教育研究能力能够促使教师发现教育教学过程中的新问题，并学会运用科学的方法来解决问题，从而提高教师的教育效果。教学监控能力是教师能力构成中最高级的成分，它既是教学活动的控制执行者，又是教师教学能力发展的内在机制。

通过提高教师的教育能力来重塑教师的角色。首先，要使教师掌握一定的人际交往策略，提高教师的整体素质，从而为教师的教育教学的进行提供一个融洽、有效的人际环境；其次，要使教师具备符合现代要求的课堂管理观，探索适合个体特点的、有效的课堂管理行为模式；再次，培养教师的教育研究素养，提高教师进行教育教学研究的能力；最后，教师要学会进行批判性反思，增强个体自身的教学监控能力。

做一个有智慧的老师

教书育人是教师的神圣职责。教师这个职责之所以神圣就在于，教育者不仅要教给孩子知识，也要教育孩子学做人，而爱是人生至高至妙的道理。所以，一个合格的教师，既要体现知识的力量，又要体现爱的力量，体现智慧的力量。

教育需要智慧

教育质量的高低优劣，很大程度上取决于教师的教育智慧，即平常所说的教师的素质。什么是教师的教育智慧或素质？这是当前教育界亟待澄清的一个概念。

让教育适合学生，还是让学生适合教育？在理论上，这确实是一个教育工作者感到难以回答的问题。教育不能不从学生的实际出发，教育要适合学生；但是，教育又是一种有着自身规律的活动，它的目的在于促使个体社会化，因而又要让学生适合教育。

创造适合学生的教育，事实上是要教育更好地为学生服务，进而使学生能适应时代的特点，迎接时代的挑战。只有让教育适合学生，才能让学生适合时代的需要，更好地实现教育目的。这一看似对教育两难问题片面的回答，事实上是对教育活动规律性的把握。

有位科学家给两名助手一人一只灯泡，要求他们各自想办法求出这灯泡的体积。其中一位很快得出了结果：他找来一只烧杯注满水，把灯泡没入水，然后拿出灯泡，根据烧杯中空出的部分，很快就计算出了灯泡的体积。另一位对灯泡用尺子测量，用公式计算，忙了半天也没有忙出个结果来。第二位助手并不缺少知识，但他却缺少智慧。他迷信于课本上那些知识，却不知道灵活地运用。而第一位助手可贵的是，能变善化，把书上的知识与生活的经验巧妙嫁接，有机融合，把棘手的难题转变为简单的操作，使问题迎刃而解。智慧型人才和知识型人才的区别也许就在这里。

知识和智慧很难截然分开，但二者毕竟在本质上有着明显的不同。是追逐知识，还是追求智慧？这关系着学校教育的价值取向和办学层次。智慧的教育向社会输送的是"第一位助手"，知识的教育向社会提供的就是"第二位助手"。

尽管智慧的教育基于知识的教育，但智慧的教育毕竟有别于知识的教育。今天的教育迫切需要寻找的是失落已久的教育的"另一半"——智慧的教育。因为我们的教育是那样的推崇知识，又是那样地轻视智慧。

教师要善于运用教育智慧

很多教师一味地忙着备课上课，还从未认真地思考过知识和智慧之间到底有着怎样的联系和区别。我们无意去责备"第二位助手"，某种意义上他不过是当今教育模型中轧制出的一件产品。他学到的知识与生活需要的智慧不配套，这对教育倒是有着很好的警示作用。

那么，教育何以会远离了智慧？社会的导向难辞其咎，老师的责任无可推卸。远离生活实际、生命智慧，教育的价值必然大打折扣。知识本质的教育不是真正的教育，真正的教育应建基于知识并最终"酿造"出人生的智慧。智慧的教育呼唤教育的智慧，智慧教育一旦在真正意义上实现回归，教育便是在真正意义上找准了它的位置。

的确，老师是蜡烛，在孩子们心里点燃智慧希望，并且照亮他们的一生。愿我们的教师用责任心和智慧努力激发自己内心的爱，让人生不仅放射出知识之光，还放射出爱之光，成为爱和智慧的传播者。

作为教师，要有教育智慧，教育智慧的全部意义都在于促成学生生发智慧，因此如何引导学生善于借助自身的"内在力量"来生发智慧、发展自我，就是我们要抓住的本质。

1.激发学生运用非智力因素来开启智力因素

当学生成绩困难或成绩不佳时。应该帮助学生寻找一把适合的钥匙去开启自己的智力。问题在于到哪里去寻找这把钥匙，这还得在学生身上寻找，激发学生运用非智力因素来开启智力因素。

其一，准确找到学生智力因素和非智力因素的对应点。在学生的具体学习过程中，我们必须捕捉到这种对应点。在这门学科、这个知识点、这一技能上，某位学生的智力，是表现在哪一种或哪几种因素上：注意力问题？感知力问题？记忆力问题？思维力问题？想象力问题？必须要基本找准。在这一基础上，再去寻找与之相应的非智力因素，考虑激发学生的哪一种或哪几种因素，是激发兴趣？还是激发需要、动机、情感、意志、信念？从而选择一把适合的非智力因素的钥匙去开启其智力因素。

要真正了解学生，不仅要从总体上了解每一位学生的智力因素和非智力因素的特点，还要在过程中把这种了解具体到每一个学科、每一点知识、每一技能点上，而且还要了解到在各个环节上两种因素的对应关系。只有有了这样的了解，你才能在教学过程中随机生发出富有活力的智慧。

其二，巧妙的铸就非智力因素的钥匙。找准了，还得帮助学生铸成一把钥匙。首先，要用学生自身的钥匙来开启"自身的自然中沉睡的潜力"。因此，教师的作用不是直接去开，而是只帮助他铸一把钥匙，让他自己去开。

这是巧开的第一秘诀。其次，无论是智力因素还是非智力因素，在学生身上，都还是一个成长过程，本身有一种个性心理规律。因此，非智力因素这把钥匙的铸造必须适应学生的个性心理发展规律，千万不要用成人的心理去打造。这是巧开的第二秘诀。再次，要想帮助学生解决问题，你就得走进他的心灵。怎么走进？在细微处观察，从细节上入手。这就要求教师要做医生，要信息检验、准确诊断、对症下药、建立病例，进行个案研究。这是巧开的第三个秘诀。最后，学生的非智力因素不是可以随便让你激发起来的，因此，你必须尊重学生的个性，"讨得"学生的喜欢。亲其师，方能信其道，方才可打开心灵之窗。这是巧开的第四秘诀。

其三，每一把钥匙都要适应学生的差异。从差异教育理论来认识，每一个学生个体和群体都有一种差异存在；从生态学角度来审视，每一所学校每一个班都是一种生态系统。所以，我们要把自己所任教的学生群体视为一种差异生态环境。在这种环境中，个体和群体的智力因素和非智力因素总是交织在一起共同影响着学生学习的过程，因此每一把钥匙都要适应学生的差异。一把钥匙开一把锁，一位教师有多少学生就要准备多少把大钥匙，而对每一位学生又要准备千万把小钥匙。

激发学生运用非智力因素来开启智力因素，这是教师要培养的一种教育智慧。

2. 帮助学生借助自己的元认知来推进认知活动

不可否认，在课堂教学中，学生的学习活动主要是一种认知活动，教师的责任是引领和推进学生的认知活动。问题是，当这种认知活动推进困难时，你是单从学生的认知因素着手而硬性推进呢？还是从中跳出来，从学生的元认知因素入手去推进其认知活动呢？

其一，帮助学生树立元认知"自我"意识。我们都在说要确保学生的主体地位，构建自我发展主体。但从哪儿着手来确保和建构？笔者认为，这里的关键在于培养学生的元认知"自我"意识。从心理学的角度来认识，学生在学习活动中，有两个"自我"，一个"自我"在具体的进行着认知，另一个"自我"在认识自己的认知活动，监控和调节着自己的认知过程，检验着自己的认知结果，这一"自我"叫做元认知。可以说，凡是树立了元认知"自我"意识的，或者说能够做到两个"自我"协同活动的，他就确立了自己的主体地位。

大量的事实表明，许多学生的问题就出现在意识不到自己的认知活动，而不少教师教学的弊端也在于，只是单一的帮助学生理解知识，而不注意培养学生掌握理解知识和运用知识的过程和方法。如果培养学生具有元认知"自我"意识，那他就会很好地推进自己的认知活动。这应该成为发展教育智慧的一个建构点。

其二，培养学生学习活动的反思习惯和能力。当学生的认知活动出现困难时，该怎么办？普遍的情况是教师反思自己的"教"出了什么问题。其结果是学生可能还处于被动状态，难以走出困境。每当这种时候，教师一定要设法帮助学生从认知活动中跳出来，启动自己的元认知活动，也许问题就迎刃而解了。教师不但要善于用一只眼睛反观自己的"教"，还得引导学生用另一只眼睛不断反观自己的"学"。

其三，培养学生善于跳出认知困境的能力。学生在学习过程中，常常出现困难。处于困境。这时候，教师该怎么办？那就是引导学生跳出来，从原来的思路中跳出来，从某种思维定势中，去寻求新的思路和方法。要引导学生用元认知调节自己的认知过程。

"不识庐山真面目，只缘身在此山中"，唯一的办法只有"跳出庐山看庐山"。这是教师要培养的又一种教育智慧。

3. 引领学生能够凭借自己的强势智慧来牵引自己的弱势智能

加德纳的研究告诉我们，人的智慧是多元的；但是，对一个人来说，每一种智慧都很发达的毕竟还不是多数。就大多数而言，有强势智慧，也有弱势智慧。于是，教师常常为学生的弱科和薄弱知识点而苦恼。于是，"补差治跛"就成为教师的责任和行为。面对这一重任，你是就差补差、就跛治跛，还是想法借助学生自身潜在的什么东西来自补自治呢？这里也有一种教育智慧问题。

其一，注意用发掘每个学生"长板"的方法来牵引学生的"短板"。老师常常有一种无奈的感受：如果强制性的对学生进行补差，或者让他把大量的时间花在补差上，势必会强化他的"弱势心理"。不仅补差无效，而且反而会抑制他强势智慧的发展。有时候，我们要同"木桶理论"唱反调。水桶的木板有长短，你往最长的模板方向倾斜一下容量不就增加了吗？一个学生的智慧有强有弱，不能以弱治弱，而应该以强治弱，形成强势效应。各种知识是有一定的联系的，智慧也有一定的瓦补作用，好好盯住每一位学生的那一两块"长板"，他的"短板"总会在一定程度上得到牵引。

其二，注意用发展学生强势智慧的方法来活跃学生的生命整体发展。

教师常常难以面对这样一些学生：他们由于某些智能的弱势，学习困难，情绪低落。针对这种情况，解决的主要办法是用爱心唤醒这样的生命。但是，单单有爱心是不够的，更有效的策略应该是促使他们强势智慧的发展。可以说，强势智慧是生命的活化剂，优势是人生轨迹的"火车头"。教师的重要职责是要拂去其弱势的蒙尘，彰显其优势，从而焕发其生命的光辉。

其三，注意引导学生用强势发展轨迹超越弱势发展轨迹。现实情况下，在某种意义上和一定程度上，青少年的基本发展轨迹是沿着考试之路而前行的。这对相当多的人来说，算得上是强势发展轨迹，而对不少人来说就不得不说是弱势发展轨迹了。对处在强势发展轨迹上的人，自不必说了；而对置身于弱势发展轨迹上的青少年，我们就有责任引导他们突破和超越这种轨迹，而沿着自己的强势发展。在某种意义上，这种强势发展是人力资源的错位发展和差异发展。这种发展轨迹是以强带弱、以长补短的人生策略。

如何引导这样的学生步入适合自己发展的人生之路，是教师要习养的第三种教育智慧。

非智力因素、元认知和强势智慧是促使学生自我生发智慧的三盏心灯和三座靠山；但同时必须指出，这三方面又是与智力因素、认知和弱势智慧的提升交织发展的，因而同时是一种培养的目标因素。

教师的教育智慧从哪里来

教育的原始形态是简单的"'子'的旁边站着手执教鞭的人的灌输驱使"，此过程无须智慧参与。若将教育视为舒展心灵、放飞个性的完整而健康的师生生活，则呼唤智慧的加盟。教育智慧，基于真爱、孕于历练、源于博学。

（1）真爱——产生教育智慧之源泉。没有爱就没有真正意义上的教育。教育之爱首先应是尊重和信任，尊重和信任是激活教育智慧的因子。但在部分教师头脑中，"师长""尊者"的封建师徒伦常意识依旧残存，对教育"上施下效"原始内涵的理解还是那么根深蒂固。他们对学生也就缺乏应有尊重和信任，他们崇尚所谓的听话教育，往往无视自己的声色俱厉而不允许学生的不敬，似乎只有这样做才能树立自己的绝对权威。岂不知，这正是教育者智慧贫乏的表现，是教育者对智慧空虚的无力掩饰。然而，正是由于这种"外强中干"的严厉，阻塞了师生之间的对话交流之路，划开了师生之间情感之痕。

久而久之，教育也就偏离了生命的原点。

（2）历练——拥有教育智慧之关键。在教育行进之路上，成功和挫折往往是结伴而行的。成功可以给人带来荣誉和喜悦，而挫折或许能给人更多的思考，往往孕育超凡的智慧。经过挫折的历练，教育智慧才会生成，教育品质才会提升。在现实生活中，一些教师对"巧妙的预设被学生扰乱"的教学经历往往最感头疼。而在有的教师看来，一个畏惧"活"课堂的教师必定体验不到那种师生相融的乐趣，也必定收获不了教育智慧的美丽。我们身边都有一些业绩突出的教师，其优异的教育教学成绩绝不仅仅依赖于原始知识的存储。可以说，每一个成功者都曾经过挫折的历练，他们的脚下也曾经泥泞不堪，然而正是不堪的"泥泞"，才滑出了他们的智慧灵光、丰盈了他们的智慧之囊。

（3）博学——汲取教育智慧之渠道。成为一名优秀教师要必备四个习惯和一个爱好：一是读书的习惯；二是看和听的习惯；三是观察和思考的习惯；四是"操笔为文"的习惯；培养一个娱乐方面的爱好。乍一听，似乎文不对题，但细一琢磨却不无启发——教育智慧不正源于点滴的学习和深厚的积淀吗？学习是生命的有机组成，学习是汲取教育智慧的渠道。我们不能总是习惯于抱怨没有时间读书学习，而应该从我们自身的状态反省一下，把学习渗透到工作和生活中去，让教育智慧流淌于我们教育生活的一点一滴、每时每刻。

做一个有思想的老师

生命之所以宝贵，是因为它最终要面对死亡；思想之所以宝贵，是因为它可以让生命永恒。作为塑造人类灵魂的工程师，教师必须成为思想的先行者。教师的教育思想来自于教育实践，来自于教师对教育的感悟、理解和创造！没有思想的教师不会是一个优秀的教师，充其量也只是一个教书匠。

思想的重要性

思想，一种改变事实的意识倾向。思想的产生过程并不复杂，只要将追求转化成行为，思想才会更有现实意义。思想产生于具体的教育教学流程中，换一种说法，没有思想真还不可成其形形色色的教育教学行为。从教学的角度来说，有思想的课堂总是呈现出独特的思考，从教学者的组织课堂的程序，到教师本身的语言，不是每个人都可以学的"套子"，总有属于这个教师自己的东西，其他人是学不来的，那就是风格。

首先，有思想会使人兴趣广泛，使我们的生活，特别是精神生活变得丰富，从而使我们从琐屑、无聊、单调、平庸的生存境遇中摆脱出来，拥有一种"一蓑烟雨任平生"的豪迈和超脱。其实，在物质领域和精神领域中都存在着"马太效应"——你的思想愈丰富，就愈加容易变得更丰富。因为你思想丰富，你就能看到思想贫乏的人"看"不到的东西，你信息加工的能力就比较强，你就有更强的超越所给定的信息而生发出新信息的能力。你能够从更多元的角度、更宏大和更精微的视角看待问题。这样，在与学生的日常交往中，我们会潜移默化地给予学生精神的滋养。

其次，做有思想的教师使我们变得更具有思想，能够使我们更好地理解课程内容。人们都说"数学是一种思想"，就因为世界上的一切都具有质与量的二重属性。数学是从量的角度对世界万事万物关系的一种把握。勾股定理、正余弦定理都不过是揭示出三角形角与边的大小的关系。

最后，有思想的教师会对学生的心灵丰满和精神充实有一种自觉而又自然的引领。从对课程内容的发掘到教学策略的选择，从对问题的设计到课堂氛围的营造，甚至用一套什么样的语言，背后都有思想的底蕴。只是有时我们不自觉、没有意识到罢了。更多的中小学教师对实际操作的方法更感兴趣，但操作方法的背后一定有一套关于"良好教育"和"有效教学"的思想。剥离了思想根基的操作方法就像折断的树枝，很快就会枯萎和断裂，它绝不会变得更强健和更茁壮。

有思想使得我们不人云亦云，使得我们葆有自由意志和独立人格。"落后就要挨打"，这是中国近代史血的教训。可这背后也有霸权主义、殖民主义和强权政治的逻辑及对这种逻辑的消极认同，这不是文明、公正的国际社会的逻辑。包括"弱国无外交"，这都与"国家无论大小，一律平等"的文明规则相抵牾。我们如何思考事实，我们如何揭示因果，这背后首先是思想。正如库恩所说"理论始于观察，但观察中渗透着理论"。

教师如何可做到有思想

教师作为学生的启蒙、教导、培养者更应该具备教育的智慧与思想。如何在工作中获得乐趣，这就需要教师要用自己的智慧去解决问题，分清什么是重要的什么是次要的，发现问题及时反思，并采用有效的方式，避免工作中再次出现类似的问题。

1. 学习理论提高自身素养

通过阅读、学习等手段，获取各种幼教专业有用的理论，从而来指导自己的实践工作，在实践中不断积累经验，从而提升自己的教育教学水平，只有这样才能更好地为学生服务，为家长服务。

2. 发挥资源提高管理水平

结合班级的实际，要善于发扬优点，弥补不足。如何使班级工作既省力又有效，这就需要教师善于挖掘各种资源，充分发挥家长的能动作用，让家长积极参与到班级的管理中来，这不但能获得更多有效解决问题的方法，而且也可以适当减轻教师的负担与压力。何乐而不为呢？

3. 尊重规律获得成功经验

教师要懂得孩子的认知、心理特点，了解每位孩子的特点，因材施教。善于发现不同孩子的闪光点，积极抓住契机，用积极的语言给予肯定，使孩子获得成功的体验，从而增强自信心。尊重孩子、相信孩子，学会等待，让他们有足够的时间去逐渐改正错误的机会，在不断地忍耐中，你会获得更多的惊喜与快乐。

教育是一门学问，需要教师在不断反思中有所收获。在困难中吸取经验，在思索中获得灵感，在收获中感到快乐。让我们快乐地工作吧，这是我们每一位老师努力的方向和目标。

4. 要善于整理自己的思想

其实很多时候我们的老师不是缺少思想，而是缺少对自己零星思想的整理。很多教师可能缺少的就是那点功底，那点习惯，更多的是惰性作怪。最常见的就是用工作忙来搪塞。作为教师我们不但需要理想，更需要"实实在在"的思想。如果我们希望优秀，就必须首先使自己成为有思想的教师。

一路思索、反思、成长、提升，在读书中让自己成长，在反思中让自己成为一个有思想的教师，引领自我成长之路。所以，读书吧，让自己也学会思考，学会反思和积淀，即使自己平凡得如一粒沙子，也要试着挤进思考的河蚌里，使其磨砺成一颗光彩夺目的珍珠。

著名的美国教育心理学家波斯纳提出了一个教师成长公式：成长＝经验＋反思。我认为学会反思也是成为有思想的老师一个不可或缺的条件，人只有在不断地反省和思考中，才能不断总结自己的得失，不断调整自己的教育教学方向；从而清晰地认识到自己教学中的优势和不足，亦能在教学中不断改进、不断磨炼，让自己真正成为有思想有内涵的老师，而不至于沦为"教书匠"。试想一个没有思想的老师，充其量也只能再教出一批没有思想的学生。虽然课本很薄，但是它后面蕴涵着的是丰富的知识积淀和广博的精神内涵，每个老师都应该尝试透过教材这一载体，教会孩子思考、思维的方式。作为一名普通的一线教师，应该从每一天的课堂教学开始进行点滴经验积累，毕竟实践经验是我们一笔巨大的无形资产，也是帮助我们思考与进步的基石。

要做有思想的实践者

所谓思想，就是指"客观存在反映在人的意识中经过思维活动而产生的结果"，通俗地说，即"脑子中有想法"。随着教育改革的深入和发展，做学生的精神关怀者越来越突出地表现为教师的首要职业角色；在精神上，教师所能引领、照亮别人的，不是那些来自于书本的知识，而是内在的人格与思想。教育工作的灵魂就在于思想，教师的全部尊严也在于拥有独立的思想；思想是照亮我们教育航程的灯塔，有思想的教师追求教育的本真，生命放射着圣洁和智慧的光华。

知识奠定教师教学行为的底气，思想却能给教师的教育行为带来灵气；只有既有底气又有灵气的教师，才可能在课堂上显示出沛然大气，才可能在教育教学中体现出智慧和机智。现在，创新已成为时代的旋律，赋予了教育更高的目标和全新的任务；这就要求我们每个教育工作者必须有先进的思想来奠基；没有思想的教师，只能人云亦云，做重复书本知识的机器，扼杀了学生的个性和成长的幸福。思想的花很美，行动之果更甜。再长的路，一步步也能走完；再短的路，不迈开双脚也无法到达。思想是行动前的思考和规划，行动就是"实践"，是思想的尝试、检验、创新和升华的外显过程。思想只有在行动中才能得到检验、修正、丰富和完善；思想再美好，如果没有去行动，也只能是空想、幻想，永远都不会成功。作为教师，承担着孕育和引领人精神发展的使命，思想绝对不可以贫穷，但行动更不能缺少，"晚上想了千条路，早上起来卖豆腐"，只有思想而不去付出行动的人，永远都只能沉浸在梦里。

其实，许多看似困难重重的事情，往往是我们敢于去做了，就会发现它并没有我们想象得那样复杂；实际上许多优秀教师的成功经验，就好像是一层朦胧的"窗纸"，一捅就开，关键是我们没有想到去做或没敢去做。成长不可能一蹴而就，必然伴随着尝试、困难、挫折和失败；但失败不可怕，可怕的是只有思想，没有行动，可怕的是遇到一点点挫折就无法行动。做，才有成功的可能；如果不做，什么都不会有。每一个青年教师初上教坛，都充满了激情与梦想，要做一名好教师；也都曾不甘平庸，要在教学上有所作为，要在工作中不断超越自己。但是，很多人却在自己的工作中逐渐倦怠，思想变得消极和麻木，行动变得迟缓和敷衍；而那些名师从不这样，他们的可贵之处，正在于他们始终处于"行动"之中，坚守着自己的思想追求，坚守着对事业和学生的真爱，始终如一地向着一个又一个目标迈进。所以说，名师的成功之路，大都是一个在教育实践中坚守自己梦想的长期征程。

思想与行动，相辅相成，缺一不可。教师自身的"思想者"特征和教师专业化成长的动态过程性特点，却使得教师的成长更多地依靠"在正确思想指导下的具体实践活动"，更多地表现为"做"的过程，表现为一系列实际行动。比如，当你从观摩课或报告中深受启发，想努力提高自己的课堂教学水平，如果"思想"占主要，"行动"会跟着"思想"，停留在对名师、专家的感叹、羡慕或对自己现状的不满、抱怨，这样的思想碰撞固然重要，但毕竟只是处在意识层面的"思想火花"，思想一放松，就会熄灭，又归于"无所谓"的平庸状态；但如果"行动"占主要，你必定会开始制订切实的学习计划，研究教学案例，观看教学实录，深入同事课堂，尝试新的构思……在这些扎实的学习行动中，"思想"也必会跟着"行动"逐步发展、成熟和升华，从而使自己逐渐变得优秀。再比如，读着别人在报刊上的精彩故事，你也想写教育日记。既然想，那么就要开始写，不管写多写少，你必须先使自己坐下来进入写的状态，才能慢慢形成良好的写作习惯，从而不断提升自己的反思能力，有效地促进专业化发展。

做一个有激情的老师

一、是什么消磨了教师的激情

教育需要什么？解答这个问题首先要明确教育是什么？教育是创造，教育对象是各具性情的鲜活的生命。唯有创造，才能使鲜活的生命更具灵气。

教师的职业队伍是壮大的，同在一个工作环境中，论起初的知识、能力和水平，教师与教师之间的水平基本差不多；但经过一段时间后，只有少数教师脱颖而出，取得了令人羡慕的成绩，而很多教师仍然表现一般，没有多大进步，究其原因在于教师对工作的努力程度不同。没有激情，教师精神不振，语言平淡，教学平庸，思想禁锢。

特别是近年来，教师工作负担和工作压力不断加大，很多教师在工作中逐渐困惑迷茫，产生了严重的职业倦怠，仅仅把工作当成机械的重复劳动，缺乏激情，毫无动力和进步可言。要想在教育工作中不断取得成绩，实现自己的理想，我们就必须做一名有激情的教师。

1. 教育需要激情

激情可以触生奇思妙想，生成创造的灵感；激情可以诱发兴趣；激情可以引发动力；激情可以生发健康的心态。激情使萎靡的生命振奋，激情使颓废的灵魂崛起，激情使阴暗的心灵放射灵光。激情，燃烧的岁月是阳光明媚的日子。生活需要激情，没有激情就没有活力、动力和恒力。每一个人都渴望着激情激启生活的灵感，激发生活的热情，使自己的生活充满阳光和微笑。

审视我们的教育，再看我们这些为人师者。我们的激情有多少？在我们的课堂上，在我们的教育中是否激发激情，激发情感和兴趣，是否及时互动，即时回应学生，让激情传导或萌生。没有激情的教师站在讲台上，是孩子们的悲哀。教师的激情教育使课堂生成、激越而富有创造。教师必须对自己的精神长相负责。人的精神长相，精神的魅力，由激情、底蕴、心态、性格等多方面的因素共同建构。但是，如果没有激情的激越、流输、导引、贯畅，人的长相再美，也是没有灵性的，没有光彩的。有一位普通的数学老师曾经说过："一位语文老师必须有激情，没有激情的老师是不可能上好语文课的。"语文课因其独特的人文性与工具性决定了激情的必要，有激情才能让这门以语言构建的课程更为丰富多彩，才能充分地展现语言的魅力。但是，这并不意味着其他课程没有激情这个因素存在的必要，每一位老师都要有激情，没有激情的课堂情感基调也是不够高昂的。课堂上的氛围一定程度上决定着学生的接收行为和接受心理，灰暗沉闷的课堂氛围易将学生的积极性和主动性扼杀，因此，我们需要有激情的、积极向上的课堂，这样才能让教师的教学达到事半功倍的效果，还能调动起学生学习的积极性和主动性。孩子是天真活泼、热情飞扬、想象丰富的，但如果教师是冷漠、平淡、呆板的，那么孩子的活泼和生动就被扼杀了。

教育需要激情，生活需要激情。让激情燃烧我们的课堂和生活，让课堂充满生长的气息，让生活充满阳光！

2. 是什么消磨了教师的激情

一直以来，传承文化、培育人才，教师被赋予了崇高的地位，被称之为人类灵魂的工程师，是一个在人们心目中无比神圣的职业。然而，随着社会生活节奏的加快，教师的工作越来越繁忙，工作强度和压力也越来越大，以至于部分教师出现了不同程度的身心疲惫状态。教师的职业状态正在挑战他们对职业的坚守程度。那到底是谁偷走了教师的激情呢？原因当然有很多，比如教师教学竞争压力、教师的职业特点、学校管理体制、社会期望、工作待遇和教师本人的人格品质等。

（1）工作压力大

青年教师诉说工作压力大，老教师也感慨现在的学生越来越不好教。学生的成绩和升学率是每个教师头上套着的紧箍咒。升学的压力从各级教育部门传递到各个学校的领导，随之堆积在教师身上。

在这之中，压力最大的莫过于高三的老师了。他们不仅自己的压力无处排解，还面临着舒缓考生压力、稳定学生情绪的工作，只能"硬撑着"。不少高三的班主任，形容自己长期处于身心疲惫的状态，一旦学生成绩下降，他们就想今年的升学率怎么办？学生家长又得埋怨了！我们对得起孩子的家长吗？年复一年处在高压状态让他们生活的圈子狭小，也不愿意过多地接触别人，致使工作激情越来越小。

（2）社会压力大

不少人有意无意把教师看成是无所不能的"超人"——学生成绩不好，要找老师；学生品德出了问题，是老师没教育好；学生磕着碰着，也是老师的责任。这些当然是教师的职业要求，但也不能不分青红皂白把所有问题都推向老师。其实老师也不是万能的。

（3）社会经济的快速发展与教师偏低的收入不大协调

虽然近几年来教师收入有较大幅度提高，但比起中国经济发展、物价上涨的速度，实在显得幅度不是很大。尤其是随着当今社会教师队伍膨胀，但是教师编制问题却与之不成正比，导致很多没有正式编制的教师很难得到有保障的收入。教师在成为一名教师之前，首先也是一个需要解决生存问题的人。国家的教育体制还需要进一步地完善，给教师队伍一个合理的保障，让广大地教师能够安心地教学。

（4）职业倦怠感

教师职业倦怠是指长期工作在高度压力下的教师，在情绪、认知、行为等方面表现出精疲力竭、麻木不仁的状态。传统的一成不变的教学方法也是导致教师出现职业倦怠的重要原因。因此，要想远离职业倦怠，教师就必须要热爱本职工作，乐于创新，学会享受工作的乐趣，心中永远有一个属于自己的职业理想，这样才能使教师的本职工作有激情，有动力，有挑战，让工作成为更接近于自己理想的事业，这样才能远离职业倦怠。

二、教师的激情从哪里来

1. 教师的激情来自于对学生无私的爱

在教师的眼里，每个学生都应该是鲜活灵动、隐藏发展潜力的生命体。热爱一个学生就等于塑造一个学生，而厌弃一个学生无异于毁坏一个学生，教师要善待每一位学生，学生的对与错、好与坏，都是他们成长中可能会出现的情况，尤其是后进生，要容纳他们的缺点和错误，为了孩子的发展，为了孩子一生的幸福，教师对学生所做的每一项工作，处理的每一个细节，都是积极有意义的。以这样的情怀来看待学生，会激起强烈的责任心，进而对学生倾注无私的爱。

2. 教师的激情来自于良好的工作氛围

环境能影响人、改变人。良好的工作环境自然能创设良好的工作氛围，良好的工作氛围能促使教师快速成长。一位教师的进步，可能受某位优秀教师的影响，可能受校长的鼓励，也可能由于教师群体积极向上的带动。总之，在良好的氛围中，教师耳濡目染、潜移默化，无形中会产生向优秀学习的动力。

3. 教师的激情来自于学习反思的熏陶

读书能让我们拥有更宽广敏锐的心灵，因而我们才能常常感动，常常饱含进取的激情，只要常读书，生命就在，激情就在。在学习提高的基础上进行反思，更有利于进一步激发情感。"感人心者，莫先乎情。"我们可以经常问问自己：面对压力，我还有工作热情吗？我的课堂是不是一条涌动的河？我的人生有执著的追求吗？调整好自己的心态，促使自己以真挚、强烈的情感走进学生的心灵，时时将自己置于生命的原野，用真情去催发生命，为生命中的平凡而欢欣鼓动，再用教师的率真、坦诚、热情去感染学生、打动学生。

4. 教师的工作激情来自于享受成功的乐趣

心理学研究表明：一个人只要体验过一次成功的喜悦，就会激发他一百次成功的欲望。教师在工作中也是如此。在平时的教学工作中，很多教师很少有成功感可言。这首先需要学校领导尽量为教师专业发展提供平台，创造让教师成功的机会。在刚刚开始阶段，我们可以放低要求，目标要低，以小步子走的方式，更容易获得成功。

5. 教师的工作激情来自于对教育理想的追求

理想是人的精神支撑、前进的动力，没有理想人就会变得精神萎靡。不成功的教师往往缺乏教育理想，没有对教育更高的追求，教师一旦树立了教育理想的风帆，就会把整个身心投入到教育教学中去，始终以"不达目的，绝不罢休"的意念驱动自己。新教师在刚参加工作时的目标应该是好好努力，让学校领导满意，做学校的骨干教师，通过两年的努力，教学成绩走在全校前列。以此类推，每次目标的实现，我都会倾注极大的热情，付出艰辛的努力，因而效果也就十分明显。

三、激情和恒心一样重要

荀子云："锲而舍之，朽木不折；锲而不舍，金石可镂。"这句名言说明了学习的关键在于要有恒心，目标专一、持之以恒。不止是学习，无论做任何事情都需要有恒心，每个人都有自己的梦想，都想成就一番事业，而取得成功的一个很重要的因素就是要有恒心，持之以恒方能达到最终目的。

教师要做好教学工作也必须有持之以恒的决心，面对教学中出现的挫折不退缩、不气馁，迎难而上，敢于向困难挑战，只有做到有恒心，才能有信心，才会在日常工作中创造出无限的激情。

1.教师对待教学要有恒心

从走上工作岗位的那一天起教师就开始了作为一名教师的所有工作：备课、授课、批改作业、管理学生等。

（1）备课

备好课、设计好教案是教学工作的重要环节，是提高课堂教学效益的前提。教案设计要体现新课表的理念，体现学科改革时代精神，适应新时期人才素质的要求，符合学生认知规律和学科的特点。把课备好是授课成功的必要的前提条件，备课效果怎么样直接决定着上课的质量。备课的外在表现形式即教案。想要提高教学质量，教师首先要从规范教案设计做起。要准备一份成功的教案，教师在写教案时必须做到以下十五个方面：

①认真学习新课程标准，深刻领会新课标的要求，明确教学目标和任务。

②刻苦钻研教材，吃透教材。要通观全册教材，领会教材的编排意图，明确各单元的重点训练项目，弄清单元和单元之间的内在联系，单元知识点的内在联系。

③根据新课标的精神、教材的特点、学生的实际以及自己的教学经验，准确地把握教材的教学目的、重点、难点，构建自己的教学思路，编写好教案。

④每堂课教案要规范、字迹要清楚。

⑤教学目标是教师进行教学的依据，是师生教学活动的出发点和归宿。教学目标的确定要明确、合理、具体、全面，要以新课标为准绳，以教材为依据。

⑥教学重点是为完成教学目标而需要重点教学的内容。教学难点是学生学习教学内容的主要困难所在，教师要在教学中化繁为简、化难为易、变深奥为浅显，力求在学生自主探究的基础上，得到新的发展。在整个教学过程中自始至终要体现"以学论教、以生为本"的理念。

⑦课前准备指教师课前准备好教具，实验操作仪器、学生工具等，并指导好课前预习。要以高度的责任感提高40分钟的教学效益。

⑧教学过程实质上是教师依据新课标和新教材所确定的教学目标引导

下学生认知的过程。教学过程的设计，教学方法的选择及练习反馈都应紧扣学生的学习基础而随机生成，力求体现框架设计的新理念。

⑨根据教学重点设计提问。设计的提问要有价值，问题要少而精，突出重点、解决难点，善于激发学生的学习兴趣，启发学生积极思考，引导学生去发现问题、探索问题、解决问题。

⑩要备教法与学法。根据教材特点，选择教法与学法。寻求好的教法既能引导学生在获取知识方面取得良好的效果，又能促进学生掌握学习方法。在研究教法时，必须同时研究学法，要教给学生学习方法，使他们真正成为学习的主人。

⑪必须备好课后的"思考、练习"。课后"思考、练习"是教材的重要组成部分，体现了大纲对各年级、各教学内容的教学要求，提示了训练的重点、难点和方法，是学生对所学知识的理解、巩固、积累和运用，并且起着拓展学生思维的重要作用。

⑫备好课内外作业。课内外作业是将知识转化为技能，必须认真设计，控制作业量，作业力求精、活，避免多、杂，减轻学生课业负担。

⑬每一教时完成一个教学内容，必须有简洁明了的总结，能对教学内容起到梳理、概括、画龙点睛和提炼升华的作用，使新知识在学生的大脑中"定格"。

⑭提倡写教后感。这一点并不是每个教师都习惯做到的，新课改的实施与众不同的一个方面就是要求教师坚持写教后感，这是教师对于教学设计是否达到了预想的教学效果的反思平台，有利于教师自我反思与总结，取其精华、去其糟粕、长此以往，教师的教学能力将会得到一种质的提高和飞跃。

⑮在每位教师拥有办公电脑的基础上，教师应充分利用网络资源备课，由于每个学校所能提供的教学资源都是有限的，教师所参考的备课书籍亦存在很多局限，但网络却给我们提供了一个无限资源宝库。教师应充分利用网络资源的便利扩大自己的视野，博采众家之长，将自己的教学始终保持在时代的前沿，杜绝传统、守旧、一成不变的教学，教学也需要与时俱进，走在教育的前列。

（2）授课

授课是对教师备课的实战"演练"，教师预期的教学效果能否成功地实施，还要取决于学生的接收情况和教案的合理度，即可操作性。上好一节课很容易，但是如果想要达到课课精彩、课课成功就要求教师具有较强的应变能力和对付突发情况的处理能力。这需要教师具有长久的恒心和战斗力。

首先，教师拥有饱满的精力和热情去上课，这是保证教学成功的前提条件。每开始一堂新课的教学不仅教师充满着期待，学生也会对新的一课、对教师充满期待，良好的教学表现将会调动学生主动学习的积极性，这对教师和学生而言都是一种激励。饱满的经历和热情来自于教师对教育的热爱，对教学工作的信心与坚持下去的恒心。教师带着饱满的精神状态去上课，学生受其影响也会斗志昂扬，学生作为接受者其主导行为是由教师的状态决定的。教师对课程的精彩诠释展现了教师对知识的掌握与熟练运用，这本身就是教师的魅力所在。教师要不断提升自己的综合能力，以饱满的经历和热情去上每一节课，长此以往，学生必将形成一种与之相对的良好的学习氛围，师生共同努力，为了取得更好的成绩而奋斗。

其次，教师要用微笑来应对课堂上的一切突发行为。微笑是包容，是鼓励，是信任，是化解一切矛盾的最温暖的力量。青少年正处于人生中成长的关键阶段，这一时期他们在认识世界与了解世界的过程中慢慢形成属于自己的世界观与价值观。同时，在认识的过程中也会发生一些矛盾和摩擦。当学生在课堂学习中生发出新的观点时教师要积极给予肯定，用微笑去肯定学生的表现，鼓励他们拓展思维，敢于突破自我。当学生在课堂上对教师的教学设计提出质疑时，要用微笑鼓励他的这种行为，认真地倾听他的想法，如果确实具有可行性的时候，可以让学生来完成授课，给予他们充分的信任。当学生在课堂上出现与老师、同学相左的意见和看法，甚至会发生矛盾，产生摩擦。教师要以师长的身份给予学生正确的引导，当矛盾发生时，要先以微笑来缓和气氛，而不是严厉的指责与批评。动怒只会导致事情更加激烈化，而微笑却可以让人内心变得平和。一直保持微笑吧！将包容的胸怀给予每一个学生，让他们在微笑中体味老师的关怀与理解，关心与信任。微笑一次并不难，但是作为教师，你有一直保持微笑的恒心吗？做到这一点，将会给你的教学工作带来意想不到的改变。

最后，教师要有恒心不断提升自己的教学技能。做到了拥有饱满的精力和微笑的力量还不是以成为教师在教学上作中需要持之以恒的全部内容，最重要的处于核心地位的还是教师的教学技能。教师要不断地提升自己的教学技能，才能不断地坚定自己的信心。有的教师拥有多年的教学经验，但是教学技能却未必随着时间的增长同步提升。反之，这些教师往往用所谓的"教学经验"一成不变地应对所有的问题，有时候或许很管用，但是这也成为阻碍教师发展的桎梏，导致教师的教学技能止步不前，失去提高的机会。教师要做到随时发现教学中存在的问题，并找出合理的解决方法，不断抛弃原有教学方法中不合理的部分，在新的教学理念和教学方法的指导下寻求最新的方案，与时俱进。很多教师在繁重的日常工作面前妥协了，不愿意整天思考如何才能改进自己的教学，就想着"混日子"，这样是永远都不可能有提高的，必须坚定在教育岗位一天就做好一天的信念，克服困难、持之以恒、永不懈怠，这样才能做到真正的提升。

任何一种工作都是机遇与挑战并存的，恒心是教师面对机遇与挑战的首要条件，只有有恒心，才能在教师的教学工作遇到困难与挫折的时候支撑自己坚持下去；只有有恒心才能不甘于向困难低头，坚定教师必胜的信念。

2. 教师对待学生要有恒心

作为受教育的对象，学生是教师这个施教者最为亲密的朋友。人是一个个具有独立风格的个体，因此学生也会呈现出不同的特色，这就要求教师在对待学生的时候必须有耐心、有毅力、有恒心，尤其是对待差生或者问题学生。具体表现为教师要善于鼓励学生，对差生、问题学生有信心，并持之以恒地教育引导，教师要毫不动摇地坚信自己的学生都能塑造。

（1）教师要善于鼓励学生。

鼓励是学生进步的催化剂，教师如果能将鼓励的时机把握好，并且掌握鼓励的技巧与艺术，则要得到比单纯的说教事半功倍的效果。这不仅要求教师要善于发现学生的闪光点，还要求教师对学生的鼓励有新意，还要求教师对学生的鼓励持之以恒，这几个条件齐备才能将鼓励的艺术发挥得更好。

教师鼓励学生要善于发现。一些学习不够刻苦的学生，如果要说他的不是就能说上一大堆，可是如果真要说说他的长处，有时还真的说不上来。因此，教师必须时刻注意观察、充分挖掘学生的闪光点，哪怕是学生的一个字写好了、一条线画直了也要给予肯定。"好孩子是夸出来的。"如果你能将孩子的优点放大，那么你就会赢得教育的主动权。

教师鼓励学生要有新意。鼓励的方法要能吸引学生，激励的措施要能为学生所接受。鼓励不一定完全要用物质来刺激。一块巧克力、一份糖果能给学生带来意外的惊喜，一份小小的纪念品也能使孩子爱不释手，但是一颗闪亮的小红星、一张漂亮的卡通贴纸同样可以使学生为之而努力，一句充满关爱和鼓励的话语说不定会影响某一位学生的一生。仅仅是打打勾、画画叉、再批一个等级的作业评价方式，对学生的学习评定缺少人文关怀，更缺少促进学生努力学习的原动力。

教师鼓励学生要有恒心。学生的成长不是靠一句话、两句话就能教育好的，也不是说一天、两天就能改变好的。当学生要求进步的潜意识被激发出来以后，我们还必须细心地呵护。容易反复是孩子成长过程中的一个显著特征，因此我们要把对学生鼓励的措施做到经常化，让学生有制度可依、有目标可循。当制度在孩子的心目中成为一种习惯的时候，那就是我们教育的成功之时。

（2）教师对学生有"恒心"是一种师德的体现。

班务工作繁杂琐碎，学生教育路途漫漫。欧阳修说得好，"善教者以不倦之意须持久之功"。教育周期的持久性，学生教育的反复性，要求我们的班主任要有恒心，要有任重道远的心理准备。特别是面对差生的转化工作，班主任更应有持之以恒之心。转化差生，表面上是改变其学业成绩和思想行为，实质上是改变其心理意识，而心灵的铸造绝不可能是一蹴而就、一劳永逸的。差生在转变过程中时好时坏的表现以及漫长曲折的转化过程，又时常会动摇师生双方的信心。"走回头路"是差生教育的常态。这时，最需要我们班主任老师进行不断纠正和引导，一时的"朽木不可雕也"和"此人不可救药"的断言，都可能将差生推入真正的深渊。

以前人们常常把教师比喻为雕塑家，而学生则是需要精雕细凿的顽石。而在我看来，教师不做雕塑家，而应做个欣赏家。每个学生都是一件值得欣赏的"艺术品"。学生想成为什么样的人，完全取决于学生自己的选择，我们无法改变他们，只有学生自己才能改变自己。我们要做的事是放大他们美好的一面，积极上进的一面。当他们受到"污染"时，为他们除去"污渍"。鼓励他们积极地面对人生，对自己负责，做自己命运的雕刻家。

3.教师对待教研要有恒心

真正的教研，追求的不应是为了得出一个什么新的改天换地的教育规律教育真理，而应是从教育实际教学实践出发，通过对教育行为的省察与反思，进而优化我们的教育行为，生成教育智慧。但是，没有教师的积极有效参与，没有相应的教研制度、教师评价制度来支撑和保障，课改是难以想象的。

因而，新时期的教研工作必须立足于行动研究，从解放教师开始，这也是新课改实施对教师提出的必然要求。

　　教育教研打破了以往教师只需进行备课、教课、批改作业就可以的传统，除了这些常规教学内容，教师还要对自己的教学行为进行校本研究，在总结经验的基础上进行反思，在最新的教育理念的指导下提升自我的综合能力。从而锻炼教师的教研能力，研究也成为教育工作的一部分。教师要进行教育科研就要改变以往的教学形式，从本质上对教学来一个彻底的改变，这对教师是一个新的挑战，要做到持之以恒才能更好地迎接这一挑战。

　　（1）深入开展备课改革。

　　备课是为了上课，只要达到目的，形式可不拘一格。强调教案是动态生成的，如用备课本，教材，卡片；课前计划不能过于充分，不要花太多的时间把问题搞得太深太透，因为这样教师容易陷入教材，对学生的观点不敏感；提倡教师占有大量的相关资料，站在材料之上俯视教材，才能做到旁观者清。在此认识基础上，重新调整了指导思想，课前计划不要安排得太详尽，备课重点是明确教学目标，展现教学思路，不搞具体问题的罗列。备课过程要体现学习即探究，优化问题设计，引导学生进行探究，提倡宽松、开放，让学生有施展的空间，过程宜粗不宜精，留有调节的余地。备课方法使用多案法，即解决问题选择几种教学法方法，根据课堂适当进行调适，体现随机应变。

　　在大备课观前提下，多说课，多写教后感。不求形式统一，适度接纳腹案，利用校园网络，允许片断教案。这样，教师就能够从繁重抄写教案中解脱出来，就有时间去读书，去反思，更为理性地去设计、去实施自己的成长方案。

　　（2）提倡写"我的教育故事"。

　　因为对各种教育现象的观察，对每一堂课的反思，对生活中教育的体会，都是教育故事的内容；每一次思考与记录，都是教师专业成长的一步步脚印。事实上，磨刀不负砍柴功，有了对教育的不断思考，才有不断的改进，而每一次的改进都将是效率的提高。"我的教育故事"可以包含教师日常工作的各个方面：教师的课堂生活；教师的日常教学生活；教师的课程故事；教师的个人生活、受教育史及其对目前所从事职业的行为和思想的影响；教师对未来发展方向的预想与憧憬；等等。

　　教师应从自身实际出发，记录教学的每个环节的成败得失，写自己的教育记事。在记录中反思，在反思中提升自我的综合素质。教师坚持写教育故事，除了详细记录教师的教学历程，还能够给教师一种责任感和成就感，在一次次的记录中，教师会看到个人和学生的共同成长。教师之间还可以互相交流，举办教师公共论坛；汇编教师生活叙事；交流教师专业生活史等进行经验共享；以教研组或自由组合的形式进行自主开放的深度会谈，启迪讨论。在实践中提炼热点话题。举办专题辩论，相互丰富，生成提高。一点想法、一个困惑、一次思考、一个点子、一个顿悟……都可以是很好的教研话题。在追求教研活动方式的多样化的基础上，强调灵活性、个性化：如校际合作、撰写办公室生活记事、倡导自由读书、课题研究、自我反思、资源共享、教师论坛、合作研究、专家讲座、学历提高、教师作品展览、专题练习等交叉反复进行。通过不断变革教研活动形式，教师要为自己争取表现的平台，以教促研，以研促学，使更多的学习型教师涌现。

（3）教师要进行课题研究。

教师进行教育教研必不可缺的一个内容就是课题研究。正如一名教育专家所言："最好的教育科研应该是记载、整理、思考自己的教学行为"。的确，真正的课题应是来自教师日常教学的困惑，搞立项申报审批等形式主义的东西并不能真正有效地带动教师进行教研的积极性和动力，教师只有结合实际提炼自己的课题，并在教后反思、教育故事、教学日记、听课评课、案例分析、读书活动时才能意识地体现对课题的认识与思考；可以几个教师研究相同的课题，也可以是独立研究；学校应该结合具体实际对教师的课题给予指导、整合，并系统化为学校的课题体系。这样，就把课题研究与教师的日常教学紧密结合起来，教师体会到课题研究是为了更轻松地教学，能提高教育效益，自然就有研究的积极性了。

做一个有高尚人格的老师

教师要修其身，锻造高尚人格。为了使受教育者的人格健康发展，教师必须致力于塑造自己高尚的人格，要照亮别人，首先自己心里要有阳光和火种。

首先，一个品德高尚的教师应该要有正确的人生观和价值观，有热爱教育，献身教育的精神，要不断提高个人责任感和社会责任感，要将自己的生命融于人类和民族的发展进程，不断磨炼意志。其次，教师要具有修身意识，正人者必先正己。教师要处处严于律己，要有言行一致的人格风范，教师要求学生做到的，自己首先要能够做到。以求真、至善、至美作为自己的行为准则，事事为人师表，做学生的良师益友。要以积极向上的处世态度，豁达乐观的胸怀，高尚的理想情操，崇高的敬业精神，坚强的意志品格，良好的心理素质去感染学生、教化学生，时刻意识到自己的言行对学生心灵的震撼。

关于人格和教师的人格魅力

人格是个体具有一定倾向性的各种心理特征的总和，即一个人的精神面貌。它包括三个方面：第一，个性倾向性，如需要、动机、兴趣、理想、信念、世界观等。第二，个性心理特征，如能力、气质、性格。第三，个性自我调节，如自我评价、自我体验、自我控制。

教师人格对学生人格发展的影响是长期的、潜移默化的。教师人格的表现对学生人格的形成有耳濡目染、潜移默化的作用。我国古代教育家孔子曾说："其身正，不令而行；其身不正，虽令不行。"国外也有教育家认为：教师的世界观、品行、生活及他们对每一事物的态度，都这样或那样地影响着全体学生。苏霍姆林斯基说："能力、志向、才干的培养问题，没有教师个性对学生个性的直接影响，是不可能实际解决的。"俄著名教育家乌中斯基说："在教育工作中，一切都应以教育者的人格为依据。任何章程和纲领，任何人为的管理机构，无论他们设想得多么精巧，都不能代替人格在教育中的作用。没有教师给学生以个人的直接影响，深入到学生品格中真正教育是不可能的。"因此，他甚至强调："教师的人格就是教育工作的一切。""只有从教师的人格的活的源泉中能涌现出教育的力量。"教师与学生接触最多，跟学生交往最密切，因此对学生的影响也最大。可以说，教师人格修养对学生的发展具有决定性的作用。

什么是教师的人格魅力？要回答这个问题不是简单的三言两语就能得到一个完整答案的，但是一个优美的教师人格魅力应该具备以下特征：

1. 教师人格的魅力来源于渊博的知识和过硬的教育能力

具备这一条件的老师不但能在教育教学中游刃有余，而且善于处理、协调学生及同事之间的关系，创造融洽和谐的工作氛围，从而获得事业的成功。马克思说："性格是环境的产物。"从这样的老师身上，学生性格能受到各方面的良好影响，受益终生。

2.教师人格的魅力来源于善良和慈爱

在老师心里，教好每一个学生是老师的天职，我们老师要胸怀博大，容得下性格脾气各不相同、兴趣爱好有差异的所有学生。老师不仅是学生良师，而且是慈爱的长者，更是学生的知心朋友，老师不仅关注学生的学业成绩，也要关心学生的思想品德和行为习惯，更要把学生的喜怒哀乐放在心间。

3.教师人格魅力来源于对学生的信任和宽容

老师在课堂上不应一味地灌输，老师应是指导者和引路人：要把学习的主动权交给学生，让学生在探索中享受成功。学生是活生生的人，这就要求教师必须用情感去感化教育他们。教师首先要了解学生，了解愈深，爱之愈烈。而且对学生的关怀要落到实处，以此形成一种学生尊重老师、老师关爱学生的新型师生关系。

4.教师人格魅力来源于对教育事业的无限热爱和忠诚

老师不该仅仅把教师这个职业看成谋生的手段，而要以教书育人为崇高理想，并能从中享受到人生的乐趣。这样，教师才会以自己的真诚去换取学生的真诚，以自己的高尚品德去培养学生的高尚品德。

5.教师人格魅力来源于永不满足的执著追求和创新精神

老师始终用胜不骄、败不馁的形象去感召学生追求卓越。实践告诉我们，要想成为一名成功的老师，必须首先做一名充满美好人格魅力的人。教师的人格魅力是来自多方面的，包括教师的教育观念、品德修养、性情、学识、能力等综合素质熔铸而成，这是一名教师吸引学生力量的主要源泉。

教师的人格魅力对学生成长的作用

一个从事十几年教学工作的教师，经常听到学生议论，说他们喜欢某位老师，愿意听他讲课。作为教师，他已经赢得了学生的尊重与爱戴。教师的人格魅力已使学生折服。

学生时代既是身体发育、知识增长、智能发展的关键时期，也是理想萌发、探求人生道路、世界观形成的关键期。所以，学生既表现出求知欲强、思想活跃、精力旺盛等积极上进的方面，同时又表现出思想比较片面、道德判断能力差、意志薄弱、情绪化等不足方面。因此，教师作为人类灵魂工程师，在教育工作中需要不断地启发引导学生，认真细致地做学生的思想教育工作，同时更要以自身人格魅力为学生树立榜样，感染和教育学生，培养学生正确的人生观、世界观，塑造学生健全的人格。

1. 教师人格魅力对学生学业发展有激励作用

教师的一言一行、一举一动，都是教师人格的具体体现，都在潜移默化地影响着学生，成为学生模仿的对象。教师品德越高尚。学识越渊博，身心越健康，教师人格魅力就越大，教师对学生的吸引力也越强，教师的教学效果也就越好。

德国著名教育家第斯多惠说："一个真正的教育者，根据他自己和别人的宝贵经验，他知道，通过你是什么样的人要比你知道什么，可以获得更大的成效。"教师的人格特征直接影响着教学效果，而且这种影响往往是及时见效的。教学过程包括教师向学生传授知识和学生学习的过程，还包括师生之间思想、情感等心理活动双向交流的过程。教师对学生的态度、情感，教师的作风和意志等心理都从不同侧面影响着学生对学习的态度和学生学习的质量。

2. 教师人格魅力对学生情感优化有陶冶作用

多年从事教育工作的教师都知道这样一个事实：富有同情心和热情的教师往往有良好的师生关系：当教师热情并多方面鼓励学生时，学生更富有创造精神。所以，在教育实践中，教师要始终保持良好的情绪，对待学生要热情、真诚。教师还必须注意理智感、道德感、美感等高级情感的养成。因为，这些情感不仅对学生的学业发展有激励价值，对信念、价值观的形成具有重要作用，而且对学生的情感有陶冶价值。教师还必须具备良好的情绪调控能力，能及时合理地排解自己的消极情绪，同时也能控制和掌握学生的情绪、情感，为成功的教育创造健康的环境，用教师的人格魅力和健康的环境陶冶学生的情感。当老师成为了学生的对立面，便无法走近学生的心灵，无法与学生达到感情的沟通，也就无法遵循现代教育"以人为本，以学生为本"的教育原则。"感人心者，莫过于情"，情感交织在人们的思维中成为一种刺激，往往对人的认识和行为起着调节作用。一个要让学生真正喜欢的教师，不应只有严父的面孔，更要有慈母的心肠，用真挚的丰富的情感去感染、教育学生，重视与学生的情感交流，建立情感关系。

同时，多年来的教学实践还证明：教师本身的情感对学生有很强的感染作用，如果教师有强烈的求知欲，热爱自己的专业，以饱满的情绪带领学生去探索知识的奥秘，就会对学生的学习兴趣和情绪产生巨大的影响。正像赞可夫所说的："如果教师本身'燃烧着对知识的渴望'，学生就会'迷恋'于获取知识"。所以，老师上课要全身心地投入，将自己对所教学科深深热爱的激情融于每一节课中，去吸引学生听课，激发他们学习这门学科的兴趣，并使他们建立起持久而牢固的学习兴趣。对于学习基础较差的学生，更要通过教师良好的精神状态和生动、有趣的教学内容来吸引学生。利用他们的心理动力因素去加以补偿，以取得较好的教学成果。

3.教师人格魅力对学生道德升华有示范作用

古人云：其身正，不令而行，其身不正，虽令不从。教师是学生的楷模，代表着社会成年一代向未成年一代传播先进思想、道德规范和科学文化知识；教师是精神文明的建设者，是人类灵魂的工程师。人才的培养，要依靠广大教师付出艰辛的劳动。

教师在教育教学过程中，既要培养、训练、陶冶学生的品德和情操，又要组织控制、评价学生的学习。他们的言行举止对学生的教育具有很强的感染力和示范性，对学生健康成长有着直接的影响力。一个品德高尚的教师应该要有正确的人生观和价值观，有热爱教育、献身教育、甘作人梯的精神；有忠诚事业的责任感和使命感。这样，才能用无声的行动代替有声的命令，学生才会信服，在他们的心目中教师的形象就显得可亲可敬，教师的人格就会得到尊重和爱戴。就会使学生在心理上产生亲密的情感。下面又一则报道给我们以深刻的启示：有一个秋天，北大新学期开始了，一位外地来的年轻学子背着大包小包走进了校园，实在太累了，就把大包小包放在路边。这时正好一位老人迎面走来，年轻学子走上去说："您能不能替我看一下包呢？"老人爽快地答应了。那位年轻的学子就轻装地去办理各种入学手续。一个多小时以后回来了，老人还在尽职尽责地完成自己的使命。谢过，两人各自走了。几日后是北大的开学典礼，这位年轻的学子惊讶地发现，主席台上就座的北京大学副校长季羡林先生正是那一天替自己看包的老人。在那一瞬间，这位年轻人的心里是一种怎样的震撼。但在我们听到这个故事之后，却强烈地感觉到：人格，才是最高的学位。

教师的劳动有其特殊性。教师劳动的最大特点是培养、塑造新一代的人。教师的劳动对象是人，是一个个活生生的具有各自不同个性的学生；教师的主要劳动工具也是人，是涵盖着其全部人格、知识和才华的教师本人；教师的劳动产品也是人，是要成为未来社会人才的学生。在学校里，教师是学生最亲近、最尊重的人，学生具有天然的"向师性"，教师往往成为学生最直接的榜样，教师的理想人格，会像一丝丝春雨"随风潜入夜，润物细无声"，潜移默化地影响着学生的人格。

4.教师人格魅力对学生意志强化有促进作用

意志是自觉地确定目标，并根据目标来支配、调节自己的行动，克服各种困难，以实现目标的心理过程。意志坚强的学生，学习目的和自觉性较强，能克服困难，坚持自己的学习行为，为提高学习效率而努力。意志薄弱的学生，畏惧困难，容易退缩，学习不会收到成效。所以教师要通过各种途径培养学生的意志力：①教师可以通过科学家不畏艰辛，勇于探索和奉献，取得显著成果的动人事迹来教育学生；②情感是一个人对自己所认识或所操作的事物所持态度的体验。它反映着客观事物与人的主观需要的关系，当客观事物符合主观需要时，就会产生积极肯定的情感。有了情感就能强化智力活动，促进智力的发展，所以强烈的情感是人们认识活动的内在动力（培情原理）。培养师生感情，以教师的事业心、责任心和献身精神感染学生，使之树立坚定的意志力，养成持久的注意力。教书育人是一项光荣而艰巨的工作，教师要以高尚的人格来影响学生，在学生的心目中，教师是社会的规范，道德的规范，人们的楷模，父母的替身。教师的人格是师德的有形表现，高尚而富有魅力的教师人格能产生身教重于言教的良好效果。

5.教师人格魅力对学生创造性思维有引导作用

站在历史的潮头，我们毋庸置疑：二十一世纪是创新的世纪，二十一世纪的教育是创新的教育，这种创新的教育热切呼唤着创新型的学生与人才。教育的创造往往是从教师开始的，而学生的创造源于教师人格魅力中永不满足的执著追求和创新精神的人格特征。据心理学家研究表明，学生对知识的好奇心是由教师培养的，教师的好奇心越强，学生的创造性就会越高涨。现代社会是一个全方位开放的社会：社会要开放、国家要开放、学校要开放、思维也要开放。具有开放性人格、永不满足的执著追求和创新精神特征的教师会在教学中运用不同的教学手段和途径，去影响和引导学生思维的开放性、创造性和多维的价值观。

综上所述，教师那充满人类理想主义神韵的人格体系，以其独特的精灵般的魅力发挥着有字教材和显性课程无法取代的潜移默化的教育价值，它对促进学生主体在德、智、体、美、劳等各方面的发展具有根本性意义。因此，从普遍意义上讲：教师的人格魅力对学生成长起决定性的主导作用。

教师如何具备高尚的人格魅力

教师职业的特殊性在于育人。不仅要用自己的学识去教人，更重要的是用高尚的人格去教育人。在教育过程中教师的人格本身就是教育因素，能直接影响学生的人格，对学生良好思想品德的形成，有着潜移默化的作用。学生又有着特殊的"向师性"，他们常常把教师的言行作为自己行为的典范，可以说教育工作就是人格塑造人格的工作。正如乌申斯基所说："在教育工作中，一切都以教师的人格为依据，因为教育力量只能从人格的活的源泉中产生出来，任何规章制度，任何人为的机关，无论想得如何巧妙，都不能代替教育事业中的人格作用。"因此，教师高尚的人格是树立教师崇高形象的根基。那么教师高尚的人格标准是什么呢？我们可以列30条，甚至50条，但归纳起来，我认为教师可从以下两个方面来铸炼高尚的人格，树立教师的崇高形象。

1. 确定远大的志向是树立师表形象的立足点

作为一名优秀教师，必须确立远大的志向。"志不立，天下无可成之事""立志而圣则圣矣，立志而贤则贤矣"。志向能引导一个人不断前进。力争上游，是动力的源泉，是心灵的阳光，是闪耀在前方的星辰。当一名教师有了远大的志向，就自然而然从内心产生一种朝气、信心和永远向上的力量，说起话来心里亮堂，做起事来干劲十足，学生就会在潜移默化中受到感染，从而逐渐树立内心远大的志向。反之，一个没有远大志向的教师要教育学生树立远大的志向，并为此坚持不懈的努力，就是费尽口舌也是枉然。从古代的教育家孔子到现代的教育家陶行知、徐特立，以及以孙维刚、魏书生为代表的当代优秀教育工作者，无不是立下教书育人的远大志向，才为社会做出了巨大的贡献。由此看来，一个教师只有确立远大的志向，才能不断前进，才能做出成绩，其师表形象才有立足之地。

首先，确立远大志向需要有较高的政治觉悟。在当前市场经济逐步确立的过程中，面对意识形态领域内形形色色的思想观念和外来腐朽糜烂的不良文化侵袭，坚持马列主义、毛泽东思想和建设有中国特色社会主义理论的核心地位，认真实践"三个代表"重要思想和科学发展观的精神，有较高的政治觉悟就显得尤为重要。因为教师不仅要"教书"更要"育人"。邓小平就曾指出：教师应当是"当代先进思想的自觉拥护者，应当高举马克思主义、社会主义的旗帜，用自己的文章、作品、讲演、辅导等一系列手段教育、引导、塑造青少年一代"。由此可见，如果没有较高的政治觉悟，就不可能育好人，原则性的问题就会模糊不清，远大的志向就会方向不明。

其次，确立远大志向还需要有科学的世界观和人生观。具备科学的世界观和人生观是奠定一个人政治思想觉悟和远大志向的基石。作为教师，只有树立科学的世界观和人生观才能正确处理个人、集体和国家之间的关系，才能树立全心全意为人民服务，为社会主义建设的思想，才会具备忠诚党的教育事业的奉献精神，也才能有"衣带渐宽终不悔，为伊消得人憔悴"的执著追求。一句话，没有科学的世界观和人生观，切将成为无源之水，无本之木，一切都无从谈起。

2. 具有坚强的意志是树立师表形象的关键点

教师的工作是艰巨繁重的脑力和体力相结合的劳动，没有严格的时间和空间的界限，全凭教师的良心、意志和觉悟来兢兢业业的工作，所以教师不仅要有远大的志向，还要有坚强的意志。教师的意志作为人格品质的重要内容，是树立师表形象的关键点。它要求教师沉着自制，善于支配自己的感情，对自己从事的事业抱有明确的目的和坚定的信念，不论是顺境，还是逆境，总是充满必胜的信心，在困难面前百折不回，勇往直前，具有顽强的毅力和坚忍不拔的精神。因为学生思想的进步，文化知识的掌握，道德品质的培养，都不是简单的过程，也不是一蹴而就，一劳永逸的事情。因此，教师必须具有极强的涵养和高度的韧性，需要有百折不回的工作态度，舍此，师表形象将无从谈起。

新世纪教师的学习观

在建设学习型社会的今天，教师应当成为终身学习的先行者。学习是教师职业的底线，但是许多教师借口工作繁忙，很少进行必要的专业素养阅读，不愿意参加教研和培训学习，养成了"课本＋参考书＝教学"的职业习惯，满足于照本宣科、按部就班的教学。这样下去，教师素质怎么能提高？

教师又如何培养出高素质的人才？由此可见，教师必须学习，不断地提高自己，才能肩负得起肩上的责任。

教师学习的必要性

教师是教书育人的，作为一名教师不能误人子弟。这就要求教师有敬业精神、有责任感、有真才实学、热爱学生。但是现在有相当多的教师对自己的工作慵懒倦怠，不好好学习，不求进取，正在沦为庸师。古语云："庸匠误器，器可他求；庸妇误衣，衣可别裁；庸师误子弟，子弟可复胚乎？"可见，教师责任重大，不能做"庸师"，要有必要的教育良知和真才实学，像爱自己的子女、教育自己的子女那样去关爱学生，去教好每一个学生。

教师为了不误人子弟，有真才实学，必须锐意进取，不断学习。教师要越教越爱学，越学越快乐。正如教育家陶行知先生所言："我们做老师的人，必须天天学习，天天进行再教育，才能有教学之乐而无教学之苦。"教师热爱学习，日积月累，才会储备真知，不断完善自我，才会增长教育智慧，得心应手地搞好教育教学工作，才会展现个人的魅力和为师者的风范。这样才能使教学活动充满真情和活力，给学生搭起求取真知、提升素质、通向理想彼岸的桥梁，使自己陶醉于教书育人的美好境界之中，不断品味教育成功的喜悦。

"学习速度<变化速度＝死亡"，这是当今世界普遍适用的一条基本定律。教师，赶快给自己找一个迫不得已的理由吧，让学习成为一种从容的态度，一种生存的习惯，一种激情的行动，一种生活方式！

教师应该怎样学习

1. 向书籍学习

教师要更好地教书育人，就要不断学习，有丰富的知识。知识从哪里来？很重要的一个途径就是从书本、杂志、报纸之中来。通过学习，不断地充实知识、更新知识。

教师应围绕着自己所教学科和教育工作，广泛地阅读相关书的书籍，特别是专业书籍，从书本中获取知识，弥补专业理论知识单调、实践知识缺乏等薄弱环节，使课堂教学更加有效。

2. 向同事学习

古人说："三人行，必有我师焉。"教师可以向名师学习，也可以向普通教师学习；可以向本校教师学习，也可以向外校教师学习；可以向年长的教师学习，也可以向年轻的教师学习。同事的专业特长、先进的管理经验、优化的教学方法、丰富的教学手段、独特的教学风格是"他山之石"，取人之长，可补己之短，同时能建立、巩固和发扬自己的优势，改进教法，不断提高自身素质和教学水平，把别人的经验变成自己的财富。

3. 向自己学习

有学者指出，如果不进行批判和反思，即使我们生活在当今也无异于生活在过去的牢笼里。如果不进行批判反思，就会总是认为事情的对与错、是与非应当按专家说的算。于是，我们永远只能从别人那里明白做任何事的意义，任何时候的教学都是在实现别人的思想。所以，教师应经常对自己的教育理念、教育方法、教育活动进行自主判断和审视，对自己的教学实践进行反思，在反思性检验的过程中，是自身的经验也不断得到丰富、修正和完善，逐步实现专业成熟、自我发展、自我超越。

4. 向专家学习

教师要争取机会参加学术会议，不仅可以从中了解学术动态，了解教育争鸣，获取新的知识，还可以聆听许多大师、专家、同行对教育问题所阐述的观点和发表的真知灼见，使自己学习到最新的和更多的观点、理念、知识、信息，从中获得教益。

5. 网上学习

在这个知识爆炸的时代，电脑已经成为人们日常生活中不可或缺的东西，网络中不受地域、空间限制的海量的信息成为人们获取资料的方便快捷的来源。作为当代教师，就应该建立基于网络的自主学习模式，学会在网上探索、了解新信息，利用电脑进行资源管理和通过网络获得新知识，完善自我。教师还可以在网上开通自己的博客，与全国各地的同行进行沟通、交流，让网络平台更好地为自己服务。

6. 在研究中学习

研究是教师升华自己的认识、形成自己的教育思想的过程。教师应将学到的新思想加以内化，形成自己的思想并通过论文、心得、案例分析、优秀教案和调查报告等多种形式升华自己的认识。教师应至少从事一项课题的研究，从课题的选题、论证入手，进行文献综述，读他人文章著作，进行课题计划、课题实施、数据收集、资料整理、课题结题等，经历课题研究和试验的全过程。教师在完成课题研究的过程中就会学习到许多知识，逐步培养起研究能力。

7. 参观学习

参观学习能给人一个感性认识，获取一些实用性资料，能和有关人员交流感兴趣的问题，留下较深刻的印象。有机会教师应该走出去看看，看看外面的世界，看看同行是怎么教书育人的，怎样进行素质教育，怎样严谨治学。

一个善于学习、能接纳众人之所长、让学习成为必要生活方式的教师，就一定会成为一名优秀的学习型教师！

教师要在学习中提高

教师是一项神圣而崇高的职业，被誉为"太阳底下最光辉的职业"。世人称教师是人类灵魂的工程师，还给予了最大限度的期望和无限的崇敬。古代教育家荀况曾经说过："国将兴，必贵师而重傅；贵师而重傅，则法度存。"

学高为师，身正为范。"学高"和"身正"是教师这一职业的基准。教师必须不断地学习，不断提高自身素质和业务水平，不断提高自身品行修养，才能在学生心中维护自己在学识、道德等方面的良好形象，也才有可能更好地搞好本职工作，在自己的那片领域占有一席之地。在信息化时代，教师的知识应该如一条江河那样奔流不息。这就告诉我们，教师要学为人先，与时俱进争，当适应时代和社会发展的学习型教师。

1. 教师要努力学习，不断提升专业水平

教师只有把自己的专业搞透彻了，才能适应教学和做好本职工作。如果一个教师自身的专业知识都不能满足教学的需要，怎么能很好地完成教学任务呢？何况当今社会对教师的要求也越来越高，专业知识也是随时代和社会的发展而发展的。

学生对知识的渴望和需求也不仅仅是满足于书本知识，还需要教师给予拓宽和加深。如果教师只是满足于已有的知识而不思进取，显然是不能满足学生对知识的渴求的，也不能适应时代和社会发展的需要的，这样的教师必定要遭到时代和社会的淘汰，也是不受学生欢迎的。因此，教师必须顺应发展的要求，不断学习、充电，使自己的综合素质与实力得到提高，只有充分具备应对教学所需的知识与能力，才能把本职工作做得更好。

2.教师要勤奋学习。不断完善自我

随着知识的不断更新，学生获取知识的途径也不仅限于课堂教学这一单一形式，实施新课程需要教师涉及多门学科知识。在这种情况下，教师如果要更好地教书育人，给学生成长做好一个导向，他就必须不断加强学习，充实自我，完善自我。

一方面，教师要学习自己的专业知识，要通过不同途径与学习与此相关的学科知识，并要做到融会贯通，另一方面，各学科理论及人类社会、人本身的追求也在不断地发展，也需要教师不停地"充电"，不断地提升自己的素质、修养，提高对学科知识的理解、组织、解释的能力和水平，让学生学好学活知识，达到实施素质教育的目的。

3.教师要善于学习，经常进行自我反省

教师要想使自己成为品格高尚、人格完美无缺的人，除了向书本学习，还要向周围的人学习，积极参加教研活动，学习借鉴他人先进的、实用的教学经验，丰富和提高自己的教育教学水平，完善自己的教育教学工作。

"三人行，必有我师焉。"一个人可以在一个或者多个方面具有很强的能力，但是不可能在所有的方面都能做得很好。这就需要教师向身边的人学习，甚至是不耻下问，间接吸取他人的经验，取其精华、去其糟粕，这样可以弥补自己在其他方面的不足，让自己的学识更广博，让自己更成熟。

教师务必要加强多学科的学习，掌握必要的知识，并在实践的过程中将它们有机磨合、整合；还应多参加与教育教学工作相关的培训，不断充实自己高标准地要求自己，更好地做好教书育人的工作。

教师的学习终身制

时代的发展需要教师树立终身学习的理念，学习本学科知识及相关学科知识，学习教育教学理论知识，学习现代科技知识，在书本中求取知识，在生活中求得知识，在交往中求教知识。唯有这样，教师才能不误人子弟，才能赢得学生、家长的尊重，才能获得社会的认同，才能对得起"人类灵魂工程师"这一称号。

什么是终身学习

欧洲终身学习促进会的报告提出："终身学习是二十一世纪的生存概念。"从表面字义上讲，终身学习是指持续人的一生的学习活动；从实践层面上讲，终身学习活动具有非常久远的历史，贯穿于人类社会的始终。中国古人所言"活到老，学到老"就是终身学习最朴素的思想。然而作为一个独立的概念，终身学习的提出却是现代社会的产物。

不同研究者曾从不同的角度、侧面给终身学习下过定义，然而却始终没有达到概念内涵和外延上的一致。要给"终身学习"下一个广泛适用而又非常准确的定义的确是一件非常困难的事情。对终身学习的解释，最具权威性、最广泛地被人们所接受的定义是由欧洲终身学习促进会提出的，并于1994 年 11 月被在意大利罗马举行的"首届世界终身学习会议"所采纳的概念："终身学习是通过一个不断的支持过程来发挥人类的潜能。它激励并使人们有权利去获得他们终身所需要的全部知识、价值、技能与理解，并在任何任务、情况和环境中有信心、有创造性和愉快地应用它们。"

教师的职业决定了教师必须终身学习

作为教师，必须把教育看做是贯穿一生的过程。这就需要我们不断学习新的理念，充实自己的头脑，使自己的思想不断更新，与时代同步。学习不再是学生的专利，教育不再是教师的特权，最重要的是教育思想、教育理念的创新，教师必须树立正确的教育观念，学习和了解先进的教育理念，把那些教育理念内化为自己的思想。只有如此，才能用先进的教育教学理念通过思想的内化来指导实践；有了理念的更新，才能创造新的教育方法，适应学习时代的要求。

教师要做到"诲人不倦"，先必须"学而不厌"，将学习进行到底。教师在学生面前，应该做到师风可学，学风可师，成为学生学习的榜样，只有热爱学习的教师，才能培养出热爱学习的学生。教师只有把学习当成了自己生命的重要组成部分，才会把学习看成无价之宝，才能从中获取知识和生存

127

的本领。"自己再累也要读书，工作再忙也要读书，收入再少也要买书，住处再小也要藏书，交情再浅也要送书。"这是中国台湾学者高希均提出的"新读书主义"。

教师就应该终身与书籍为伴，与学习为伴，要用"一日不学，一日不教；一日不学，一日不乐；一日不学，一日不长"这几句话来要求自己，把"不学习，毋宁死"作为终身学习的重要理由。

要让学习支撑每个教育者的生命，必须树立终身学习的意识。教师是知识的重要传播者和创造者，连接着文明进步的历史、现在和未来，更应该与时俱进，不断以新知识充实自己，成为热爱学习、学会学习和终身学习的榜样。

教师如何做到终身学习

一名优秀的教师，一定要坚持思考和学习，要不断转变教育观念，更新储备知识，摸索教学方法，尤其要加强学习并熟练运用现代化教学技术和手段。作为教师，坚持终身学习应做到：

1.与时俱进，不断转变教育观念，接受新的教育思想和理念

时代的脚步已经跨入二十一世纪，教育观念的转变不容忽视。作为一名教师，在全面实施素质教育的今天，一定要与时俱进。通过不断地思考和学习，端正教育思想，转变教育观念，以全体学生为中心，以每个学生为本，从实际出发，因材施教。

刚踏上讲台的教师往往重视各方面的成绩，但随着工作的开展与积累，才会逐渐发现其实学生和个人的能力、兴趣、自信心才是更重要的。未来最大的财富是人才，而良好的心理素质是优秀人才的基本要素。高分低能不行，高分高能而心理素质不好也不行。教师应在教育过程中引导学生正确认识和评价自我，直面现实，正视逆境，积极与人沟通，建立良好的人际关系，培养乐观、豁达的健全人格，保持健康的心理和情绪，等等。在注意学生心理健康问题的同时，教师更应注意关注自己的心理健康。心理素质不好的教师不可能培养出心理素质好的学生。

有些老师总是认为"板着面孔"才有威望，学生犯了错误时老师要严厉批评。实际上这种做法收效甚微，而且很容易在不知不觉中伤害到学生，尽管本意是"为了学生好"，但学生的心灵一旦受伤，便很难弥补。怎样才能让学生因"心服"而"口服"呢？常言说，"正人先正己""学高为师，身正为范"，以身作则，用自身的榜样作用和人格魅力，让学生佩服，从而仿效。朱镕基曾说过"为人比为学更重要"，要使学生学会做人，具有美好心灵、健全人格，教师就必须从正己开始，一切以自己的人格为基础，只有人格才能影响人格。

当然，爱不等于溺爱，宽容不等于纵容。苏霍姆林斯基曾说过："有时宽容引起的道德震动比惩罚更强烈。"这句话对那些宽容有余，严厉不足的教师有着很好的启迪与警示作用。自制力有限的学生犯错误是难免的，宽容绝不是放任自流，而是一种积极的处理态度，让学生在获得尊重和信任的同时，进行反思，在"自我教育"的过程中逐步完善自己。

二十一世纪，是人性文明的世纪。学生是教育的主体，是教育工作的核心，就是通过尊重、欣赏、关爱来培养学生成为有着良好的价值取向、热爱生命、充满自信心、上进心和爱心的人。当全身心地投入教育工作时，当关注和欣赏每一个学生时，当把爱的情感注入孩子心田时，当宽容地对待有过失的学生时，教育者才能真正发现自身的价值。

2. 随时更新储备知识

在信息时代，学生信息的来源很多，知识老化的周期很短，更新的速度很快。只有不断学习，随时更新储备知识，才能成为一名合格的教师。"师者，所谓传道授业解惑也。"要做到这儿点，教师应具备广博的知识作基础。

有道是："根深才能叶茂""水厚方能负大舟"。如果一名教师的知识储备不足，教学中必定捉襟见肘；反之，如果教师具备了比较扎实的知识功底，具有学者的风范，课上能举一反三，游刃有余，那么课堂将是学生有效充电的场所。教师并非人人都博学，但要通过不断地学习朝着博学的目标去努力。最可怕的是，有的教师以为自己的学历高、读的书多，就不再充电、不再学习，这样只会误人子弟，他自己也终将被社会所淘汰。因此，作为教师要有"终身学习"的思想，平常要多读书、常看报、勤上网，在知识积累的道路上没有尽头，为了自身的发展，为了给学生做一个"教与学"的更合格的向导。

教师进行终身学习的意义

1. 提高学历

英国教育家欧文主张"所有的人从出生到成年应该受到当时最好的训练和教育"。正规教育大体经历小学、中学和大学几个阶段，但由于各种原因，不是所有的人都能接受高等教育、取得高学历。

改革开放以来，我国教育事业取得了令人瞩目的成就，基础教育师资水平大有提高。小学教师学历达中师毕业以上，初中大专以上，高中本科以上。发达地区，对学历要求更高，小学教师必须持有大专文凭、初中教师要本科毕业，高中教师要进修研究生课程。

我国很重视中小学教师的继续教育问题，全国各地都实施继续教育的系统工程。教育部明确要求，中小学教师要按期轮训。教师通过脱产进修、函授、自学考试或网络教育提高学历是适应职业的需要，也是自我发展的需要。

现代社会很看重文凭，但求知比文凭更重要。即使是学历合格又称职的教师，包括优秀教师也有一个不断提高和精益求精的终身教育过程。终身教育使教师从自然成长状态变为自觉提高过程。

2. 提高政治思想素质

新时代中国教师的神圣职责是贯彻执行国家的教育方针政策，培养为社会主义现代化建设服务的具有良好思想道德素质、文化素质、身体素质、心理素质、劳动素质和审美素质的新型人才。一所学校能否坚持社会主义的办学方向，能否培养社会主义事业的建设者和接班人关键在教师。

历来没有一个国家敢忽视学校的德育问题。我国素质教育坚持"五育并举，德育为首"的原则，教师首先要以德育人。教育思想、教育观点对教育事业的发展至关重要，正确的教育观可以造就人才，错误的教育思想则会摧残人才。教师的政治取向、道德素质、教育观、世界观和人生观对学生起着直接影响作用。大多数的教师政治立场坚定，高风亮节终身不变，但也有少数人迷失方向、腐败堕落、误人子弟。"教书者先强己，育人者先律己"，教师要终身加强政治思想修养、加强现代教育理论、国家教育政策、法规和文件的学习；坚定共产主义信念、坚持社会主义方向、坚持正确的教育观、人才观和价值观；引导学生树立各种正确观念，教育学生学会求知、学会做人、学会创造，培养学生成为全面建设小康社会的新型人才。

3. 更新专业知识

"知识就是力量"，知识就是财富，"要给学生一滴水，自己必须要有一桶水"。我们从小就开始接受教育，学校教育使我们获得的知识无疑会让我们受益终身，但不能完全适应现代化的教育需要。人在大学获得的知识只占一生所需知识的很少部分，很多知识要在学校后教育中获得。我们不能固守原有的那点知识而企望它管用一生。

当今世界，科技突飞猛进、信息与日俱增，社会各个领域的科学知识不断由单一走向多元，不断向更深更广的层面发展。中国加入 WTO 以来，外语、经济、法律、电脑信息技术等专业日益火爆，要求学习和更新专业知识的人越来越多。江泽民说过："当今时代，是要求人们必须终身学习的时代。"学习一切反映当代世界发展的新知识，学习做好工作所必须的一切知识。知识挑战的严峻程度有目共睹，每门学科都是学无止境。专业知识更新周期越来越短，旧知识淘汰很快，我们随时面临知识危机。新世纪教师要用发展的眼光看待学习，迎接新知识的挑战，不懂就学，没有就补，学习是当代教师补充更新专业知识的最好途径。

4. 提高教育能力

过去，传统教学强调教师的知识垄断和经验权威，强调单向式、灌注式教育，把学生当做接受知识的机器，把分数当学生的根。这种传统的教育观念和教育方法根深蒂固，与现代提倡的以人为本的素质教育观念矛盾对立，已成为教育发展的阻力。旧的教育模式轻视人的全面发展要素，忽略师生共同参与教学的探究和批判精神，严重压抑学生自主性和创造性发展，必须改革。中国教育改革正逐步实现从应试教育走向素质教育，由传统教育发展为创新教育的转轨过程。

二十一世纪，中国继续走"科教兴国"之路，这就要求当代教师"志存高远，爱国敬业；为人师表，教书育人；严谨笃学，与时俱进"。新世纪的教师必须师德高尚、知识渊博，具备扎实的教学基本功、有终身学习和创新教育能力。全面推进素质教育首先要转变教师的教育教学观念。不同年龄和知识梯度的教师，必须通过学习，才能转变教育教学观念并建立新的教育观和师生观，才能掌握现代化的教学手段，传播先进文化，弘扬学术精神，铸造创新人才。

教师学习、提高教育教学能力是一项永不间断的工作：学习专业知识、学习育人方法、学习教学技术，从书本中学、从网络中学、从他人身上学、从教学实践中学……终身学习无疑是艰苦的，同时也是快乐的。因为学习使人自强、让人发展、教人创新。教师要务实求真，成为热爱学习、学会学习和终身学习的榜样；并将所学知识充分应用于教学实践，以人为本，尊重学生个性，引导和启发学生自主学习，鼓励学生学会思考，学会自我增长和应用知识，学会怀疑和创新，学然后知不足，教然后知困。教学过程既是教师教育学生的过程，也是教师自我教育的过程，教师在教与学之间循环发展。

学习是人类生存和发展的重要手段，终身教育和终身学习是当代教师自身发展和适应职业的必由之路。"严谨笃学，与时俱进，活到老，学到老"是新世纪教师应有的终身学习观。

做一个会向学生学习的教师

教学活动是从教师与学生的互动中生成的，教师与学生组成了教学活动的两个主体：教师是"教"的主体，学生是"学"的主体。教学不光是学生能从教师身上学得知识，而且教师也会从学生身上学到有用的东西，师生双方在教与学的过程中相互获益，这正是"教学相长"这个成语最恰当的解释。因此，学生群体是教师不断充实自己、提高自己教学素质的最实用、最丰富的营养源。

很多老师总认为学生毕竟是学生，学生应该向老师学习，还有老师向学生学习的吗？其实不然，老师可能在专业知识方面强于学生，但在其他领域，老师不可能处处强于学生。

为什么教师需要向学生学习

1. 向学生学习有利于教师更好地开展教学工作

学校的根本任务是教书育人。教师的中心工作是教学，教学的对象是学生，教学是师生互动的行为。教师要搞好教学，提高教学质量，就必须了解学生，在了解学生的过程中发现学生的"闪光点"，即那些未曾发掘的优点。学生身上的优点也值得教师学习，并用来鞭策自己做好教学工作，以饱满的热情投入到上作中去。教师要"蹲下身子"与学生交流对话、沟通，与学生心灵相通，要理解学生，了解学生，多向学生学习，取长补短，做到"教学相长"，与学生共同进步。

2. 向学生学习有利于教师更好地开展思想品德教育工作

影视、报刊、歌舞厅、网吧对青少年的影响巨大。面对社会文化的多元化，学生涉猎面广、知识面宽，对新生事物有强烈的好奇心，总想去了解。而有些教师以前学的知识已经过时，还有些教师"两耳不闻窗外事，一心只教圣贤书"，社会知识面狭窄，难以满足学生对知识的需求。教育向生活、家庭、社会延伸，教师要教好书、育好人，就必须与学生、家长、社会打交道，学生就是桥梁。有时，教师的知识面、信息量不如学生，教育学生就显得苍白无力。网上的新信息、语言，社会的动态，学生早已知道，但教师不一定知道。有时班上发生的事情，教师在最后一刻才知道。所以教师要与学生交朋友，多与学生沟通，多向学生学习，心灵相通，知己知彼，教育学生才能使学生心悦诚服，起到事半功倍的教育效果。

3. 向学生学习有利于教师更好地实施优质教育

家长"望子成龙"心切，都想为子女找一个好学校，找一个好教师。当今社会已经进入知识爆炸的时代，教师的学习、生活压力加大。

社会竞争的法则是优胜劣汰，如果教师不努力学习新知识，为学生提供优质教育，就必然被淘汰。因此，教师要教好学生，就必须知己知彼，放下架子，多向学生了解他们想的什么、需要什么，以满足学生及家长对教师的要求。教师要多与学生家长沟通，赢得他们的支持，对学生齐抓共管，形成教育合力，以提高教育水平与教学质量，培养出优秀的人才。

教师要向学生学什么

1. 教师应该学习学生朝气蓬勃、积极向上

学生思想单纯，受社会不良风气影响较少，在学校接受到的又是正面教育，嫉恶如仇，有强烈的正义感、责任心，有一个健康的心态。教师要学习学生朝气蓬勃、积极向上的精神，并把它用在教书育人方面。如果教师缺乏朝气，萎靡不振，缺乏进取向上的精神，对上作不负责任，是一定不会受到学生欢迎的。

2. 学习学生刻苦钻研、勇于探索

学生学习来不得半点虚假，要探求知识的真谛，要下苦工夫。教师要像学生学习刻苦学习、勇于探索的精神，在教学上不能知难而退，得过且过，要下功夫。教师要有丰富深厚的学识，才能满足学生对多方面知识的渴求。教师要刻苦钻研教学业务，探索教学的学科规律和有效途径，注意改进教学方法，认真备课，认真上课，挖掘教材，不断反思，提高教学效益。

3. 学习学生积极锻炼、强健体魄

学习学生积极锻炼身体要有良好的体魄，才能适应学校繁重的学习任务，并为今后走向社会打下一个良好的基础。教师不要以平时工作忙，抽不出时间为借口，不顾自己的身体健康，超负荷工作。不加强身体锻炼，致使疾病缠身，这样是得不偿失的。教师要像学生那样，积极锻炼身体，强健体魄。要知道，教师有一个好的身体，才能更好地搞好教育教学工作。

教师要学会与学生合作

新课程强调学生个性发展，提倡学生合作性学习。在这个过程中，教师是组织者、引导者和协助者，一堂课质量的高低、学生收获的大小，很大程度上取决于教师的有意识的组织能力。这要求教师要低下身来与学生做朋友，要善于发现学生身上的闪光点，平等地对待每一个学生。教学有法，但无定法。俗话说"白猫黑猫，逮到耗子就是好猫"，这句话用在教育上也是相当有意义的。作为教师，只要能让学生个性得到发展、能力得到提高，就达到教育的目的了。

警惕师生关系疏离

一、日见疏离的师生关系

师生关系是教育过程中人与人的最基本的关系。师生关系的基本内涵是教育民主，尊师爱生，教学相长。良好的师生关系是教育目标得以顺利实施的根本保证。

民主平等是现代师生伦理关系的核心要求。首要的是教师要尊重学生的独立人格，尊重学生作为"人"的价值。学生虽然是未成年人，但每个学生都有自己的权利和尊严。尊重学生要求接纳学生的个性和特点，宽容学生的缺点和不足，为学生的自主发展创设足够的空间，引导学生进步和发展。

师生关系又体现为法律关系。提高法制意识，保护学生的合法权利是建立民主平等的师生关系的根本。教师一定要提高法制意识，明确师生的权利义务关系。同时，也要加强相配套的教育法规制度建设，使师生之间的权利义务关系更加明晰化，切实保护学生的合法权利。

加强师德建设，纯化师生关系。师生关系是一种教育关系，即一种具有道德纯洁性的特殊社会关系。教师应加强自身修养，提高抵御不良社会风气侵蚀的积极性和能力，同时也要更新管理观念，树立以人为本的管理思想，从而为师生关系的纯化创造有利的教育环境。

良好的师生情感关系是师生在教育过程中全面交往互动基础上建立起来的情感关系。它是一种共同发展中的心灵碰撞，是目标一致的合作与成果分享的愉悦，是师生互相关爱的结果。

当前，在师生关系方面存在的主要问题是：师生之间的权利义务关系比较混乱，体罚学生的情况屡禁不止。另外，教学中忽视学生的主体地位，学校、教师包办代替的，不重视学生个性特长和发展，在评价、班级管理等过程中侵害学生人身权益，忽视学生的情感体验，无限制地加重学生心理负担和学习负担，等等。

不可否认，原本世上最纯洁、最高尚的师生关系正在疏离。

二、师生关系疏离的原因

1.破坏师生关系的首恶就是体罚

据媒体报道，体罚学生成为社会舆论的热点。各地披露的教师体罚学生的事件屡见报端，且林林总总，千奇百怪。

体罚是指教职员用作用于身体方式来处罚学生的错误行为。其中，包

135

括变相体罚即教职员采用罚站或者罚做某种行为等方式来处罚学生的错误行为。变相体罚是采用罚做某种行为的方式，使受罚者身心感到痛苦或者疲劳的行为。

体罚带来的恶果不言而喻。其直接后果就是给学生造成身心伤害，这些伤害的影响可能是终生的。教师是成年人，体力上占绝对优势，对学生的肉体的威慑力很大；由于教师在师生关系中拥有绝对的权威，体罚对学生心理的威慑力也很大，它犹如无形的尖刀伤害着学生的心灵，它带来的恶果令人震惊。加拿大学者就体罚对学生将来身心健康产生的负面影响做了全球最大规模的调查：被体罚的学生成年后吸毒和酗酒的可能性是没受体罚学生的两倍，而且患上焦虑症和反社会行为倾向的概率大大增加。

2. 导致师生关系疏离的第二原因是教不得法

"学生负担过重"的主要因素是社会竞争对教育的影响。我们应该看到，把竞争机制引入到我们的经济领域、教育领域，这是我们改革的重要目标。何况，我国现在还是发展中国家，市场就业竞争还很残酷。所以，无论是教师、家长，还是学生，都应该理智地面对竞争。

但是，不可否认，在教育教学中确有违背教育规律，忽视学生个性，忽视学习的情感因素，人为加重负担的现象。这就导致很多学生厌学、厌校，甚至厌师，使本应该和谐的师生关系变质。

基础教育课程改革的核心内容是转变学习方式和教学方式。新课程强调以人为本的理念，倡导自主学习方式，在注意知识与技能、过程与方法的同时，特别关注情感态度价值观的培养。所以说，实施新课程是重建师生关系的根本措施。

3. 导致师生关系疏离的第三原因是索要礼品

在近几年，师生关系开始发生着变化。由于世俗和功利的影响，师生关系中掺杂着越来越多的物质因素。过去，教师节学生送老师的是祝福，是贺卡，而现在则送礼成风。人人心里都明白，礼越厚，情越轻。多收学生一份礼，教师威信减十分。送礼与收礼。都是在往师生关系的眼里揉沙子。

拒绝教育评价注水

一、新"皇帝的新装"

提到"骗子""骗局"使人不禁想到丹麦童话作家安徒生的著名作品《皇帝的新装》。几乎所有版本的中学语文教科书都选它作为必读课文。在文中，愚蠢的皇帝为了自己的虚假的"威严"，虚伪的大臣为了自己的虚假的名声，不惜听信骗子的作弄。皇帝穿上骗子"编织缝制"的根本不存在的衣服，互相吹捧，还要举行游行大典，招摇过市。不幸这个可笑的骗局，一到老百姓面前就被揭穿了。

《获奖证书是怎样炼成的》揭示的作文大奖赛就是这样一个故事。为了一个虚假的荣誉（获奖），教师为之奔走；校长、局长为之呼号；家长非常情愿拿钱；"小皇帝"——学生拿着"获奖证书"招摇；"骗子"——什么"协会"和什么"大赛办"高兴地数钱。这是一个活脱脱的新版"皇帝的新装"。

放眼看去，在我们教育行业，这种新版"皇帝的新装"少见吗？

爱美之心，人皆有之，穿上新装，靓丽时尚，但是如果穿上一件"愚蠢的人"看不见的"皇帝的新装"将是一种什么样的感觉？

爱荣誉之心，人皆有之，但是获得一个根本不是荣誉的荣誉，而且还"挂在中堂"，展示于人，又将是什么感觉？

有些教师，为了区区三块钱的蝇头小利，而为骗子奔走呼号，还要不要教师的尊严？

而这样的"注水获奖"留给孩子的究竟是什么？是激励了他的学习愿望，还是教会了他投机取巧？孩子的荣誉感是很强的，但要培养他们通过老老实实的努力得来。荣誉一旦与钱权相结合，就会后患无穷。

但是，单纯靠取消评比遏止"注水获奖"只是权益之计，建立学生特长鉴定制度，是既能遏止"注水获奖"，又能合理评定学生特长的根本办法。

长期以来，我们的教育以培养传统的学业智力为中心，导致课程结构过于单调，课程内容过于局限，教学模式过于统一，评价方式过于僵化。素质教育不应只发展传统意义上的课业学习智能，而更应重视发展学生的多元智能。实施素质教育要以培养学生的创新精神和实践能力为重点。培养创新精神和实践能力的关键是要求学生具有创新思维，并能将新的理念付诸实践。多元智能理论为培养创新精神和实践能力提供了重要的理论依据——通过培养学生的多元智能使学生实现由善于解答问题向善于解决问题转变。我们应当关注的不是哪一个学生更聪明，而是一个学生在哪些方面更聪明。因此，我们的教育必须真正做到面向全体学生，努力发展每一个学生的优势智能，提升每一个学生的弱势智能，从而为每一个学生取得最终成功打好基础。应当树立多元多维的评价观。评价具有导向作用，不同的评价观对基础教育的发展产生不同的导向。借鉴多元智能理论，我们应该改变单纯以标准的智商测试和学科成绩考试为主的评价观。在评价的内容方面，不能仅仅局限于传统的课业学习智能，而应当是多元的；在评价的方式方面，也不能只注重书面的考试，而应当是多样的。当前，不得不考虑的问题是，人们认为只有考试成绩才能保证选拔的公平和公正，但我们不能为了维护形式的公平公正，就放弃了发展的公平与公正。只有注意评价内容的全面性与评价方式的科学性，才能使评价真正成为促进每个学生充分发展的有效手段。

各级教育行政部门在改革现有考试和评价制度的过程中应该着手研究如何评价学生的多元智能，建立和完善学生特长评定制度，改变目前特长评价商业化运作的弊病。

二、考试作弊

考试作弊这种乱象之所以愈演愈烈，有着深刻的根源。

站在经济学的视角分析，考场舞弊是场风险与收益的博弈。无论是升学还是毕业，无论是文凭还是学分证书，都和一个人获取教育资源、就业、升职、加薪等个人利益得失紧密相关。利益驱动一些人通过不正当手段铺设自己获利的道路。国家用人制度还不够完备，在人事考核中对文凭、证书依赖性过强，使一些人铤而走险。而教育行为商业化，更使这种恶浪甚嚣尘上。

站在教育学的视角剖析，考试舞弊还有其深层面的问题。

多年来，我国重视教师的在职学习和提高。八九十年代，培训形式基本上是学历补偿，近几年，陆续转到"继续教育"上来。无论学历补偿，还是继续教育，基本模式是仿照职前学校教育的方法，以知识传授为中心，以知识的内部逻辑体系为线索开展学习。这种"理论中心"的培训制度在发达国家早已绝迹，因为它脱离工作实际，违背成人学习心理。

近代学习理论通常把广义的知识分成两种：显性知识和隐性知识。显性知识是指可以用媒体表述和传输的知识，如各科理论、公理、定律，乃至于操作规程等。这种知识可以"显化"，可以用文字、图表、音频、视频或肢体语言表现，使其他人可以看到、听到、感觉到、也可学到。隐性知识则不然。隐性知识不可以通过媒体表述，不可以直接传输，难于"显化"。如技巧、机智、决策能力、韬略等。虽然这些知识也可以通过知识掌握者的行为表现展示出来，但展示的是知识转化成的能力，而不是知识本身。这种知识也难以通过传授转移给别人。

现代学习理论又把对显性知识的掌握称作"理性智慧"，把对隐件知识的掌握称作"实践智慧"。作为中小学教师，掌握理性智慧非常必要。传输人类文明积攒的显性知识是基础教育义不容辞的任务。但作为专业化的教师，积累实践智慧更显得重要。新课程情境的创设、教学策略的选择、创生性课程资源的识别与开发、教学过程中教学机智的运用，总之，凡是涉及教学技巧、教学艺术等专业程度较高领域的能力，都依靠实践智慧。实践智慧不是别人"教"会的，不是"培训"出来的。实践智慧靠教师在实践中摸索和感悟，靠自己知情意的修炼。一些教师经过多年教学，知识不可谓不纯熟，但教学效果总是平平，其原因就是他在实践智慧方面没有长足发展。

因此可以说，教师的专业化发展，主要靠实践智慧的积累。一味地追求高学术、高理论、高学历，并不能代替实践智慧。而我们的教师培训工作的重点恰恰放在理论智慧的培训上。

当前大力提倡的校本教研、校本培训是在全新理念下的教师学习方式。它的推进将有力地改变教师培训效益低下、走过场的现象。

校本教研、校本培训的基本理念是：教师是成人学习者，教师是实践者，教师最感兴趣的学习内容是解决他工作中遇到的实际问题。行动研究是解决实际问题、改善行动、提高工作质量，从而推进教师专业化发展。

大力开展校本研修，把教师的学习提高活动抓出实效，是根治教师"考试舞弊"、教师"文凭注水"的良策。

三、"表演课"

"表演课"是指出于某种目的，精心"做"出的、让人欣赏的课，它在日常教学中并没有多少实用价值，属于"假课"之列。现实中，除了"假课"还有假展示、假教案、假档案、假计划、假总结……

造假现象已成为教育战线上的一颗毒瘤，令人深恶痛绝。这颗毒瘤不清除，课程改革就很难深入。

听课、评课是中小学中比较常见的教学研究形式。通过听评课，可以发现教学过程中存在的问题，可以现场或课后研究解决的方法，进而提高教师的教学能力，保证教学质量。听评课还是评价课堂教学质量和教师教育教学能力的形式，是展示教师风采的机会。由于听评课有时用于评价和展示，所以功利就千方百计地混进来使坏。很多地方很多老师、校长、教研员把听评课当成沽名钓誉的一个手段，使原本促进教学质量提高的活动变了味道。

由于为了应付检查、应付评比、应付考核，教师课前都经过精心的准备，有的甚至谁举手，谁回答什么，都事前约定好。结果是，课堂上"举手如林"、"答声如雷"，热热闹闹、轰轰烈烈，环环相扣，严实合缝。上完课，大家鼓掌，好评如云，皆大欢喜。

这样的课，无疑又是对学生心灵的一次毒害。它使学生渐渐懂得，可以不通过认真，就可以得到好评，可以通过作假得到想得到的东西。教师都可以作假，我们作假也不要紧。扎实勤恳的人太傻。"表演课"实际成了"德育课"，是负向的德育课。

"知之为知之，不知为不知，是知也。"在一节表演课上，什么叫知之，何谓不知？全没有！满场都是聪明绝顶，满场都是麻木不仁，但在热热闹闹的背后，隐藏着教育深切的悲哀——实事求是的科学态度和踏实做事的学风受到了公然践踏。

竞争激烈，压力过大，使教师和学生心情烦躁，于是产生浮躁心理，想急功近利。但是，这种功利主义的做法得到的是反面，威信扫地，并对孩子产生严重的负面影响。

作为一个有良知的教师，应该拒绝表演课。作为教研部门和教育行政部门应该通过政策调整铲除表演课产生的土壤。教研人员，教育官员也要发扬务实的工作作风，深入基层，深入学校，作为教师的同伴，共同研究课改，与老师共同提高。

防止教育行为商业化

一、"越补越虚"的补课

补课，这是一个非常沉重的话题。对于补课，教育行政部门三令五申、"反复"地"三令五申"，禁止利用假期补课，禁止学校教师有偿补课。"加强对学校利用假期上新课和大面积补课的督查，对违反规定补课的学校应予以通报批评，情节严重的追究校长的责任。"各地教委早早就发出了这样的通知，而且在每年的假期都要重申此禁令。尽管教育主管部门三令五申严禁，但上有政策，下有对策。不允许补课，就衍生出"兴趣班""培尖班""补差班"的旗号。不许给本校的学生补课，就"暗度成仓"，暗示学生参加有协议的民办补课班去补。花花绿绿的培训广告几乎众口一词：语数英理化辅导、数理化英辅导班、暑假中学辅导、高考强化训练。这些班多数是面对初中生和高中生，完全以课程补习为主。即使学校停止了补课，但是老师仍然被请到这些校外的商业培训机构上课。

从学习理论和教学心理上讲，补课也是违背规律的一件事。补课会加重学生的心理负担，加重学生的体力负担，而且"补短"的教学策略正违背多元智能理论主张的发展智能强项带动智能弱项的教学策略。

无论哪种方式，不论何种理由，学校强制补课都难逃违规收费之嫌。它占用的是学生时间，侵犯的是家长利益，损害的是学校形象。补课现象应该严格禁止。

二、教辅图书的"暗箱"

"新课程呼唤新教辅"，在基础教育课程改革实验实施两年后的今天，这个口号已经成为我们的共识。教育部《基础教育课程改革纲要（试行）》规定："积极开发并利用校内外各种课程资源"。教辅是最常见、最普遍、最重要的课程资源。教辅图书直接关系到课程资源的建设，关系到课程改革的成败。

　　"教辅"，是一个传统的概念。在以知识传授为主的教学中，学习的依据是教学大纲，学习的基本材料是教科书（因此当时把"教材"与"教科书"错当做一个概念来用）。有"主"才有"辅"，人们就把与教科书配套的各种学习材料统称做"教辅"。"教辅"这一概念还有广义与狭义之分。广义而言，其范畴应包括教师教学参考用书和学生辅导用书两大类。从发展的角度讲，除纸质载体教辅之外，还应包括为教学服务的音像、电子制品。其狭义概念仅仅指供中小学生使用的各种学习辅导、考试辅导等方面的图书。

　　目前教辅存在问题较多。首先是质量参差不齐。东拼西凑、粗制滥造的教辅书不少。目前，市场上的绝大多数教辅依然是题海。

　　值得注意的是，这些如山似海的教辅是怎样进入学生的书包的？谁都明白，在教辅发行过程中，折扣"暗箱"是一个有力的武器。

　　通过几年的治理整顿，一些教师对教辅"讳莫如深"，不评论、更不引导，完全听凭学生和家长的选择。但与书商勾结，暗中发书的现象依然存在，尤其是在高中阶段。

三、为"一费制"叫好

　　为了从根本上治理教育乱收费现象，教育部制定了中小学收费"一费制"。"一费制"是指在严格核定杂费、课本和作业本费标准的基础上，确定一个收费总额，然后一次性统一向学生收取。"一费制"已在国家扶贫开发工作重点县试行了三年，得到了群众的积极拥护。经国务院批准，今年将在全国义务教育阶段学校普遍推行。推行"一费制"的主要目的是规范管理、减轻负担、治理乱收费、确保义务教育健康发展，

　　近几年来，为规范学校收费行为，坚决治理学校乱收费，党中央、国务院已采取了一系列措施，收到了一定的效果。但是，有些地方政府、有关行政部门和学校在国家规定的收费项目和收费标准之外，自立收费项目、擅提收费标准，造成收费项目繁多、标准不一，既违背了国家的收费政策，有损于收费工作的严肃性、规范性，加重了学生家长的负担，社会各方面反应强烈。同时，也不便于检查与监督。为了进一步治理义务教育阶段的各种乱收费现象，让学生、家长明明白白缴费，让社会各界明明白白地监督，并切切实实地减轻广大人民群众的负担，这次推行的"一费制"，对现行的收费项目和标准进行了全面清理，各地在严格、合理地核定杂费、课本和作业

本费标准的基础上，由省级人民政府确定一次性统一向学生收取费用的标准。实行"一费制"后，学校必须执行统一规定的收费标准，不许再乱收其他费用。这样，就进一步规范了学校的收费行为，加强了对学校收费的管理，也将切实减轻学生家长的经济负担。同时，实行"一费制"，也有利于落实政府时义务教育的投入责任。举办义务教育是政府的责任，义务教育的投入必须坚持以政府投入为主的原则，学生缴费仅仅是用于补充学校公用经费的不足。这次推行的"一费制"对此提出了明确要求。因此，通过实行"一费制"可以进一步推动落实各级政府对义务教育的投入责任，加大政府对义务教育的投入力度，保证义务教育的持续、健康发展。

在实施教育收费"一费制"的同时，保证政府经费投入是重要措施。义务教育阶段学校的正常运转经费必须坚持以政府投入为主、学生缴费为补充的原则。"一费制"中的杂费收入仅仅是学校公用经费的一种补充。两部一委的文件明确规定，为确保学校的正常运转经费需要，这次各地在制定"一费制"标准时，必须同时制定中小学生均公用经费基本标准、财政预算内生均公用经费拨款标准，并按照生均预算内公用经费拨款标准向学校拨付公用经费。这三个标准必须同时执行。

维护学生的受教育权

受教育是学生的基本权利，在教学实践中我们常常会看到这样的现象：学生因迟到或未完成作业或者是家长未在作业本上签字，教师就不许学生听课，学生因违反纪律而被赶出教室。教师有时随意占用学生的上课时间或指派学生参加一些与教学无关的活动，如商业庆典和开幕式等；有的教师为了本班学生能在一些应试考试中获得好名次，随意取消诸如音乐、美术等学科……教师的这些做法是否侵犯了学生的受教育权呢？要想弄清这个问题，我们有必要了解有关受教育权概念方面的问题。

我们该如何理解学生的受教育权呢？

（1）受教育权的基本含义。对于受教育权的确切含义，我国现行法律并没有作出解释。学者的解释也不一致：有的解释为"由国家规定的教育法律关系主体具有的接受教育的能力或资格"，也有的解释为"受教育主体公平、公正地普遍享有各种类型、各种形式的教育的权利"，还有的解释为"公民享有在各类学校、各种教育机构或者通过其他途径学习科学文化知识，提高自己的科学文化业务水平的权利。"尽管解释不同，但学者都承认：接受教育的权利主体是公民，公民受教育的要求应当受到法律的保护，国家在保障公民受教育权方面起着非常重要的作用。

我们采用北师大劳凯声教授的观点，受教育权就是指公民作为权利主体依照法律、法规的规定具有的接受教育的权利或资格。广义上的受教育权，是指公民接受各种类型、各种形式的教育的权利。狭义的受教育权则是指公民在全日制学校接受学历教育的权利。

（2）受教育权的构成要素。从法律关系的意义上说，要弄清受教育权的含义，还要明确以下三个问题。

第一，受教育权的主体。受教育权作为"人之为人应得"的基本人权，其主体是所有人。具体到某一国家中，受教育权利的主体便是所有公民。《中华人民共和国教育法》第9条规定："中华人民共和国公民有受教育的权利和义务。公民不分民族、种族、性别、职业、财产状况、宗教信仰等，依法享有平等的受教育的机会。"其中，"任何公民都平等地享有受教育的权利"所表示的教育机会均等的原则，不仅是国际社会普遍公认的教育理想，也是被国际法准则和各国内法所确立的基本原则。

第二，受教育权的相对方。权利的相对性决定了受教育权利的相对方是依法为公民受教育权利的充分实现提供诸种条件的义务一方。《中华人民共和国宪法》第19条规定："国家发展社会主义的教育事业，提高全国人民的科学文化水平。"《中华人民共和国教育法》第18条规定："各级人民政府采取各种措施保障适龄儿童、少年就学。适龄儿童、少年的父母或者其他监护人以及有关社会组织和个人有义务使适龄儿童、少年接受并完成规定年限的义务教育。"第38条规定："国家、社会、学校及其他教育机构应当根据残疾人身心特性和需要实施教育，并为其提供帮助和便利。"从这些法律规定中不难看出，受教育权利的相对方主要指国家（包括各级人民政府）、学校及其他教育机构（主体是教师）、家庭（主体是父母）、社会（包括企业、事业等社会组织和公民个人）。

第三，受教育权规范的独特性。《中华人民共和国宪法》第46条规定"中华人民共和国公民有受教育的权利和义务"，这是一种权利义务复合的法律规范，其主要用意在于规定受教育的权利是一项不可放弃的权利，并且以权利为本位。其特别之处在于揭示了如下这样的内涵：这一复合规范由权利要素和义务要素组合而成；复合规范的本质内容是赋予公民以权利，而并非另外设置新的义务。

（3）受教育权的性质。

第一，受教育权是宪法给予的权利。在我国，受教育的权利是一项宪法性质的权利。《中华人民共和国宪法》第46条规定"中华人民共和国公民有受教育的权利和义务"。这一规定使受教育权利成为宪法权利中经济、社会和文化权利的重要组成部分。这意味着受教育权作为一项基本权利同人的生存权一样，应优先于其他的一般权利，国家、社会等应优先保证公民享受充分的受教育的权利；同样，公民的受教育权受到侵害时也应得到及时的补救和补偿。

第二，受教育权既是绝对权利又是相对权利。受教育权要求其他任何组织、个人，不得有妨碍、侵犯受教育者接受教育的行为，以不作为的形式履行义务，以保障受教育者充分行使受教育的权利，从这个意义上说，受教育权利是一种绝对权利。由于某些或某类主体受教育权利的实现有依赖于特定的义务人，依赖于自己的积极作为，如对必须接受一定年限义务教育的学生来说，其接受教育必须有其相对方——国家、学校（教师）、父母等为其提供一定条件，满足其受教育的要求，因而受教育权又是一种相对权利。

第三，受教育权是专属权。教育作为个体提高生活质量的重要手段，只有通过个体自身的积极行为才能完成。他同个人的人身权一样，是完全属于每个个体所有的，不可也不能转让于他人，属于专属权。这意味着在一个家庭中，父母不能因为某种原因中止某个子女的受教育权利，而让于其他子女，将受教育权利集中到一个子女身上行使。

第四，受教育权既是行动权也是接受权。受教育权的实现离开了个体自身的积极行为是不可能的，即使国家、学校、家庭等为其提供了，完好的教育条件，倘若个体不接受、不学习，那么受教育权依然只是法定的而非现实的。尤其在受教育权的内涵发展至学习权的今天，从受教育权强调个体积极主动的学习、要求的意义上看，受教育权自然是一种行动权。当然，如果把接受教育权理解为接受什么权利的话，则受教育权利按其本意即是"接受教育的权利"，也是一种接受权。

维护学生的名誉权

　　许多教师都有过这样的经历，站在讲台上，面对台下那一双双渴求知识的眼睛，总是充满了希望与热情。希望他们很乖、很听话，不给自己添麻烦或带来不愉快；希望他们德、智、体等全面发展，不但成绩优秀，而且在课堂上处处都表现得优秀。但事情往往不像教师想象的那么美好。一点点失败，一点点挫折，一点点失望可能还觉得正常；可是总是失败，总是挫折，总是失望，会怎么样呢？学习成绩不理想，学生总是不听话，天天有事情发生，学生经常来告状，特别是看到添麻烦的总是那么几个人时，掩饰不住心头的愤怒，有时还就学生的分数或成绩进行讽刺挖苦，"笨蛋""白痴""弱智""三只手"……这些话往往脱口而出。可是这些话一出口，你知道你已经违法了吗？你知道这已经侵犯了学生的名誉权了吗？你肯定会说，怎么会呢。那么，就让我们一起来研究什么是名誉权吧。

　　教师有必要明确名誉与名誉权的基本概念及其特点。

　　（1）名誉。人的名誉是指对特定的自然人的品德、才干、信誉等方面的客观的社会评价，名誉集中体现了人格尊严。

　　（2）名誉权。名誉权是指自然人依法享有的要求对自己的名誉给予客观公正的社会评价，并维护自己的名誉不受他人非法贬低的权利。名誉权主要表现为名誉利益支配权和名誉维护权，我们有权利用自己良好的声誉获得更多的利益，有权维护自己的名誉免遭不正当的贬低，有权在名誉权受侵犯时，依法追究侵权人的法律责任。

　　在我国的法理当中，名誉权是人格权的一种，它具有以下特点。

　　第一，它是一种法定权利，并非自然权利。名誉权不可处分，不可转让，也不可抛弃。

　　第二，它是一种人身权利，具有专属性，专属于公民特有，公民自出生之日就可以自然享受，无需经过登记等法律程序。因此，名誉权是民事主体享有的具有专有性、排他性的权利。

　　第三，它是一种精神权利，名誉本身不是财产，名誉的下降可能给当

146

事人造成经济上的损失。

第四，它是一种社会权利，依赖于社会评价才有存在的基础和价值，名誉是社会公众对特定人的一般评价，如果离开了社会，特定主体的名誉也就失去了存在的价值和意义。

在课堂教学过程中，教师心中要有法律意识。叶圣陶先生说："教育工作者的核心工作就是为人师表。"这在另一个层面上要求我们要依法执教，给学生树立良好的形象。也就是教师要以身示范，为人师表，以模范行为影响社会，教育学生。教师作为教育者，在批评教育时，不应侵犯学生的名誉权。

在判断教师的行为是否构成侵犯学生的名誉权时，须通过分析以下要件才能作出判断。

（1）行为人客观上存在损害他人名誉的事实，并为第三人知悉。损害他人名誉的行为主要有三种情况，一是侮辱，二是诽谤，三是其他损害他人名誉的行为。其中，侮辱和诽谤是两种典型的侵犯名誉权的行为。所谓侮辱是指故意以暴力、语言、文字等方式贬低他人的人格，损坏他人的名誉；而诽谤，则是指行为人故意捏造虚假事实向第三人散布或者由于过失散布道听途说的虚假事实，损害他人名誉的行为。所谓其他损害他人名誉权的行为包括：一是新闻报道的严重失实，导致他人名誉受到损害的行为。二是在公共场合对他人所做的严重不当的评价，导致他人名誉受到损害的行为。三是不适当地宣扬他人隐私，导致他人名誉权受损的行为，这种行为既侵犯他人的名誉权，也侵犯了他人的隐私权。

（2）侵犯名誉权的行为必须是指向特定的人。因为每个人的名誉只属于本人，只有贬低人格的行为针对了特定的人，才会导致社会对这个特定的人的评价降低，从而使其受到不公正的评价。如果只是针对某一类人进行贬损，则不属于侵犯某个人的名誉权行为。所以，学校的领导、教师对学生中存在的某些现象进行公开批评和谴责，只要不对某个具体学生而进行，就不属于侵犯学生名誉权的行为。

（3）对某人名誉造成损害的事实必须是客观存在的。所谓名誉权受到损害的事实，包括两个方面：其一，在判定侵权人的行为是否侵犯了某人的名誉时，主要以侵犯名誉权的行为是否被受害人以外的第三人知道为标准，只要侵犯名誉权的行为被受害人以外的第三人知道，就可以推定名誉损害的客观存在，而第三人的人数并不重要，因为这只是表明行为影响的范围。其二，

侵犯行为造成了受害人的精神损害。精神损害是受害人因侵权人的行为而遭
受的心理、感情方面的伤害，包括遭受心理上的悲伤、怨恨、忧郁、气愤、
失望、自卑等痛苦的折磨。精神损害是侵犯他人名誉权的间接后果，每个人
的心理承受能力不同，造成精神损害的程度也不同。

保护学生的隐私权

人生在世，总有一些不愿为人所知、侵扰的秘密，总有许多与公共利益、
群体利益无关的纯个人私事，未成年学生的内心当中也有许多不愿意向他人
袒露的秘密，作为教育管理者的教师，能把学生的私事或者秘密宣扬出去
吗？宣扬出去违法吗？下面我们一起来研究有关隐私权的问题。

我们如何理解隐私和隐私权呢？

（1）隐私的含义。隐私是公民个人生活中不愿为他人公开或者知悉的
秘密，包括个人私生活、个人日记、照相簿、储蓄及财产状况、生活习惯及
通讯秘密等。具体分为以下三类：①个人信息，也称个人资料，包括个人基
本情况，如身高、体重、疾病史、健康状况、生活经历、财产状况、社会关系、
家庭情况、智力状况、缺陷、学习成绩、心理档案、家庭电话号码等，这些
属于无形隐私。②私人活动，是指一切个人的与公共利益无关的活动，如日
常生活、社会交往等，这些属于动态隐私。③个人领域，是指个人的隐秘范
围，除隐私部位之外，还包括个人居所、学生的书包、口袋、日记、通信等，
这些属于有形隐私。由此看出，人独立自由需要有隐私，人内心世界的安宁
也需要有隐私。

（2）隐私权的含义。从法律的角度来看，隐私权是公民人身权中人格
权的一种。隐私权是公民生活中不愿公开或不愿为他人所知悉的个人秘密
的不可侵犯的人身权利。具体指公民对其不违反法律和社会公德的私人事
务和私生活秘密不受非法公开、宣扬的权利。它包括如下三层含义：一是
隐私权的主体只能是自然人。隐私权是基于自然人的精神活动而产生，法
人作为组织体并没有精神活动，故无隐私可言。二是隐私的内容包括私人
生活安宁和私人生活信息。只要未经公开，自然人不愿意公开披露的信息

都构成隐私的内容，自然人就此享有隐私权。三是我国现行有关立法对隐私权的独立地位未予确认，实践中通常将侵犯隐私的行为作为侵犯名誉权处理。

（3）隐私权的内容。法律上所谓隐私权，是指自然人享有的对其个人的与公共利益无关的个人信息、私人活动和私有领域进行支配的一种人格权，公民对这些信息、活动、领域可以根据自己的意愿决定是否让他人知晓。隐私权具体分为以下四方面的内容：①个人生活安宁权。权利主体能够按照自己的意志从事或不从事某种与社会公共利益无关或无害的活动，不受他人的干涉、破坏或支配。②个人生活情报保密权。权利主体有权禁止他人非法利用个人生活情报资料。例如，对公民身体的隐匿部分、日记等不许偷看，未经他人同意不得强制披露其财产状况、社会关系以及过去和现在的其他不为外界知悉、传播或公开的私事等。③个人通讯秘密权。权利主体有权对个人信件、电报、电话、传真及谈话的内容加以保密，禁止他人非法窃听或窃取。④个人隐私利用权。权利主体有权按照自己的意志利用其隐私，以从事各种满足自身需要的活动，如利用个人的生活情报资料撰写自传、利用自身形象或形体供绘画或摄影的需要等，对这些活动不能非法予以干涉。

（4）隐私权的范围。隐私权的范围并不是一成不变的，随着历史的发展、社会的进步，它的界限会有一定幅度的伸缩，并且它还受着不同区域、不同民族、不同传统习惯的影响。就历史因素来说，一般而言，随着物质文明的发展、社会复杂程度的提高，隐私权的范围会有扩大，这是因为社会越复杂，交往越频繁，社会成员要求相对独立领域的愿望就会越强烈，对要求社会和他人勿干扰的活动、领域就会增多。

界定某事物是否属于隐私，还应参照当事人的主观因素。隐私之"隐"，带有很浓的主观色彩，即当事人不愿为他人知悉。鉴于此，在实践中，隐私范围除社会一般标准之外，还应合理尊重当事人自己的意愿，这符合现代民法在纯粹私人领域赋予个人最广泛自由权的原则。如甲的学校生活经历，同学人人尽知，甲亦时常谈论，若甲与乙同学转到其他地区的学校，甲突然视此经历为隐私，乙得尊重甲的选择，不得公开甲的生活经历。

长期以来，教师为了有针对性地教育学生，对他们的基本要求就是向老师讲真话。老师阅读学生的信件、调查某个女生与男生的关系等一直被认为是合理的，很少有学生对自己的隐私权提出要求。随着人们法制意识的增强，社会对保护学生隐私权的呼声越来越高，这就要求教师重新审视自己在教学管理中的一些行为，从保护学生的隐私权、协调隐私权与知情权的角度，判断管理的合法性。在课堂教学中，教师的管教权、知情权与学生隐私权之间的冲突已日益显露，如何协调学生隐私权与教师的管教权、知情权之间的冲突，这就是接下来要研究的问题。

我们先了解什么叫知情权。知情权有广义与狭义之分。广义知情权是指知悉、获取信息的自由与权利，包括从官方或非官方知悉、获取相关信息。狭义知情权仅指知悉、获取官方信息的自由与权利。随着知情权外延的不断扩展，特别是对个人信息的知情权，是公民作为民事主体所必须享有的人格权的一部分。现在的知情权概念一般是指广义的知情权。那么，学生隐私权与教师的管教权、知情权之间的冲突该如何协调呢？

（1）关于教师侵犯学生私人活动的隐私权的协调。教师侵犯学生私人活动的隐私权主要表现为干涉、监视学生的私人活动；个人活动自由是隐私权的体现，任何人不得干涉。监视私人活动、监视私人与他人的交往、私人跟踪等，都构成对隐私权的侵犯。在教育教学过程中，一些班主任为了使班级管理到位，在班中安插"学生探子"，专门监视难于管理的学生的行踪，如搜集这些学生在课堂教学活动中的情况，放学后对他们盯梢等。这种做法的出发点是好的，但在客观上却侵犯了学生私人活动的权利，构成了对隐私权的侵犯。教师行使管教权时了解学生日常活动情况的方式和途径很多，如直接谈话、日常观察、家访等，但不管通过什么方式，都必须符合法律，不得侵犯学生的隐私。

（2）关于教师擅自披露学生家庭的某些隐私事件的协调。教师因教育教学工作需要了解、掌握学生家庭的一些隐私情况，这是正当的，是教师享有知情权的体现。若教师将了解、掌握的学生家庭隐私情况擅自予以公开，则构成对学生隐私权的侵犯。在教育教学中，教师因疏忽大意将学生家庭隐私如学生父母犯罪的经历、父母离异、家庭住址、电话号码等予以公开，可能破坏学生原有的生活秩序和精神安宁，这就侵犯了学生的隐私权。

（3）关于教师偷看、披露学生的心理档案的隐私权方面的协调。学生的心理档案是学生心理秘密和思想状况的记录，应属于学生的隐私。心理咨询教师应恪守职业道德，不得披露学生的心理秘密。一般教师未经允许不得翻阅学生的心理档案，班主任为了解学生的思想状况，以便有针对性地对学生进行教育，可向心理咨询教师了解学生情况，并可查阅有关学生的心理档案，这是行使正当的知情权，不能认为是侵权，但教师在课堂上不得公开所掌握的学生的心理秘密。

（4）关于教师对待学生考试成绩的隐私权的协调。教师要正确处理考试分数问题，考试分数应当成为学生的隐私，但并不等于教师不能了解、知悉考试分数。教师因教学工作需要直接参与了学生的学习过程，在教学中接触到考试分数而成为知情人，教师因教育教学需要，掌握学生考试分数是合法的，属于正当的权利。学生对分数享有隐私权，但学生不应以保护隐私为借口拒绝教师履行知情权的义务；教师对分数享有知情权，但应知而不传，不能擅自将之公之于众。学生考试成绩的隐私权在得到保护的前提下，也应受到一定的限制，其中主要受到教师教学权利的限制。《教师法》规定，教师有"促进学生在品德、智力、体质等方面全面发展"的义务。为保护教师履行其义务，法律同时赋予教师享有"进行教育教学活动"、"指导学生的学习和发展、评定学生的品行和学业成绩"的权利，这就必然要对学生这项隐私权作出某种限制，以利于教师行使教育教学权利。

如何做到既不限制教师的教学权，又要保护学生的此项隐私权，应采取权利协调的原则。该原则是指一种权利通过在某种保护范围或在程度上作出让步而使另一种权利得到基本满足，从而让自身权利得以实现的原则，即用保护基本的人格尊严不受侵犯的原则加以解决，如教师单独找考得不理想的学生谈话，指出其失误，并提出改进措施等。关键的一点就是要做到既保障教师的教学权利，又保护了学生的隐私权。当个人隐私权与知情权发生冲突时，应在较少范围内公开隐私，使隐私权与知情权达到某种程度的协调。

打学生耳光的老师

"老师上课一遇到学生捣乱就打人，而且出手很重。比如说扇耳光啊什么的，学生早就习惯了。"这是某学生在写给妈妈的一封信中的一句话。在当下的学校课堂上，教师对扰乱课堂纪律的学生施以拳打脚踢等体罚手段的现象仍屡见不鲜。下面，我们就来研究有关体罚的一些问题。

（1）体罚的内涵。《新世纪教师素养》一书对体罚内涵的揭示和外延的界定很明确："体罚是指直接用殴打、罚站的方式来处罚未成年学生和儿童的错误行为。其特点是直接殴打人体的某个部位而使受殴打者遭受肉体痛苦。"一位教育学博士对体罚的表述是："体罚是对学生给予身体上感到痛苦或极度疲劳的惩罚，并造成学生身心健康损害的侵权行为。"这里强调了体罚在法律方面是侵权行为。

（2）教师体罚学生的侵权行为有四个主要特点。①教师往往从管教学生的动机出发，不自觉地造成对学生身体健康权、人格权的侵犯。②教师的侵犯对象是未成年的学生，大多是没有或不完全行为和责任能力的儿童、少年，因此侵犯活动的双方行为能力是不对等的。这种情形，一方面更容易造成成年人教师对未成年学生的侵权，另一方面未成年的学生自我保护和辩护的能力不足，也常常使侵权的教师意识不到其行为后果对学生造成的伤害，学生自身也不能作出相应的维护权利的各种反应。③在具有传统的"师道尊严"教育环境中，社会、家长常常只看重教师的"动机"，不管教育方法。④教师的侵权行为被视为道德和纪律问题，很少被认为是法律意义上的"权利侵犯"，也很少与法律责任相联系。

罚学生吃塑料片的老师

在课堂教学中，我们时常看到这样的现象：有的教师因学生违反课堂纪律而罚学生打扫卫生，因学生没完成作业而罚学生抄过量的作业、做体育动作、吃喝对身体健康不利的东西等。教师的这些做法都是对学生的变相体罚。

（1）变相体罚的内涵。《教育大词典》对"变相体罚"做了例举性的解释："如留堂、饿饭、罚劳动、重复写字几百几千遍等。"《中小学教师职业道德修养》一书对变相体罚的内涵做了明确的说明："变相体罚，即并不直接对学生人身诉诸拳脚和工具，而是以各种借口并以其他形式间接地对学生进行处罚。"《新世纪教师素养》一书对变相体罚的内涵的揭示和外延的界定也很明确："变相体罚是指用罚站、罚跪、罚做某种行为等方式来处罚未成年学生和儿童的错误行为。变相体罚不是直接殴打受罚者，而是采用罚做某种行为的方式，使受罚者身心感到痛苦或者疲劳的行为。"罚站、罚跑、罚跪、罚面壁、罚体力劳动、罚抄写是变相体罚，威胁、呵斥、讽刺、挖苦、辱骂、刁难等心理攻击也是变相体罚，甚至是比直接的身体打击更易伤害学生的变相体罚。

（2）体罚和变相体罚的相关法律法规。我国《义务教育法》第十六条规定"禁止体罚学生"；《教师法》第三十七条规定"体罚学生，经教育不改的"，要给予教师"行政处分或者解聘"，"情节严重，构成犯罪的，依法追究刑事责任"。《中华人民共和国未成年人保护法》第15条规定："学校、幼儿园的教职员应当尊重未成年人的人格尊严，不得对未成年学生和儿童实施体罚、变相体罚或者其他侮辱人格尊严的行为。"《中华人民共和国未成年人保护法》第46条规定："未成年人的合法权益受到侵犯的，被侵犯人或者其监护人有权要求有关主管部门处理，或者依法向人民法院提起诉讼。"《中华人民共和国未成年人保护法》第48条规定："学校，幼儿园、托儿所的教职员对未成年学生和儿童实施体罚或者变相体罚，情节严重的，由其所在单位或上级机关给予行政处分。"《中华人民共和国刑法》第234条规定："故意伤害他人身体的，处三年以下有期徒刑、拘役或者管制。犯前款罪致人重伤的，处三年以上十年以下有期徒刑；致人死亡或者以特别残忍手段致人重伤造成严重残疾的，处十年以上有期徒刑、无期徒刑或者死刑。本法另有规定的，依照规定。"《中华人民共和国刑法》第235条："过失伤害他人致人重伤的，处三年以下有期徒刑或者拘役，本法另有规定的，依照规定。"

禁止体罚和变相体罚学生并不是要求教师放弃对学生的管理工作，而是对教师管理学生的方式提出了更高的要求，要求教师掌握更文明、更科学的管理学生的方式方法。

请记住陶行知先生对使用粗暴手段压制学生创造力的教师的抨击吧：你这糊涂的先生！你的教鞭下有瓦特，你的冷眼里有牛顿，你的讥笑中有爱迪生。你别忙着把他们赶跑。你可要等到坐火轮、点电灯、学微积分，才认得他们曾是你当年的学生。

一、教师职业道德的内涵与特点

教师职业道德（简称师德）是从事教育职业的人所应当遵循的行为准则和必备品德的总和，是一般社会道德在教师职业中的特殊体现。它是教师行业的特殊道德要求，是调整教师与学生、教师与教师、教师与学校领导、教师与学生家长，以及教师与社会其他方面关系的行为准则；它从道义上规定了教师在教育过程中应该以什么样的思想、情感、态度和作风去待人、接物、处理问题，以做好工作，为社会尽职尽责。

教师职业道德建设是为了培养和造就爱岗敬业、为人师表的教师队伍而开展的师德教育活动，是教师队伍建设的核心和全面推进素质教育的基本保证。教师队伍的职业道德水平的高低，不仅涉及教师个人的道德修养，是教育系统内部师德师风好坏的反映，还是整个社会道德水平的折射和晴雨表。因此，教师职业道德建设直接关系到整个社会的精神文明建设。

一切道德都是社会经济状况的产物，是人们在长期的生产、生活实践中逐步形成的。教师的职业道德也是这样，它是由一定的社会经济关系所决定的，并伴随教师实践活动的不断深入而产生和发展。教师的职业劳动是教师道德产生的物质基础。教师职业道德的特殊性及其对社会精神文明建设的重要意义，都是由教师这一职业的特殊性所决定的。

（一）教师——特殊的劳动者

作为培养、造就高素质人才的教师，除具备一般的社会道德外，还要具备良好的教师职业道德，唯其如此，才能较好地完成教育教学任务。教师职业的特殊性决定了教师的职业道德是一个独特的体系，有其特定的内涵和规律，并且在教育事业中具有不可替代的独特作用。一般来说，教师劳动的特殊性主要体现在以下五方面。

1. 教师劳动的目的：促进人的和谐发展

教师的劳动既传播着人类的文明，又塑造着人类的灵魂。教师的劳动不同于一般的脑力劳动和体力劳动，它与社会的发展、文明的进步密切相关，并且能够在社会的发展中促进人的发展。

教师的劳动，首先是一种知识、文明的传递活动。通过教师的讲解和教学环境的构建，能够促进学生在一定情境中主动地构建知识、获取知识，进而培养学生运用知识分析问题和解决问题的能力。在这一过程中，教师既要对学生负责，又要对学生的家长和整个社会负责。因此，教师的劳动不仅是传授知识和培养能力的过程，还必须传授社会思想意识，用自己的劳动给学生以思想上的启迪，用自己的道德风貌给学生以道德上的熏陶，使学生不仅能收获渊博的知识、精湛的技能，还可以具有深邃的思想、高尚的道德，成为一个德才兼备的人。

2. 教师劳动的对象：主体性、可塑性和模仿性

教师职业的特殊性还表现在他们的劳动对象是学生，是具有主体性、可塑性和模仿性的个体。因此，教师在各方面都要起表率作用，以自己的学识、才能和高尚的道德品质影响学生，培养学生。教师的一言一行都能够起到教育作用，这种教育作用不仅表现在课堂上，还渗透在学生的日常生活中。因此，教师职业道德不仅是对教师个人行为的要求，也是教育学生的重要手段，起着"以身立教"的作用。学生具有主观能动性，他们通过对教师的模仿、借鉴和学习，不断地发展自我。教师劳动对象的特殊性决定了教师职业具有较强的表率性，要求教师具有高尚的精神境界和道德品质，并以此去影响、感化和教育学生。因此，教师要用职业道德规范约束自己的一言一行，使自己对学生的影响能起到长期的、潜移默化的作用。

3. 教师劳动的过程：复杂性与合作性

教师在劳动过程中要处理复杂的人际关系，包括师生关系、学生与学生的关系、教师与家长的关系及教师与教师之间的关系等。这些关系处理得好坏，将直接影响其教育教学任务的完成与否。教师能否恰当地处理教育教学过程中的各种人际关系，在很大程度上取决于教师的职业道德水平。这是因为，教师不但有教育学生的职责，还有以自己的道德和学识影响包括学生家长在内的社会其他成员，树立良好社会风尚的责任。

要使学生获得全面发展，成为对社会有用的人才，仅靠教师个体的作用是不行的。即使水平再高的教师，凭个人的力量也很难使学生在德、智、体、美、劳诸方面得到全面发展。学科教学，也必须通过各学科教师的共同努力、密切协作，才能使学生全面地掌握知识。因此，教师的劳动成果——培养出成才的学生，是每一位教师作用的有机整合，是教师集体劳动的结晶。其实，团结协作本身也是教师职业道德的重要内容。在这一意义上，能够与不同性格、不同背景和不同学识的教师和谐相处，使自己任教的学科对其他教师所教的学科具有促进作用，对教师来说尤为重要。

4. 教师劳动的"产品"：全面性和高质量性

教育的目的是对不同性格、不同爱好和不同条件的学生因材施教，促进各种类型学生的个性得到发展，充分调动每个学生学习与探索的积极性，使他们的特长能够得到充分发挥。换言之，教师的劳动"产品"——学生，是一种特殊"产品"，在理论上讲，不应当有"废品"。学生的"毛病"即

使再多，也不能将其列为"不可雕的朽木"而置之不理，更不能抛弃他。教师要运用教育规律去发现学生的闪光点，用先进的教育教学方法去调动学生的积极性，挖掘他的潜力。这也是教师职业道德中要求平等对待每个学生的基础。

5. 教师劳动的效益：隐蔽性与长期性

由于教育具有"生产"周期长的特性，因此教师的劳动成效需要相当长的时间才能显现出来。这一特点决定了对教师劳动成果的测定是比较复杂和困难的，教师的劳动成果和"效益"难以完全量化，而学生的分数只是教师劳动成果的一个方面。而且，由于每位教师面对的学生个体差异极大，因而难以与其他教师进行横向比较。当然，不同学科、不同年级之间教师的比较就更为困难。

教师劳动的这些特点，决定了教师的职业道德、社会责任感、劳动的自觉性要比其他行业更为重要，职业道德的约束作用更明显。要求教师不仅是一个博学多才的人，而且还应该是一个道德高尚的人。因此，加强教师职业道德教育和修养，对于将青少年培养成为有理想、有道德、有文化、有纪律的一代新人，具有尤为重要的意义。同时，高尚的职业道德又能促进教师的教育教学能力的提高，鼓舞教师自觉地为教育事业而献身。

（二）教师职业道德的特点

由于教师劳动的目的、对象以及产品都是人，因此教师的劳动过程是培养人、塑造人的过程。与其他行业的职业道德相比，教师劳动的特殊性决定了教师职业道德的独特性。

1. 从教师劳动的意义看，教师的职业道德具有全局性与高层次性

教师劳动对人类发展所具有的重要意义，使教师的职业道德上升到全社会各行各业职业道德之首，具有全局性的特点。教师的职业道德也因此受到了全社会的广泛关注，并具有社会道德的最高要求。教师在社会的发展中承担着培养一代新人的历史重任，要用自己的学识、情感、世界观和灵魂去塑造人。这份工作不仅是知识能力的培育，更是以灵魂去塑造灵魂，因此教师的职业道德较之其他行业的职业道德具有更高的境界。

2. 从教师的社会地位看，师德具有超前性

师德的超前性具体体现在两个方面：第一，师德具有前瞻性。要使我国自立于世界民族之林，教育必须首先为之提供高科技人才，因此教师必须先行提高自身的素质；同时，党和国家把教育放在优先发展的战略地位，就决定了教师的师德修养必须超越一般，要做到"打铁先要身板硬"。第二，师德具有基础性。夯实国家强盛之基，需要依靠教育为社会培养高素质的人才大军，而教师就是培训大军的"教官"，其品德、立场、观点直接影响人才的质量。师德建设超前的原则是："教育者必先受教育""要别人做到的自己首先做到"。

3. 从教师职业及个人素质看，师德具有导向性

第一，师德是素质教育的灵魂。教师的职业道德具有导向作用，言传身教、表里如一是学校正确办学方向的政治保证。第二，坚持德、智、体等全面发展和教育与社会实践相结合，是社会主义教育方针和培养社会主义新人的质量标准。要在执行、落实过程中不走样、不变味，教师必须做到师德纯正崇高。第三，要造就"四有"新人，教师要率先树立远大理想，抵制不良思想，给学生以蓬勃向上的精神力量。具体体现为：全心全意为人民服务的高尚境界，发扬中华民族优良道德传统和革命传统，树立优良的道德风尚；增强法制观念，反对无政府主义与极端个人主义；以正确的人生观、世界观、价值观为基础，正确处理集体利益与个人利益的关系。第四，不断提高个人思想政治素质和业务素质。

4. 从教师的人格评价看，教师职业道德具有超越一般职业道德的
   示范性

教师的劳动始终具有示范性。在教育教学活动中，教师不仅以自己的知识、技能去影响学生，而且其自身的品德修养、道德情操、作风仪表、治学精神乃至劳动态度都起着耳濡目染、潜移默化的作用。并且，这种表率作用是任何其他教育因素都无法代替的。正如教育家乌申斯基所说的："固然许多事有赖于学校的一般规章，但是重要的东西永远取决于跟学生面对面交往的教师的个性。教师的个性对年轻人的心灵影响所形成的那种教育力量，是无论靠教科书、靠道德说教、靠奖惩制度都无法取代的。"可见，教师自身的修养和业务的提高尤为重要。以身作则、为人师表、严于律己是对教师的基本要求，教师应该在自己的一切行为举止中成为学生的表率，成为具有高尚的共产主义品德、坚定的共产主义信念、较高的文化修养和渊博知识的楷模。这就是我们常说的"身教重于言教"。

在教师队伍建设上，倡导优良的职业道德，对陶冶教师情操、提高教师素质、激发教师的积极性、培养大批为教育事业献身的新师资具有极其重要的作用。

二、教师应该遵守的公德规范

公德是做人的基础。要想成为一名优秀的教师，必须首先学会做人。换言之，教师必须遵守基本的公德规范。其中，诚实、公正、平等和宽容是与教师职业道德息息相关的公德要求。

（一）诚实

某小学一年级的一位女生上学时经常和一个男孩一起走。因为这个男孩天生残疾，有一次在路上，他被一个大男孩殴打。看到小男孩莫名其妙地受欺负，这位女生气不过，冲上前一拳向大男孩打去，大男孩被打得鼻血直流。于是，她被班主任老师批评了一通，而班里第一批入队的名单里也没有她。她回家后不吃不喝，气得哭了。父母问她为什么，她不说话，只是自己生闷气。几天过后，班主任老师知道了真相，就来到她家，手里拿着一条红领巾。老师亲切地把红领巾戴在她的脖子上，并说了许多抱歉的话。

这个简单的故事，讲的是一位教师在教育中出现失误后，真诚面对学生，并向学生道歉的艺术。这虽是一个个案，但却道出了教师应遵守的一种最可贵的公德规范——诚实。因为教师是"人类灵魂的工程师"，要对学生良好的品德、健康的心理负责，而要做到这一切，首先必须做到真诚、坦率。所谓身正为范，只有诚实的教师才能培养出诚实的学生。用康德的话说就是："诚实是一种责任，必须看做是建立在行为基础之上的所有责任的基础，如果容许哪怕是最小的例外，关于这些责任的法则也可能被变得含糊不定、没有用处了。"

（二）公正

公正是指人们根据一定的道德原则和道德规范做事，坚持真理，公平正直，合乎情理，不存私心。在教育过程中，教师的道德公正就是根据平等原则待人处事，处理自己和他人之间的道德关系，在内心深处逐渐形成公正的道德意识和道德信念。具体而言，教师的道德公正就是教师在职业活动中处理人与人之间的关系和各种事情时能做到坚持原则、为人正直、公平合理地对待和评价全体合作者。其中，公平合理地对待和评价所有学生，是教师道德公正的最基本要求。下面让我们通过一位班主任老师的内心独白来进一步理解教师的道德公正。

班里的赵伟本来最让我头疼，最近却像变了一个人，变得整洁了、上课爱发言了，一向不守纪律的他一本正经地管别人，不允许别人违反纪律。作为班主任，我很高兴，却实在不知道他为什么会发生这么大的变化。班长告诉我："老师，同学们说您偏向他。"我愣了，"我没有啊！"班长说："上次测验，赵伟才考了60分，您就表扬他，还抚摸了他的头。"我说："60分对赵伟来说确实是很大的进步，我当然要表扬他了。难道摸一下头就是偏向吗？"班长说："当然了，赵伟也说老师最喜欢他，所以他要做个样子给老师看。同学们都说，老师摸谁的头，就是把谁当自己的孩子。我们考得都比赵伟好，老师也没摸我们的头，这不是偏向吗！"我无言以时。摸头这样一个简单的动作，竟然有如此神奇的功效，它改变了一个孩子。我开始反思自己，并在以后的日子里改变了某些做法。结果，奇迹发生了：课堂上，孩子们总是争先恐后地抢着回答问题，常常有思想的火花；下课了，我的身边总是围着一群唧唧喳喳的"小麻雀"，他们拉着我的手，弹掉我身上的粉笔灰，或是拉我参加他们的游戏。

（三）平等

根据伦理学家的理解，平等与自由是现代道德价值观念中的一对孪生概念，人类在产生了自由理想的同时，也就有了平等的渴望，即所谓"自由意味着平等"。他们认为，平等包括道德平等、政治平等、经济平等、文化平等。站在教师职业道德的角度看，道德平等更具有现实意义。所谓道德平等主要是人际的人格平等或尊严平等，用康德的话讲，就是把人当人看。人格平等是社会平等的最起码要求，其基本原则是人格尊严的相互尊重。个人的人格代表着个人的自我尊严，但个人人格的形成与表现却有着深厚的社会生活背景和文化道德背景。因此，人格平等既是人与人之间相互的人格尊严和公平对待的要求，也包含着人际公平对社会公平的背景期待。

平等作为教师职业道德的伦理基础，不仅意味着教师在社会中的人格与尊严的平等，同时也意味着教师要在师生关系中平等地对待学生的人格与尊严。教师这样一种品格的重要性，可以从如下反面案例中得到更多的启示。

一次语文考试，在解释"亭亭玉立"一词时，学生赵某的回答是"体态优美地直立着"，而李老师的标准答案是"姿态优美地直立着"。李老师觉得"姿态""体态"虽仅一字之差，却明显地表现出两种不同的思想，为了维护自己的尊严便否定了赵某的答案。赵某想不通，据理力争，坚持自己的观点，结果使李老师颇觉难堪，但又不好发作。可巧不几天，又出了一件事。赵某平时爱说爱笑。那天，几个学生在教室里听某同学吹笛子，这位学生最拿手的是吹奏《美丽的姑娘》。一曲吹毕，赵某随手写了一首小小的打油诗："笛声婉转荡天边，××小伙真可怜。美丽姑娘天天唤，不知何时到身边。"本是戏谑玩笑之辞，不料被"火眼金睛"的李老师看到，李老师顿时怒不可遏，决定借此大做文章，意在杀一儆百，教育全班。于是，专门召开班会，将赵某两"罪"并罚，硬说其思想意识有问题。一场疾风暴雨似的批判使赵某从此沉默寡言，学习成绩直线下降，三年没有抬起头来。以后这么多年，谁也不知他的去向，再没见过他的踪影……

（四）宽容

有个故事说，从前有位大官接到了千里之外家乡亲戚的来信，说是家里和邻居在盖房子时墙的地界差了一尺，互不相让，希望大官用势力帮助家里解决争端。大官回了一封信，他在信中写道："千里迢迢为一墙，让他三尺又何妨。万里长城今尤在，不见当年秦始皇。"其实，做人如此，作为教师更应该如此。

那么何谓宽容呢？《大英百科全书》将其解释为："宽容即容许别人有行动和判断的自由，对不同于自己的见解能够耐心公正的容忍。"宽容的基础是人与人之间的相互平等、理解和尊重；其基本前提是，在不背离或放弃根本原则的情况下，以和平友善的方式来看待、理解、容忍和宽恕他人不同于自己的言行甚至错误。宽容有两个基本特点：其一，宽容是有原则的，其基本点是以人为善、与人为善，但这种容忍和谅解又不是无原则的放纵；其二，宽容的道德基础不是强者对弱者的仁慈施舍，而是人格的平等和相互尊重。用一位教师的话说，宽容其实就是"要以平常心做平常事"。一位教师在取得了成绩后，这样表达了她的心声："我今天所取得的成就，离不开学校广大教职工的积极支持。如果说今天有同事对我'不理解'，那只是从生活上对我的关心。他们感到我太累了，劝我要多休息，对此我完全理解，也很感激他们的关心。如果明天出现了真正意义上的对我工作的不理解，我也想得通。因为在我身上集中了太多的荣誉，而有的老师和我一样在工作，几十年过去了，却连一次荣誉也没有沾上。如果换了我，大概也会有想法的。因此，我只能把工作做得更好……"

法律法规是师德的基本保障

法律与道德既相互包容又相互补充。法律是最低限度的道德命令，道德是主体的自我立法。作为教师，不仅要不断加强自身修养，提高自身的道德水准，同时还必须要履行一个公民所必需的法律义务。

1. 法律可以矫正教师对于师德的认识，净化教师队伍

虽然教师职业道德规范对教师规定了较高的道德要求，然而由于部分教师滥用对学生的教化权利和漠视国家的法律法规，教师队伍中违犯法律的事件时有发生。

虽然这些现象产生的原因是多种多样的，但却存在着一个共同点，即这些教师都违反了教师的职业道德，也违犯了国家法律；最不能让人容忍的是，这些事件的直接受害者是祖国未来的希望——学生。

从教师个体来看，此类事件与教师的心理健康水平存在直接关联。在经济社会快速发展的今天，教育的功能日益扩大，教师担负的角色也日益复杂。教师不仅要完成必需的教学工作,还要应对学生的升学压力、校园暴力、学生家长的期待和要求、同事之间的交往、主管教育行政机构的规定和要求,以及自身的发展等各类问题。并且,当前我国中小学教师的经济收入仍不容乐观,拖欠教师工资,尤其是拖欠农村教师工资的现象依然非常严重。此外,教师合法权益受到侵害的现象时有发生。因此,教师经常处于层层的职业压力之中。心理学研究表明,适度压力有助于唤醒人的警觉水平,促使人适度调节动机水平,集中注意力,活跃思维。但是,长期的、过度的压力就会给教师心理、行为和生理等方面带来危害,出现形形色色的心理问题,产生心理障碍。在这些心理障碍的作用下,教师的认知和情绪失控,虐待学生等惨剧就有了发生和发展的土壤。由于当前我国的教师资格认证体系尚不完善,在选拔和任用教师时对教师职业道德水平的考查不够深入。因此,一些人格上存在缺陷、道德和价值沦丧的败类混进了教师队伍,从而导致了令人发指的教师性犯罪现象的发生。

运用法律武器,对那些严重违反教师职业道德规范和国家法规的教师予以惩罚,可以加强教师对于师德的重视。对于那些虐待学生或对学生实施不良惩罚的教师来说,法律的惩罚可以让他们认识到,"教育学生"不是他们对学生实施虐待或不当惩罚的借口。同时,法律的惩罚无疑也对全体教师进行了一次法制教育:教师不仅要具有良好的职业道德意识,还要在教育教学的过程中通过合理的方式方法达到教育的目标。对于那些性犯罪的教师来说,依法对他们进行惩治可以达到纯洁教师队伍的目的。当越来越多的教师性犯罪事件被揭露后,国家在教师的选拔和录用上就会越来越重视对教师职业道德水平的考核,因而,就可以间接地达到提高全体教师的职业道德水平的目的。

2. 法律规范可以促进教师深入研究学生

1994年6月18日,某小学学生小花,因为数学测验考了92分,任课教师认为她计算马虎丢了分数,要当众打她手板,让她吸取这个教训。学习成绩一向很好的小花不肯接受这个处罚,扭过身子,背对老师。这下可惹怒了老师,于是老师扬起教鞭照小花的头部打去,小花当即低下了头。之后,又被打了一下的小花,身体便软软地滑倒在课桌边。老师上来拎起她,只见她鼻子和口角往外流血，顿感情况不妙，赶快将其送往医院，经检查为脑室出血。小花昏迷了5个月后，在医生的精心照料下，病情有所好转。但不幸的是，1995年2月23日上午，小花因旧病复发，颅内大量出血，抢救无效而死亡。

该案最后的鉴定结论是，小花致死的主要原因是她患有先天性脑畸形，但教师的行为是一个主要诱因。在后来的处理过程中，当问及这位任课教师是否知道法律规定不允许体罚学生时，她说知道，但她认为打手板不是真正意义上的打，是为了促进学习，是为学生好。

从小花的具体情况来看，这似乎是一个非常特殊的事例。但在现实生活中，教师出于为了学生好而对学生实施一些非常措施的现象却并不鲜见。对此类事件，许多研究者、媒体或官方的评论，也往往将原因归结于教师的法制观念淡薄。毋庸置疑，法制观念淡薄确实是原因之一，但绝不是唯一的或最核心的原因，或者说绝不是教师有意去违法。事实恰恰相反，此类事件中的教师无一不是"恨铁不成钢"，无一不是为了学生好。但何以为学生好的事常常会被教师搞"砸"，甚至会违法呢？

试想，如果没有限制教师体罚行为的法律规范会是什么样子，或许我们的教师从来也不会去思考这些事件中自己行为的对与错。因为我们的传统观念始终倡导"不打不成器"。其实，教师打与不打和学生成不成器并没有必然联系。我们认为，法律规范对教师体罚行为的约束，可以促使教师去寻求新的培养学生"成器"的路子，而它的基础是认真研究并深入了解学生。因此，在这个意义上，法律规范可以促进教师对学生进行了解与研究。

价值观的类型与教师职业道德

根据价值观的内容，可以把价值观分为不同的类型。基于不同的理论建构，许多研究者对价值观内容的分类进行了探索。其中，罗克奇对价值观内容的分类在该领域具有较大的影响力。他认为，个体具有两种不同类型的价值观，即终极价值观（如表 1 所示）和工具价值观（如表 2 所示），而每一类型的价值观由 18 项价值信念组成。罗克奇的划分体现了价值观的层次性质，表达了价值观作为"深层建构""信仰体系"与"行为选择"之间的相互依存关系。这两种类型的价值观对于教师职业道德的形成和发展都具有重要意义。此外，对于教师而言，教育价值观和工作价值观也是其价值观体系的重要组成部分，与教师职业道德的发展具有直接关联。

表 1　罗克奇的 18 项终极价值观

舒适的生活	内心的和谐	家庭安全
令人兴奋的生活	成熟的爱	自由
有所作为	国家安全	幸福
和平的世界	享乐	社会认可
美丽的世界	拯救灵魂	真正的友谊
平等	自尊	智慧

表 2　克奇的 18 项工具价值观

有抱负的	宽容的	有逻辑的
心胸开阔的	乐于助人的	有爱心的
有能力	诚实的	服从的
欢愉的	富于想象的	礼貌的
干净的	独立的	负责的
有勇气的	聪明的	有自制能力的

1. 终极价值观与教师职业道德

终极价值观与"生存的最终状态"有关，它实际上反映了人类生存的一种终极状态，表达了个体的人生价值目标。换言之，终极价值观就是人们所认为的"值得"或"应该"的人生生存状态。它使人们思考、确定并追求对其人生具有重要意义的目标，是人生价值的核心。从表 1 可以看出，终极价值观下面所包含的 18 项价值信念，实际上包括了概念体系中类似于自由、平等、美丽的世界，和平的世界或拯救的含义。例如，"舒适的生活"意味着物质需要和精神需要的满足，生气勃勃的生活；"令人兴奋的生活"意味着刺激、活跃的生活；"有所作为"意味着在生活中取得了重要成就，满足了自己或社会的要求；"社会认可"意味着敬重和羡慕等。个体可以在这18项价值信念中选择一个，填入下面的句子，来确定一种终极价值观。

"我相信，生存的最终状态是 _____ ，它是个人和社会都值得为之奋斗的。"

个体一旦确定了某种终极价值观，这种价值信念便具有持久性。终极价值观与教师职业道德的形成相互联系。一方面，教师的终极价值观引导教师的职业道德行为。教师的终极价值观实际上为教师确定了人生的价值目标，这些价值目标对于教师的职业道德行为具有重要的引导作用和强烈的动机作用。另一方面，职业道德行为有助于实现教师的人生价值目标。人生价值目标往往是通过一系列的计划、步骤和具体的行为一步步实现的。教师的职业道德行为是在教师人生价值目标的引导下表现出来的，因此这些行为为实现教师的人生价值目标奠定了基础。研究表明，中学青年教师排在前四位的终极价值观分别是"拯救灵魂""真正的友谊""有所作为"和"幸福"。根据该研究表明的中学青年教师的终极价值观状况，就能够在一定程度上解释教师在教育工作中所表现出的敬业、爱学生和教书育人等优良的职业道德。

上海市某中学的蒋老师，在教育这片神圣的净土上辛勤耕耘了近40年。有一年，他带初三毕业班的时候，班上有一名叫丁丁的学生。丁丁的父亲工厂倒闭了，带他到上海打工，母亲仍留在江西老家。丁丁别提有多"皮"了，只要有他在，课堂上就别想有一会儿安宁。他一会儿唱歌，一会儿动手打人。要不，趁着教师一转身，一辆玩具赛车就驶上了讲台。丁丁的父亲对蒋老师说："这孩子太不争气了，从小到大不知挨了多少打，可就是不改，没有一个老师愿意接受他……老师，只有把孩子拜托给您了。"蒋老师义无反顾地接受了丁丁。他相信，丁丁即使是一座冰山，自己也能用爱融化他。在家访中，蒋老师发现丁丁家异常贫穷。当时，班级里的学生都不愿挨着丁丁坐，说他身上的味道难闻。他整日穿着一件汗渍斑斑的黑色文化衫、一双不知穿了多久的胶鞋，怎么能不难闻呢？于是，蒋老师在一天放学后把丁丁带回了家，蒋老师的爱人给丁丁买了新衣服，做了好吃的饭菜……丁丁捧着新衣服，哭了……丁丁在学校的表现开始好转，上课能听讲了，也能写作业了，他在一天天地进步。然而，天有不测风云，一天丁丁的父亲下班刚到家，就因心脏衰竭而猝然死亡。当时正是六月，蒋老师冒着酷暑，拖着病躯，给丁丁家送去了花篮。后来，蒋老师总是在繁忙的工作中抽出时间到丁丁家帮助丁丁学习。有不少人都说："蒋老师，你对丁丁胜过亲子。"最后，丁丁终于考进了高一级学校学习。

从上述事例中可以看出，正是教师对学生的"爱"，给学生的人生带来了转折，让学生度过了危难时刻。正是这种对学生的"爱"，让教师坚守在教育岗位上，教书育人，为国家培养栋梁之才。这种"爱"发端于教师内心深处的底蕴，这种底蕴就是教师的某种终极价值观（如拯救灵魂等），以及价值观背后的价值信念体系。从这一意义上说，终极价值观是教师职业道德形成的向导和动力。

2. 工具价值观与教师职业道德

工具价值观是我们在日常生活中认为"值得"或"应该"的行动和行为的方式。如果说终极价值观确定了人生价值目标，工具价值观则为人生价值目标的实现提供了手段。它直接关系到个体生活方式的选择，是实现人生价值目标的保证。例如，如果个体"心胸开阔"和"宽容"，就更容易达到"内心的和谐"等终极价值观；如果个体"有抱负""有能力"，则更容易实现"有所作为"的终极价值观。从表2可以看出，工具价值观更直接地与日常行为联系在一起。工具价值观是一种单一的信念，人们可以从表2中的18项工具价值信念选项中选择一个，填入下面的句子，来确定一种工具价值观：

"我相信有一种行为方式，即 _____，对于个人和社会来说，它在任何情况下对任何事情都是更可取的。"

研究表明，中学青年教师排在前四位的工具价值观分别是"有能力""心胸开阔的""有抱负的"和"有勇气的"。工具价值观对于教师的职业道德行为具有直接的动机功能，它引发并规范着教师的行为方式。从上述"蒋老师"的例子中可以看出，正是蒋老师的"心胸开阔""乐于助人""有抱负"和"有爱心"等工具价值观，使蒋老师表现出了高尚的师德行为。同时，通过直接制约教师的行为方式，工具价值观也会引导教师实现其终极价值观。因此，工具价值观一方面能够从行为层面上较为直接地制约教师职业道德的形成和发展；另一方面又从行为层面上保证教师终极价值观的实现。

3. 教育价值观与教师职业道德

通过以上对于终极价值观和工具价值观的描述可以看出，人在追求其人生价值（终极价值观）时，往往是在具体的活动领域，通过具体的行为方式（工具价值观）来实现的。对于教师来说，人生价值是在教育教学活动中得以具体体现的，而教师的教育教学活动则在不知不觉中受其教育价值观的支配。教育价值观是个体内在的关于教育教学的思想、观念和行为。作为教师价值观体系中的重要组成部分，教师价值观对教师的教育教学活动具有直接的动力作用。

教师对于教育不同的价值评价会产生不同的教育行为。教育价值观直接决定着教师对职业价值的认同、教育意义的追求等。例如，在上述"蒋老师"的事例中，正是因为蒋老师认同教育的价值，他才具有了"丁丁即使是一座冰山，自己也能用爱融化他"的信念。在这种信念的动力作用下，蒋老师最终通过自身的努力使丁丁实现了人生的转折。如果教师对自己的职业价值不认同，对于教育的作用和教育意义有偏见，对教育目标、教育方向和教育手段不接受，那么教师就缺乏了其职业道德发展的动力，就难以成为一名合格的教师。例如，教师的教学效能感是教师对教与学的关系、教育在学生发展中的作用，以及自己教学效果的认识和评价，在一定程度上反映了教师对教育价值的评价和认可。该领域的研究表明，无论是专家教师还是新手教师，他们的教学效能感与其课堂行为之间存在显著正相关，教师的教学效能感在职业压力与职业倦怠之间具有调节作用，高教学效能感可以改变职业压力的作用，降低教师职业倦怠的程度，从而有助于激发教师的工作动力，以便更好地教书育人。

4. 工作价值观与教师职业道德

工作价值观反映了个体在工作上的一般性态度，即个人在与工作相关的活动中所希望获得的事物。马丁·凯兹定义了10种与工作有关的价值观。

表3 凯兹的工作价值观

价值观	评细内容
高收入	高收入意味着高品质生活，意味着除了基本的生活支出，还有可以随意支配的钱
声望	人们知道你、敬重你、景仰你、听从你的意见或在公共事务上寻求你的看法
独立性	有更多的自己做决定的自由，不需要监督或听从别人的指导。有才能的自由艺术家或作家，可以不需要任何指导地工作；而在军队服务机构或大规模的商业公司，严格限制个人做任何决定
帮助他人	愿意把帮助他人作为你主要的职业，而不仅在工作之余给别人提供方便或捐钱给慈善机构等。进一步说，你是否愿意付出毕生的努力来促进人们的健康、教育和福利
稳定性	即使社会不景气，你也不用害怕失去你的工作和收入。你不会很轻易地被解雇，即便在经济衰退的时候。你的工作不会被飞速发展的技术所决定
多样性	工作内容很丰富，有不同种类的活动和挑战、不断变更的场所，结识新人
领导性	有权力和能力去指导他人，告诉他们怎么做，并评价他们的工作，常常渴望控制事情。希望通过影响他人而使团队工作有效率
有兴趣	坚持自己的职业必须是自己最感兴趣的领域，而不重视兴趣的人则不要求在与兴趣相关的领域中工作，他们喜欢把兴趣作为业余爱好
休闲	在工作之余有大量闲暇的时间、很长的假期，或者自由选择休息的时间。工作不能影响个人的休闲生活及规划
尽早工作	早点儿工作对你来说有多重要？有些职业只需要很少的教育或训练，而另一些则需要长时间昂贵的教育。你希望省下这些时间和支付高等教育的费用

　　教师的工作价值观直接制约着教师个体对于教师工作及与之相关联的职业道德规范的认可，在很大程度上影响着教师的工作效率、工作满意度及献身于教育事业的程度。例如，如果教师重视工作的声望，那么他就会努力提高自己的教育教学能力和个人修养，以较高的职业道德素养来获得学生、家长及同事的尊重，提高自己在教育界的声望。

职业兴趣与教师的职业道德

作为一种社会性动机，职业兴趣为教师职业道德的形成和发展提供了动力基础。职业兴趣对教师职业道德发展的动力作用体现在教师职业生涯发展的各个阶段。

首先，职业兴趣决定着个体对教师职业的选择。个体的职业兴趣具有倾向性，一旦个体对教师这一职业感兴趣时，就会追求这一职业，并愿意为此付出努力。一方面，个体会学习有关的知识，积累教书育人的"知识资本"；另一方面，个体会努力向"教师形象"靠近，接受教师职业道德规范的约束，达到教师职业道德规范的要求，积蓄教书育人的"道德资本"。个体在职业兴趣激发下所做出的这些努力主要发生在职前准备阶段，即个体在师范学院或大学的初始培养阶段。

其次，职业兴趣有助于入职阶段教师职业道德的形成。在职前准备阶段，教师虽然已经积累了一定的"道德资本"，但是只有在教育教学实践中，教师的职业道德才能真正形成。在入职阶段，教师开始进入学校开展教育教学活动。职业兴趣可以使新教师更快地熟悉并适应职业环境和职业角色。同时，职业兴趣能够使教师恪守教师的职业道德规范，在教育教学活动中及在与学生、同事和家长等人的交往中磨炼自己的职业道德行为。这种磨炼的结果是，教师能够在有意无意之中就表现出热爱学生、爱岗敬业等优良行为，并且能够在表现出这些行为时感受到身为人师的快乐，能够赢得学生、同事和家长的认可。

再次，职业兴趣有助于教师职业道德的发展。职业兴趣能够发挥个体的主动性和创造性。在它的动力作用下，教师的职业道德会得到进一步发展。教师对学生的爱更加自然而深沉；对自己的教育教学要求更为严格，不断改进、丰富和创新自己的教学；不断地更新知识、努力研修、提高能力等。此时，教师职业道德的发展进入高峰期，教师具有高度的职业满意感。这些变化主要出现在教师职业生涯发展中的"形成能力阶段"和"热心和成长阶段"。

最后，职业兴趣能够帮助教师度过"职业受挫阶段"，稳定教师的职业道德行为。个体在职业生涯的发展过程中难免会遭遇挫折，教师也不例外。在遭遇挫折以后，教师可能会产生一定的挫败感，甚至导致"职业倦怠"的出现。然而，稳定的职业兴趣会使教师化失败为力量，坚守教育岗位，继续承担为国家培养人才的光荣使命。

教师职业兴趣的培养和提高

职业兴趣不是先天获得的，而是在后天的学习和生活中逐渐形成的。我们认为，教师职业兴趣的培养和提高应注意以下三个问题。

第一，树立教师的职业理想。教师的职业理想是个体献身于教育工作的根本动力，职业兴趣则是教师职业理想的表现形式。例如，"全国师德标兵"林崇德教授在中学时曾经立志成为桥梁隧道工程师，然而班主任孙老师的一次教导，使他比较了桥梁隧道工程师与人类灵魂工程师对于人类社会发展的价值，从而立志成为一名"像孙老师那样的教师，要当一位杰出的教育家"。正是这种职业理想，使林老师在教育岗位上兢兢业业奋斗了数十年，努力"培养值得自己崇拜的学生""爱在细微处，严在当严处"，为我国的教育事业做出了重大贡献。

第二，积累知识，稳定兴趣。对某一职业的兴趣往往会与对该职业所具有的知识成正比。随着与教师有关的知识的积累，个体会更深入地了解教师职业的深远意义，进而更明确自己的人生价值目标，使职业兴趣更为浓厚。

第三，以成功的教学体验提高教师的职业兴趣。一方面，职业兴趣的效能性表明职业兴趣能够充分发挥个体的能力，提高教学成功的可能性；另一方面，成功的教学能够使个体体验到快乐和成就感，进而提高其职业兴趣。

自我悦纳，强化职业认同感

从婴儿期开始，个体产生了自我的萌芽。在之后的漫漫人生中，自我伴随着个体的成长、成熟、衰老直至死亡。从意识到自我的存在开始，个体就产生了某种自我概念。所谓自我概念，就是关于自己的能力、外表和社会接受性等方面的态度、情感和知识的自我知觉，即个体把自我当成一般的客观事物所做出的知觉和评价。要保持良好的心理状态，个体就要对自我保持一种接纳的态度，即自我悦纳。自我悦纳是教师职业道德的自我养成的一个重要方面，它能够使教师在悦纳自我的基础上认同自己的职业，保证教育教学工作的有效进行。

一、教师的自我悦纳

自我悦纳是指自我不但要充分了解和正确认识自己的一切，而且要坦然承认并欣然接受这一切。教师是知识的传播者和心灵的塑造者，只有在悦纳自我的基础上，才能悦纳他人和充当"灵魂的工程师"。一般来说，教师的自我悦纳主要表现为自尊、自信和自爱。

1.自尊

自尊是指个体对自己所持有的一种肯定或否定的态度，这种态度表明个体相信自己是有能力的、重要的、成功的和有价值的。简而言之，自尊就是一种个人的价值判断，它表达了个体对自己所持的态度。

对于自尊的结构，不同的研究者提出了不同的观点。詹姆士认为，自尊＝成功（success）／抱负水平（pretension）。换句话说，个人对于自我价值的感受取决于其实际成就与潜在能力的比值。在此，重要的不是个体所获得的实际结果，而是个体对所获得结果重要性的主观评价。波普和麦克黑尔认为，自尊由知觉的自我（perceivedself）和理想自我（ideal self）两个维度构成。知觉的自我就是指自我概念，是个体对自己存在和不存在的各种技能、特征和品质的客观认识。理想自我是个体希望成为什么样的人的一种意象，这种意象并不是一种轻浮的愿望，而是一种想拥有某种特性的真诚愿望。

171

当知觉的自我与理想自我相一致时，自尊就是积极的；当知觉的自我与理想自我不一致时，自尊就是消极的。库伯史密斯认为，自尊是由以下四个方面构成的：①重要性，即是否感到自己受到生活中重要人物的喜欢和赞赏；②能力，即是否具有完成他人认为很重要的任务的能力；③品德，即是否达到了伦理标准和道德标准；④权力，即影响自己生活和他人生活的程度。尽管不同的研究者对于自尊结构的认识有所不同，但是却为我们提供了认知自尊结构的不同角度。

自尊是人生存的基本需要之一，是人类在最低限度地适应社会生活时必然遇到的需要。自尊在教师生活中的重要性如同植物成长中的阳光和水分。没有自尊，就没有道德的纯洁和丰富的个性精神。因此，自尊对于教师的发展具有重要价值：第一，自尊是教师健全人格的重要组成成分之一。自尊与理性、现实感、直觉、创造性、独立性、灵活性、善良和合作精神等存在积极关联。第二，自尊能够促进教师的人际交往。要与他人保持良好的关系，首先要尊重并忠实于你生命中最重要的那个人——你自己。自尊能够使教师在人际关系方面更为开放，并能够把握人际交往的尺度，与学生、家长、同事进行良好的交流。第三，自尊是教师职业发展的动力之一。高自尊的个体往往会具有高的抱负水平、发展能力，寻求有价值的目标，努力地获得重要人物的认可，并能达到高度的道德水平等，这些都能够在很大程度上促进教师的职业发展。第四，教师自尊的树立有利于学生自尊的培养。要树立学生的自尊，首先要树立教师的自尊。如果教师能展示一个健康、肯定的自我意识，就更容易培养学生的自尊。

2. 自信

从字面上看，自信即自己相信自己。不同的研究者从不同的角度对自信的内涵进行了诠释。马斯洛在其需要层次理论中最早对自信进行了描述，他认为自信是自尊需要获得满足时产生的一种情感体验。罗森伯格认为，自信是相信自己能够根据内心愿望获得成功，是对自我办事能力的确信。国内学者车文博认为，自信是个体相信自己的能力和精力的一种自我意向。《张氏心理学辞典》认为，自信指个人信任自己，对自己所知者与所能者具有的信心，对自己所做的事或所下的判断不存有怀疑。目前，对于自信的内涵尚没有达成一致认可。我们认为，自信具有以下特征：

第一，自信是一个具有复杂层次结构的系统，既包括对自我的认知与评价，也包括个体的情感体验，等等。

第二，自信是对自我的积极肯定和确认程度，属于个体对自己的态度范畴。在具体内容上，自信包括个体对自己的能力、价值等持有积极的态度。

第三，作为一种稳定的性格特征，自信与其他人格系统密切联系、相互制约。例如，自信与个体的自我效能感、自尊，以及自我概念中的能力、价值判断等相关联。

自信能够使人敢于挑战自我，并不断地超越自我，能够使人的潜能得到最佳状态的发挥。因此，就有"吾心信其成，则无坚不摧，吾心信其不成，则反掌折枝之易亦不能"的论述。自信对于教师的职业发展更是弥足珍贵。首先，自信有助于维护教师的心理健康。自信反映了教师对自己高度的接纳状态和积极向上的心理倾向，这种肯定的自我态度不仅有助于教师的心理健康，而且也是教师心理健康发展的重要标志。其次，自信有助于教师实现自己的教育理想。只有自信的教师才能够确定具有挑战性的教育教学目标，并会在不断挑战自我、超越自我的过程中实现自己的理想和目标。有人研究了中外 53 名学者和 47 名艺术家的传记后发现，除了卓越的智慧，他们还有一些共同的人格特征，其中重要的一点就是：坚信自己的事业一定成功。最后，自信有助于教师较好地完成教师的职责。教师的自信对于课堂教学十分重要。只有充分地自信，教师才能最大程度地展示个人的才华和魅力，才能用热情洋溢、神采飞扬的形象驾驭课堂，达到教书育人的最佳效果。此外，自信也有助于教师勇敢地面对教育教学中存在的问题，达到促进学生发展的目的。

3. 自爱

自爱是指人在道德生活中对自己的存在、利益、权利、主体性、价值、人格和尊严的尊重、维护、自豪和荣誉感，它体现着一种自我维护、自我管理精神，个人责任感意识和自我定向及控制能力。从内容上看，自爱主要包括对自己的肉体生命之爱和精神自我之爱两个方面。前者是指对生命的自保，后者就是对自我精神生命，如人格独立价值和尊严的维护、热爱和追求。从自爱发展的机制来看，自知、自主是自爱的基础，自卫、自尊是对自爱的维护，自立、自强是自爱的行动，自超、自善是自爱的目标，而自控、自由则是自爱实现的舵手及所要达到的自我的境界。

自爱是道德进步的起点和主体精神动力的源泉。对于教师来说，自爱对他们的道德生活和社会生活发挥着积极作用。实际上，一些外在的职业道德规范都体现了教师"自爱"的内在需求。

首先，爱岗也是自爱。如果把教师职业当作维持生存的手段，爱岗实际上是"爱自己的生存权利"。同时，不爱岗则不能实现自爱中所谓的"自由"境界。不爱岗对自我带来的结果就是工作上的应付、生活的乏味、情感的冷漠和无奈，不能达到自我实现的高尚境界。

其次，自爱者能爱人。只有爱自己，才能懂得怎样去爱别人，才能够爱别人。因为只有拥有了对作为"人"的自己的关心、负责、尊重和了解，才会具有对"他人"的关心、负责、尊重和了解的能力。自爱的需要和自爱的能力是教师爱人、助人的基础。因此，自爱是教师热爱学生的基础。

再次，自爱者能够爱护自己的形象。形象有内在的，有外表的。内在的指人格美，外在的指仪表美。为人师表是教师职业道德规范的要求之一，它要求仪表美和人格美的统一。自爱的教师一方面能够爱自己的身体形象（仪表美），另一方面能够爱自己的精神形象（人格美）。前者使教师的衣着整洁得体、举止文明礼貌，后者使教师严于律己、作风正派、坚守高尚情操等。

最后，自爱能够使教师达到自超和自善。在当前竞争激烈的知识经济社会，超越自我和完善自我不仅是社会的需要，也是自我发展的需要。自爱能够使教师以自超、自善为目标，在业务上努力钻研，在教学上勇于创新，在知识上不断更新，实现自己的人生价值。

二、自我悦纳与教师的职业认同

职业认同是个体对于所从事职业的目标、社会价值及其他因素的认可。教师职业认同是指教师个体对于教师职业的目标、社会价值、职业理想、职业环境和教师职责等因素的认可，它是在教师从教的过程中逐渐形成和发展的。职业认同对于个体的职业发展具有重要意义，是人们努力做好本职工作、达成组织目标的心理基础。一般来说，教师职业认同具有以下特征。

第一，教师职业认同存在一种动态的平衡。教师职业认同的维持，需要教师的职业自我形象与一系列教师认为其应该扮演的角色之间保持平衡。这种平衡一旦被打破，教师职业认同感将降低。因此，教师职业认同受到教师个体的自我概念和自我形象等自我因素的制约。

第二，教师职业认同是一个多面体。教师职业认同由多个"次认同"构成，如教师个体对于教育目标的认同、教师职业价值的认同等。这些"次认同"之间可能是相互支持的，也可能是相互冲突的。一般来说，不同的"次认同"之间的关系越和谐，教师的职业认同感越高。

第三，教师职业认同对于教师的职业发展具有动机功能。职业认同是教师职业发展的内在激励因素，它能够使教师把自己个人的价值和意义同所从事职业的价值和意义统一起来，促进教师工作的自觉性和积极主动性。教师的职业认同能够促使教师接受相应的教育理念，实施有效的教育教学行为来实现自己的教育理想。只有在个体认同教师职业的条件下，教师的职业发展才具有可能性。

未能形成良好职业认同的教师容易产生职业倦怠。教师职业倦怠是指由工作压力引起的，以身心极度疲惫为主要标志的综合反应，它的主要特点是对教育对象的冷漠和不负责任，情绪和身体的衰竭，以及各种各样的身心症状，如疲劳、易激惹、焦虑等。教师的职业倦怠会严重阻碍教师的职业发展。

自我悦纳与教师的职业认同之间存在紧密关联。一方面，自我悦纳是教师职业认同的必要条件。职业认同需要教师个体的自我形象与职业角色之间达到一种动态的平衡。自我悦纳能够使教师树立适宜的自尊和自信，并在自爱的动力作用下，达到并维持自我形象与教师职业角色之间的平衡，保持教师的职业认同。另一方面，自我悦纳能够通过减少并避免职业倦怠而强化教师的职业认同。自我悦纳能够使教师追求自我价值的实现，并在自信和自爱的调节作用下实现自我的超越，能够在一定程度上避免教师的职业倦怠现象。研究表明，教师的高自尊有助于缓解其职业倦怠，教师的自我概念越好，主观幸福感越高；教学效能感高的教师在面对职业压力时更可能采取较为积极和理智的应对策略；高教学效能感可以改变职业压力的作用，减少教师的职业倦怠，等等。

三、提高教师自我悦纳的途径

教师的自我悦纳是教师职业道德自我养成的一个重要方面，它能够强化教师职业认同，促进教师的职业发展。一般来说，可以通过以下三种途径来提高教师的自我悦纳。

第一，善待自我，不苛求。不能悦纳自我的教师往往以完美主义作为自己的做人标准和职业标准。虽然他们懂得"金无足赤，人无完人"的道理，但是放到自己身上，就变成了一把完美主义的尺子。例如，上公开课时，必须万无一失，偶尔有一点小小的失误（如投影不够清晰、话筒有杂音等）就自责不已；做报告必须掌声四起；升学率必须在年级或全校排名第一，等等。这样，即使获得了成功（别人眼中的成功），他们也会在完美主义的尺度下患得患失。因此，教师要用一颗"宽容"的心对待自己和他人，根据自己的能力提出相应的目标要求。同时，教师在做事情时可以遵循"二八定律"：十件事情能够做好八件就感到高兴，然后再努力地做好第九件和第十件。这样才能使个体很好地树立起自尊和自信。

第二，把握自我，不逞强。对于那种"知其不可为而为之"的事情，要尽量避免，以减少对自己的不必要的伤害。在选定目标的时候，要把握"跳一跳摘桃子"的原则，使目标适合自身的能力，具有实现的可能性。在制订计划时，要使计划富有弹性，给自己留有余地，不逞强。当然，不逞强主要是指教师做事要有理性和计划性，但并不是阻碍个体的上进心。因此，教师在把握自我的同时，还要注意不断提升个人的价值。

第三，超越自我，不自卑。每个人都或多或少具有自卑感。那些过度自尊的人，其内心深处可能是深深的自卑。这种自卑感可以向两个方向发展：一是被自卑感压垮，成为失去自我的人，在这种情况下，个体往往消沉厌世，找不到自己生活的意义和生存的价值；二是通过不断地超越自我、发展自我、克服自卑，成为一个自强自立的人。这种人能够找到个人的价值所在，增强自信心和自尊心。因此，教师要勇于超越自我，在遭遇挫折的时候不自暴自弃；在成功的时候，保持一颗平常心；追求荣誉，但不虚荣；关注别人的评价，但不让那些不负责任的评价成为自己的负担。只有这样，教师才能做到自尊、自爱和自信，才能活得从容而潇洒。

自我调节，维护心理健康

近年来，教师的心理健康状况受到了社会各界的广泛关注。研究表明，我国中小学教师群体心理健康问题的发生率要远远高于一般群体。国家中小学心理健康教育课题组对辽宁省 14 个城市、168 所城乡中小学的 2 292 名教师进行抽样检测发现，51.2% 的中小学教师存在心理健康问题。并且，不同地区、性别和教龄的教师，心理健康问题的发生率存在一定的差异。

教师的职业特点是以人格来培养人格，以灵魂来塑造灵魂。良好的心理健康状况是教师职业道德形成和发展的根本基础，是实现教师职业责任的保证。只有心理健康的教师，才可能具有良好的职业道德并完成教师的光荣使命；只有心理健康的教师，才可能培养出心理健康的学生。教师心理健康问题的良好解决，需要自助和他助的有效结合。其中，教师的自助，即自我调节，对于维护教师的心理健康具有重要意义。自我调节是指人们给自己制订行为标准，用自己能够控制的奖励或惩罚来加强、维护或改变自己行为的过程。教师的自我调节主要包括情绪的自我调节、职业压力的自我调节及心理品质的优化等。下面我们将分别对这三个方面加以阐述。

一、教师情绪的自我调节

情绪是人对客观事物的态度体验及相应的行为反应，由心理、生理和行为成分构成。在心理层面上，主要表现为愉快和不愉快等主观体验；在生理层面上，主要表现为高度的觉醒和紧张等生理反应；在行为层面上，主要表现为采取某种行为的冲动等。例如，当遭遇地震时，个体会感到这是一件极度危险的事情，在生理上表现为呼吸急促、心跳加快，并且要采取逃离等行为。

（一）情绪在个体生活中的意义

情绪是有机体适应生存和发展的一种重要方式。例如，情绪能够直接反映个体的生存状况，在人际交往中，通过察言观色了解对方的情绪状况，以采取适当的措施等。情绪还具有动机功能，能够激励人的活动，提高人的活动效率。同时，情绪对于其他心理活动具有组织作用，积极的情绪对其他心理活动起协调作用，消极的情绪起破坏、瓦解作用。

情绪对于教师的生活和教育教学具有十分重要的影响。良好的情绪能够促进教师的身心健康，消极的情绪则会危及教师的身心健康。因此，情绪已经成为衡量个体身心健康的重要标准之一。一般来说，消极的情绪可能会导致两种心理问题：一种是不良情绪的不合理发泄可能会导致教师行为问题的出现，如教师对学生的体罚、辱骂等；另一种是不良情绪的抑制和积累会引发教师的内部心理问题，如抑郁、焦虑等。强烈的情绪体验还危害着教师的身体健康，如持续的愤怒和急躁容易使教师受到心血管疾病的侵袭。因此，就成功、快乐的生活而言，个人的情绪调控力、理解自己和他人情绪的能力——掌控不良情绪的能力，比智商、财富等更为重要。调节自己的情绪是教师拥有快乐健康的人生、形成职业道德的重要保证。

（二）情绪产生的 ABC 机制

　　要彻底控制自己的情绪，需要寻找个体的情绪，尤其是不良情绪产生的根源。阿尔伯特·艾利斯等人提出了"情绪的 ABC 理论"，揭示了引发人类情绪的主要原因。这为我们掌控自己的情绪提供了诸多启示。这一理论的基本观点是，人类的不安情绪主要源于人类的信念及人类对事件和周围情境的自言自语的述说，而不是源于实际的事件与情境本身。个体情绪产生的路线是 A—B—C。

　　A（activating event）是诱发事件，是个体记忆中的、当前体验到的或将要发生的令人担心的各种境遇的总称。之所以称之为"诱发事件"，是因为这些事件诱发、刺激并且唤醒了人们的思维、理性和非理性的信念系统及自言自语的述说。

　　B（belief）是个体的信念和自言自语的述说。在诱发事件的作用下，个体会不断地产生内心对话或自言自语。这些自言自语的述说几乎是自动进行的，没有太多的意识参与，它们决定着我们对事件和情境做出各种情绪反应。信念和自言自语有两种主要的类型：一是理性的信念与自言自语，主要指自我救助性的、应对性的和适应性的述说，这些述说能引发健康的情绪；二是非理性的信念与自言自语，也被称为"认知扭曲"或"错误观念"，它们是自我伤害的、自我挫败的、不恰当的述说，这些述说导致不良情绪。艾利斯认为，个体主要的非理性的信念与自言自语包括：三种"必须"（①我必须……②你/他/她必须……③我生活的世界和周围的环境必须……）和三种"绝对应该"（①我绝对应该……②你/他/她绝对应该……③我生活的世界和周围的环境绝对应该……）。在"必须"和"绝对应该"信念的作用下，个体容易得出以下"非理性结论"：①糟糕透顶；②我不能忍受；③指责和谴责；④我真没用；⑤"总是"和"从小"。例如，"我们班级必须要考第一名，否则就太糟糕了，我不能忍受，我真没用……"

C（consequence）是结果，是由我们的信念和自言自语所引发的情绪和行为。情绪方面的结果既包括焦虑、愤怒、抑郁及其他不愉快的情绪，也包括幸福和满足感等积极、愉快的情绪；行为方面的结果可能是积极的、自我救助性的，也可能是消极的、自我伤害的、适应不良的。

这一理论认为，B（信念和自言自语的述说）是引起C（情绪和行为反应）的主要原因，而不是A（诱发事件）。

（三）情绪的调节策略

根据情绪的ABC理论，在产生消极情绪时，教师可以采用以下策略来调节或救助自己的情绪：

第一，认识到引发情绪的主要因素是自己的非理性信念和自言自语，而不是实际事件或其他的现实问题。这样，个体就可以将非理性信念转变为理性信念，然后产生新的情绪和行为。如果人们认为不愉快的事件是导致不良情绪产生的直接原因，自己将无力控制自己的情绪，那么不良的情绪就会肆意蔓延，进而危害到人们的身心健康，甚至造成不可挽回的恶果。

第二，先解决自己的情绪问题，然后再理性地、平静地去处理现实问题和应对难相处的人。

第三，以"更喜欢"和"更希望"取代对自己、对他人和对周围世界所赋予的"必须"和"绝对应该"。例如，用"我更希望学生聚精会神地听讲"代替"学生绝对应该聚精会神地听讲"。

第四，运用分心、转移和娱乐的方法，把注意力放在一些愉快的活动上。

第五，一旦在三种"必须"和三种"绝对应该"的信念下产生了不良情绪，要学会及时驳斥这种非理性的信念，用理性的信念来调节自己的情绪。表4表现了赵老师控制焦虑的整个过程。

179

表4　赵老师应用 ABC 方法控制焦虑

A	B	C	D	E
诱发事件	非理性的信念	情绪和行为	理性的信念（驳斥）	新情绪和行为
今天晚上要举行学校演讲比赛了	我必须做好，要不太丢人了；如果做不好，我就太没用了；我不能忍受每个人那么近地、专注地注视我	我的心跳在加速；手开始发抖；一想到可能在同事面前出丑，我都有点头晕了	必须做好的要求让我焦虑。我希望能够在演讲比赛中做好，但是如果失败了，我也能够忍受。这是一次锻炼的机会	心情平静、有条不紊地整理演讲稿

二、教师职业压力的自我调节

　　教师的职业压力是指教师因为职业所赋予的要求、期待和职责而感受到的压力。当前，教师的职业压力已经成为一个全球性的普遍问题。近年来，我国教师的职业压力问题已经引起了人们的广泛关注。据北京晚报报道：由北京市教科院基础教育研究所完成的《北京市中小学实施素质教育现状的调查研究报告》表明，在北京市城区和郊区随机进行的 300 份教师调查问卷中，93.1% 的教师表示"当教师越来越不容易，压力很大"。在回答"有机会是否调换工作"时，50.8% 的教师表示，如果有机会，会考虑调换工作。有研究者对抚顺市 428 名中学教师的调查发现，93% 的中学教师认为自己有压力，其中 56% 的教师认为自己的压力很大或极大。

　　中小学教师的职业压力主要来自考试、学生、自我发展的需要、家庭、工作负荷和职业期望等因素。例如，社会对教师学历要求的提升、升学率、学生考试的成绩、家长对学校的期望、课程改革的新要求、班主任工作的新任务、与领导的不投缘、与同事的不投机、社会地位等都会给教师带来或大或小的压力。适度的压力有助于唤醒人的警觉水平，促使人适度调整动机水平，集中注意力，活跃思维，提高智力活动的水平。这时，压力是提高和改善人们生活和工作质量的动力。但是，长期的、过度的压力就会给教师心理、行为和生理几个方面带来危害，引发职业倦怠，乃至殃及他人。教师职业压力的解除固然需要外界力量（如社会支持）的帮助，但是作为当事人，教师也应该主动调节自己，以更好地应对压力。

(一) 调整认知

1. 教师要认识到压力在职业生活中的普遍性和客观性

当认识到现实生活中的竞争、压力是无法避免和彻底消除的以后，教师对于生活中已经出现或将要出现的种种压力就会具有一定的心理准备。在认识到压力的客观性之后，教师就会"临危不乱"，在对压力进行细致分析的基础上增强对生活压力的控制感。同时，任何事情都具有两面性，教师还应关注压力的积极方面，把压力看作是挑战而不是威胁，将压力转化为动力。这样，才能避免不良的心理体验，达到维护心理健康的目的。

2. 确定合理的预期

个体的期望与实际成就之间的差异有时会给人以心理压迫感或挫折感，成为教师压力的一个来源。期望越高、与现实的冲突越激烈，产生的压力就越大。例如，王老师期望在期末考试中，自己所带的班级能够考全校第一名，然而最后却考了第三名。王老师因此郁郁寡欢，情绪极度低沉。因此，教师要根据实际情况，为自己确定一个合理且有弹性的预期目标，尽量保持期望和实际成就的吻合。一旦期望脱离了实际情况，个体还要注意调整预期。例如，王老师可以改变自己的预期，认为自己所带的班级只要进入学校的前三名即可，这样由考第一名带来的心理压力就减轻了。

3. 进行积极的归因

海德认为，在事件发生后，人们会从控制源（个体内部或外部环境）、稳定度（稳定或不稳定）和可控性（个体能否控制）三个维度来看待事件原因的特性。在面对成功和失败时，教师可能会将其归因于内部因素的作用，如能力或努力等；也可能认为是由外部因素造成的，如任务难度、别人的作用或运气等。其中，能力、任务难度和别人的作用都是一些稳定的因素，而努力和运气则是一些不稳定的因素，能力、任务难度和运气等是不可控的，而努力则是可控的因素。因此，如果将成功归因于自己的能力，就会感到自信，从而增强再次成功的期望，并会继续努力；如果将失败归因于能力低下，则会感到沮丧或羞愧，甚至放弃努力，因为觉得能力是自己无法控制的；如果认为失败是由努力不够造成的，则个体虽然感到内疚，但还能够产生成功的期望，并发奋努力。因此，教师积极的归因方式应该是将成功归因于能力强，将失败归因于努力不够。

（二）主动寻求社会支持

社会支持是指个体社会性发展所依托的各种社会关系给予个体的心理和物理的支持，包括情绪、信息、物质等方面。大量的研究表明，社会支持对于个体积极地应对压力具有重要意义。社会支持是个体应对压力的一个重要资源，它可以帮助个体降低对职业压力事件或情境的伤害性评估，也可以为个体解决问题提供人力或物力上的帮助，并为个体提供情感上的支持，帮助个体解除或降低压力的不良影响。因此，在面临压力时，教师要学会倾诉和主动沟通，注意向家庭成员、好朋友或同事等寻求帮助和支持。寻求社会支持的行为可以有效地舒缓教师的紧张情绪，最大限度地减少压力的产生。

（三）采取有效行动，挑战压力

当处于压力状态下，一味地逃避或消极对待只能增加压力的强度。许多研究表明，采取回避及掩饰的应对策略（如酗酒、吸烟等）的教师压力更大。同时，在回避状态下所造成的问题的积累，也是教师职业压力的一个重要来源。因此，为了减轻压力，教师必须行动起来，主动面对问题、解决问题。在解决问题的过程中，教师要在对问题进行透彻分析的基础上制订详细的行动计划，顶住压力；用行动来战胜压力，挑战自我。教师要有"屡败屡战"的决心，加倍努力，绝不灰心。在面对众多问题时，先解决最紧急和最重要的，不懂或不能独立解决的问题要主动向他人咨询请教。

（四）进行科学的时间管理

常常会听到教师抱怨"每天有做不完的工作""时间不够支配"等，这种生活状态既与教师的工作负荷量有关，也与时间管理有关。正如美国著名的管理大师杜拉克所指出的："不能管理时间，便什么也不能管理""时间是世界上最短缺的资源，除非严加管理，否则就会一事无成。"因此，在紧张的生活状态下，科学的时间管理也是降低教师职业压力的一个重要手段。对于教师来说，可以运用以下十条法则来管理自己的时间：

第一，立刻处理，适时委任和即刻放弃；

第二，每日行事，认真规划；

第三，程度划分，重要先做；

第四，生活点滴，首重平衡；

第五，重视达成，追求卓越；

第六，把握实际，控制拖延；

第七，尽量避免时间浪费；

第八，不要沦为工作狂，使生活井然有序；

第九，专心致志，事务确切；

第十，工作场所，保持清洁。

（五）善于放松

中小学教师的工作相对繁重。如果不及时放松身心，无休止的疲劳就会形成恶性循环，从而降低工作效率，加大教师的职业压力。因此，教师可以学习一些放松训练的方法，以达到释放压力的目的。

（1）深呼吸法。深呼吸时应全身放松，吸气与呼气的过程要慢，持续的时间各约4秒钟。每天坚持练习两次，每次4～10分钟。

（2）想象放松法。通过对一些安宁、舒缓、愉悦的情境的想像来达到身心放松的目的（如海边漫步、草原奔驰、似小鸟在蓝天中自由翱翔等）。

这样可以使紧张的情绪得到舒缓，并且由于这种舒缓是由自己的努力产生的，因而容易形成对环境的控制感。

此外，教师还可以通过参加各种体育锻炼、与好朋友聊天等方式，达到身心放松的目的。

三、教师心理品质的优化

教师享有"人类灵魂工程师"的美誉。在培养学生的过程中，教师不仅要用知识来教育学生，而且还要以自己良好的心理品质来影响学生。教师良好的心理品质会对学生产生潜移默化的影响，这是任何教科书、任何道德箴言、任何惩罚与奖励制度都不能替代的。因此，做好自我调节、优化自己的心理品质，对于每一位教师都是非常重要的。

（一）教师心理品质的特点

（1）热爱学生，即教师爱护学生、关心学生、期望学生成才的一种崇高品质。这是教师实施一切教育教学行为的基础。正如赞科夫所说的："当教师的必不可少的，甚至几乎是最主要的品质就是要热爱儿童。"

（2）事业心，指教师热爱、忠诚和献身于教育事业时所表现出来的一种品质。强烈的事业心是教师做好本职工作的先决条件。它能够使人发奋，把教师职业作为一份事业来追求，而不是单纯的谋生手段，最终达到以教为荣、以教为乐的效果。

（3）责任感，指教师能够认识并坚持自己所肩负的使命和应该完成的任务，不言放弃。培养学生成才是教师神圣的天职和义不容辞的责任。只有具备高度责任感的教师，才能够肩负这一神圣的职责，才能把学生的发展放在首位，才能不遗余力地献身于自己所从事的教育事业。

（4）果断性，指教师有能力及时采取有充分根据的决定，并且在深思熟虑的基础上去实现这些决定。教师在教育教学过程中，经常会遭遇一些突发事件，这就需要教师当机立断，迅速做出正确决定。如果缺乏果断性，则可能贻误时机，造成不可挽回的损失。

（5）自制性，指教师善于掌握和支配自己行动的能力。教师要面对的是具有不同个性特点的学生，他们在给教师带来快乐的同时，也会给教师带来烦恼。因此，教师必须具有自制性，抑制不成熟的行为和冲动的表现，排除各种障碍，最终实现理想的教育目标。

（6）因材施教，即根据学生的不同特点实施教育。不同时代、不同年龄、不同背景下的学生具有不同的特点，了解学生的特点能够使教师的教育教学有的放矢，达到教育的最佳效果。

（二）教师心理品质的养成

良好心理品质的养成是教师职业道德提高的一个具体有效的切入口。一般来说，教师可以通过以下途径来优化自己的心理品质。

1. 增强教师角色意识

教师肩负着学习者和学习引导者、心理教育者、行动研究者、教育创新者等不同的角色，每种角色都需要教师具备相应的心理品质。在日常的教育教学实践中，教师要明确教师的角色要求，经常用教育者的标准来衡量自己的心理、言行，自觉地调节自己的认识和行为。例如，教师要时时刻刻用"我是教师""我的行为要像教师"等言语来提醒自己，增强遵守教师职业道德规范的自觉性。

2. 调节自己的抱负水平

教师要根据自己的能力设置自己的抱负水平，并且伴随着目标的实现，逐渐调整自己的抱负，使自己在教育教学的实践过程中感受到自我价值的实现和价值实现后的心理满足。教师要有不做"一般教师"，争做"优秀教师"

的意识，努力经营自己的教师事业，在不断的努力中实现自己的教育理想。

3. 增强自我反思能力

反思是教师对教育实践的修正并将其升华为实践智慧的过程。教师要善于自我反思，这种反思不只是反思自己的不良行为，还要对一些成功的事例进行反思；不仅要反思自己的教学，还要反思自己对学生的培养。这样才能够强化自身优秀的心理品质，及时调整和改正不良的品质。如果一名教师仅仅满足于获得经验而不对经验进行深入的思考，那么他永远只能停留在新手型教师的水平上。

4. 为自己树立榜样

教师可以通过观察或其他手段（如读书、看报、看电视、听新闻等），了解一些优秀教师的事迹和优良品质，通过榜样的力量来鼓舞自己、激励自己，培养自己的优良品质。

关注生活质量，培养审美情趣

美，是人类生活中不可缺少的东西。生活中"美"的多寡直接决定着个体生活质量的高低。由于教师职业的特殊性，教师的审美情趣渗透于教师生活和教育教学的方方面面。教师是学生学校生活中所接触的重要的审美对象，教师的审美情趣决定了学生审美的品味和审美修养的发展，对于学生"灵魂"的塑造具有重要意义。

一、审美情趣解读

（一）什么是美

1946年，第二次世界大战刚刚结束，经历了战火的德国城市到处颓垣残壁，一片惨象。当时有两个美国人访问了一户住在地下室的德国居民。事后，这两个人进行了一番引人深思的对话。

A："你看他们能够重建家园吗？"

B："一定能！"

A："你为什么回答得这样肯定？"

B："你没有看到他们在地下室的桌子上放着什么吗？"

A："一瓶花。"

B："对，任何一个民族，处在这样困苦的境地还没有忘记美，那就一定能在废墟上重建家园！"

美，是人类生活的主旋律。美给人以享受，给人以愉悦，给人以力量，给人以青春，给人以生命……美是珍贵的，它是把人支撑起来的"柱石"。当美的和风拂过心灵时，心灵就会变得圣洁而光明；当美的细雨掠过大地时，丑的腐恶之气便不能够再逞凶。正是因为美的魅力所在，在上例中，"美"便成为关系着一个民族命运的大问题。

美起源于人类的劳动，一切美都是劳动所创造的。美是人类社会的产物，随着人类社会的发展而发展变化，它不能离开人类社会而独立存在。美是神秘的，因为在每个人的心目中，都有对美的独特见解。同一种事物，此一时，美不胜收；彼一时，色彩全无。美又是科学的，我们能够找到美的规律所在，西湖的自然美、故宫的建筑美等都是古今中外公认的瑰宝。一般来说，美具有以下特征：

第一，美具有鲜明的形象性。美是具体的、可感知的形象，因此人能够直接感受、欣赏和理解美的事物。形象是具体、生动、千变万化的，因而美是个性鲜明而又绚烂多彩的。在自然环境和社会生活中，我们常常会看到广阔之美、静止之美、和谐之美、刚毅之美、优雅之美等，这些都是对具体形象进行感知的产物。

第二，美是人的本质力量的一种确证。美对人有利、有用、有益。美能够陶冶人的情操，提高人的感知力、想象力和创造力，疏导人的情感。因此，美的本质和人的本质是不可分割的。

第三，美是一种不以人的主观意志为转移的客观存在。美是一种客观物质的存在，它不依存于人的主观意识条件。例如，"桂林山水甲天下"是客观存在的，并不会因为某些人的否定看法而削弱桂林的山水之美。但是，在理解美的这一特征时还要意识到，美具有一定的社会性。"美是蕴藏着真正社会深度和人生哲理的生活形象（包括社会形象和自然形象），美是真理的形象"。美的客观性和社会性密不可分。

美的具体形态是多种多样的，一般可以分为自然美、社会美和艺术美三类。自然美是指自然事物的美，存在于自然界中。自然美包括两种：一种是经过人们改造的美，另一种是未经人们改造的美。社会美是指社会生活中各种事物的美。社会美渗透着人的作用，因此社会美集中体现为人的美。艺术美是美的集中体现，是人类审美意识的物化形态，是社会美和自然美的集中、概括的反映。

（二）审美活动的基本特征

审美，又称"美感"，是根据一定的审美标准评价事物时所产生的情感体验。简而言之，审美就是人在客观对象的某种属性的刺激下，对它的"美"的感受。例如，当人们初次见到大海时，就会惊叹于它的磅礴气势和广阔胸怀；在欣赏一首乐曲时，沉迷于乐曲所创造的意境之中……每逢此时，客观事物刺激了人的审美意识，人们也就进入了审美状态。一般来说，人的审美活动具有以下特征：

第一，审美活动总是伴随着快感。个体的审美活动总是会伴随舒适感和愉悦感，是人的精神的全方位满足。可以说，审美是一种享受。但是，美感又不同于快感。快感一般是感官的快意（如品尝可口的佳肴、领略花卉的芬芳等），属于本能的体验，是生理性的；而美感则是精神的快意，属于心灵的体验，是心理性的。

第二，审美活动的非功利性。从审美活动的常态、显性的一面而言，审美活动具有非功利性。审美活动使人精神充实、心灵净化，是人类超越实用功利性的一种高级精神活动。但是，我们并不否认审美活动在人的潜意识中有着理性（包含功利性）渗透的事实。

第三，审美活动是人类专有的一种特殊的精神活动。动物是不具备此种意识的，华丽的羽毛和靓丽的皮毛只不过是动物在长期的进化过程中适应环境的产物。

（三）审美情趣

人的审美心理具有一定的共同性和相对的稳定性。然而，审美的天地辽阔无垠，审美的世界变化多端。同一事物，在一个人的眼里美妙绝伦，在另一人的眼里则毫无美感可言。个体之间在审美活动上的差异性，实际上体现了审美情趣的差异。

审美情趣又称为"审美趣味"，是审美主体在面对具有审美属性的事物或现象时所表现出的一种特殊的"判断力"、一种独特的审美定向。简而言之，审美情趣就是我们平时常说的一种属于个体的"喜好与偏爱"。审美情趣是个体的审美经验长期"积淀"而成的，个体的审美情趣因时代、社会、民族、阶级地位、成长环境和文化教养等方面的不同而具有独特性。因此，审美情趣出现了因人而异、精彩纷呈的景观。

由于共同的文化层次与职业习惯等诸多原因，教师的审美情趣仍具有一些属于群体自身的特色，主要表现在以下方面。

1. 教师的审美情趣理应具有高品位

"为人师表"的职业道德规范要求教书育人、塑造灵魂的工作使命，决定了教师要具有高品位的审美情趣。这种审美情趣的方方面面都要渗透出深厚的文化底蕴。具体来说，教师应该酷爱读书，在书的海洋中领略思维的美，享受文化财富，使自身变得高尚；教师的服饰要淡雅端庄；教师的语言要睿智风趣；教师在举手投足之间要体现出个人的修养等。

2. 教师的审美情趣应具有"人本意识"

由于职业目标与工作对象的原因，教师必然要更多地关注"人"。教师的人本意识主要体现在两个方面：第一，要懂得并确认"人"（包括他自己在内）的价值和地位。对于自身，教师要自重；对于他人，教师要尊重其价值。第二，对人（主要是对学生）的平等与尊重态度。教师要以发展的眼光来看待学生、尊重学生，只有教师关心学生的尊严感，才能使学生通过学习而受到教育。教育的核心就其本质来说，就在于让儿童始终体验到自己的尊严感。教师对学生所持有的平等与尊重的态度主要表现为一种"公正"，即教师要注意到每个学生，关注每个学生的发展，而不要厚此薄彼。只有具有了这种"人本意识"，教师才能发现每一位学生身上的闪光点，发现美的所在。

3. 教师的审美情趣要达到"艺术境界"

教师的教育与教学都可以归入艺术的范畴，因为教师面对的是"学生心灵的塑造"。只有在教育教学中追求一种"艺术境界"，才能塑造出圣洁的心灵和国家的栋梁。要达到这种"艺术境界"，需要教师拥有探测心灵的独特方法，以及有效传授知识的一整套精湛的艺术。这需要教师的智慧、学识、情感及人格的共同作用，突出表现在教师处理问题的态度与语言表达的情趣上。

二、教师审美情趣的价值

教师的审美情趣是教师综合素质的外化，它体现在教师工作的一切领域，对教师的形象、教育教学等方面具有深远的影响。

（一）教师的审美情趣与教师形象

由于职业的特殊性，教师形象具有与其他职业形象不同的特点，即公众性（教师要面对学生）、规范性（教师要遵守职业道德规范）和榜样性（教师的形象对学生具有榜样作用）。教师形象的这三个特点在突出教师独特性的同时，也体现了一种美的存在。实践证明，当一位端庄稳重、大方文雅的教师出现在学生面前时，会带给学生美的享受，同时使学生油然而生一种敬意，并会产生一种相亲相容的心理。这种美由教师自己来创造，并对学生具有直接的引导和榜样作用。因此，教师的审美情趣虽然属于个人，但又不仅仅属于个人。

教师形象的美可以分为外在美和内在美，这两种美与教师的审美情趣紧密关联。教师的外在美主要是指教师的仪表美，主要表现在教师的服饰等方面。教师的审美追求直接决定了教师的衣着、发型及装饰，这些也往往构成了他人评论教师外在形象的内容和依据。一般来说，教师在衣着服饰上要本着"淡雅端庄""舒适和谐"的审美原则，努力达到两个和谐：一是与教师个人气质、性格的和谐；二是与环境的和谐。

教师的内在美，主要是指教师的"心灵美"，简单来说就是教师的风度。曾经有人说过，一个人的容貌在 *20* 岁之前主要是父母给予的，但是 *20* 岁之后的容貌却是自己创造的。这实际上就体现了后天形成的风度对于个体形象的重要影响。当教师具有了高品位的审美情趣，用知识来锤炼思维、用幽默来笑对人生、用爱心来培育学生，那么教师的风度在举手投足之间就会表露无疑：学生会在教师有力的步伐中感受坚定，在教师风趣的语言中感受高雅，在教师关爱的眼神中感受爱心……这样，即使是一名相貌普通的教师，在学生眼中仍然是伟大而富有魅力的。

（二）教师的审美情趣与教育

教育是一门艺术，也是一门高深的学问。教育的最终目的是让学生成才，而理想的教育过程则是引发学生的学习兴趣，在学习过程中学会学习，并且能够能动地对待求知活动。在这一过程中，教师的作用不容忽视。教师是教育效果的主要决定者，是否能达到理想的教育过程和教育效果，取决于教师的素质。教师的素质则在教师的审美情趣中得到整体性的展现。

第一，教师的审美情趣影响教师的教育方式。教育不是灌输与填充，而是渗透与濡染。虽然这已经成为人们的共识，但是一些教师却难以运用渗透和濡染的教育方式。实际上，要恰当地运用好这种教育方式，一种有效的方法就是发展学生的情感和良心，唤醒他们发自内心的文化要求和精神需要，引发他们接受教育的积极性。这就需要教师把审美情趣运用到教育教学之中。例如：语文课上，要让学生领会到每一个无生命字词的美，体验到作者所创作的美的境界；物理课上，要让学生感受到自然界的神奇；历史课上，要让学生沉浸在历史中聆听人类长河流过的声音……没有教师审美情趣的引导，课堂教学将会枯燥无味，课堂气氛只能是"三味书屋"般的一潭死水。

第二，教师的审美情趣体现了教师的进取心和崇高理想，并能够促进学生的健康成长。教师的审美情趣体现了他的人生观和价值观，并随时体现在他所传授的知识和他对事物的态度上。这实际上为学生树立了鲜活的榜样，引导着学生的人生方向。例如，一位教授曾经告诫学生在求学的道路上，不仅要学习知识，还要学会做人。几年之后，这位教授的学生在课堂上同样对学生提出了这一要求，并用自己的实际行动为学生树立了良好的榜样。这一人生要求，影响的不仅是几名学生，还是涉及几代甚至几十代学生。

第三，教师良好的审美情趣体现为健康的心理与乐观的情绪，这为学生的心理健康教育提供了重要支柱。在良好审美情趣的引导下，教师的内心是充实的，情绪是积极的，头脑是智慧的。因此，教师健康乐观的心理品质会有效地发展和维持，并进一步引导学生形成健康的心理状态。

第四，教师良好的审美情趣能够促进学生审美眼光的形成。从美育的角度来说，教师的审美情趣体现在教育教学过程中，教师良好的审美情趣实际上就是长年累月地为学生上着直观的美学课。这对于学生审美眼光的形成、审美品味的提高具有直接作用。

三、教师审美情趣的提高

作为人类总体意识的一种历史积淀，美的意识虽然在一定程度上受先天因素的影响，但更多的是后天获得的。因此，教师审美情趣的自我修炼十分必要。

第一，保持乐观而积极的生活态度。"美趣"与"生趣"是相互关联的。一个热爱生活的人，一定也是爱美的；一个爱美的人，一定也热爱生活。个体的生活态度会影响其认知，进而影响对美的感知。当一个人的生活态度积极时，他所看到的许多事物都是美的。但是，当一个人的生活态度消极时，他的世界就是灰暗的，美的事物在他面前也会黯然失色。教师积极而乐观的生活态度主要取决于他对教师职业的态度。一位热爱教育事业的教师，他的审美情趣自然会流露：他所看到的教育是有价值的，学生是可爱的，教学是艺术的……这样，教师的审美情趣就具有了高尚的内涵与真切的表露。

第二，激发广泛而强烈的求知欲望。教师审美情趣的一个重要特征就是审美情趣的高品位。审美的高品位的基础是深厚的文化底蕴。这种文化底蕴形成的驱动力就在于个体求知的欲望。在求知欲望的动力作用下，教师会徜徉在书海中流连忘返，会珍惜一切学习知识、拓展思维的机会。长年累月，这种知识的洗礼、思维的锤炼会使人在有意无意间表现出一种高品位的审美。教师求知欲望的根源是教师的自我发展的需要。因此，教师要设立自己的人生目标、职业目标，在理想的动力作用下，激发自己的求知欲望。

第三，培养一定的艺术爱好。艺术是美的一种集中体现。一定的兴趣爱好，不仅能丰富生活，还能陶冶情感。很难想像一位没有任何爱好的人能够具有高品位的审美情趣。艺术爱好能够修心养性，塑造性格，充沛情感。它不仅对教师审美情趣的性质和格调起决定作用，还对教师的审美情趣起推动作用。

第四，在教育教学实践中自觉养成和锻炼发现美的能力。培养审美情趣的关键是要拥有一双发现美的"眼睛"。在培养发现美的眼睛时，一方面，要从主观上肯定人生和世界是美的，这是前提条件；另一方面，要发展自己的感性能力，这一能力决定着发现美和感受美的概率及深刻程度。

优化人际沟通与管理，
建立良好的师生关系

人际交往是个体社会生活中的一个重要组成部分，也是个体成长与发展的重要基础。对于学生来讲，其生活基本上处于三种人际关系之中：亲子关系、同伴关系和师生关系。其中，同伴关系和师生关系是学生在学校生活中两种最重要的人际关系。对于教师来讲，师生关系和同事关系是最重要的两种人际关系。其中，师生关系是制约教师教育教学工作的核心人际关系。优化师生之间的沟通、科学管理学生、建立良好的师生关系，不仅是教师职业道德的重要体现，也是教师进行良好的教育教学的基础。

一、师生关系解读

师生关系是教师与学生在教育过程中为完成一定的教育任务，以教与学为中介而形成的一种特殊的社会关系，是学校最基本的人际关系。与其他人际关系相比，师生关系具有一些独特的特征。

第一，教师与学生之间是一种自上而下的垂直关系。对于学生来讲，教师是权威，学生与教师之间的关系是一种互补的、不均衡的关系，教师对学生起控制作用，而学生往往服从教师的领导，因此师生关系是一种垂直关系。这与亲子关系具有某种相似性。与之相反，学生的同伴关系或教师的同事关系则是一种平行关系。这种平行关系以平等性和开放性为特征，不存在交往地位的差别。

第二，师生关系的目的指向具有特殊性。一般人际关系的目的指向交往双方各自的利益需要，而师生关系的目的指向超越了交往双方主体自身，是为了完成共同的教育目标而达成的偶遇关系。

第三，学生与教师之间的交往是他们自己无法选择的。与一般人际关系中的双方主动选择、自愿确认的关系不同，师生关系是"外定"的，关系的建立不取决于双方的意愿。

第四，师生关系是一种制度行为。在一般的人际关系中，关系的规则是双方约定的。然而，师生关系中的个人行为则受制度的约束，关系的规则是制度决定的普遍性要求。

师生关系的特殊性决定了其在教育教学过程中的重要价值。首先，师生关系构成了教师教育教学的一种重要的资源。良好的师生关系有助于师生之间良好的沟通和交流。师生之间的沟通和交流是教师因材施教的基础，也是培养学生的学习兴趣，使其积极参与课堂学习的关键。因此，师生关系在一定程度上决定着教师的教学效果。其次，良好的师生关系有助于学生的正常发展。进入小学以后，学生至少有一半的时间是在学校度过的，良好的师生关系能够使学生感受到学校的温暖，增强学习的欲望。同时，对于那些非正常家庭（如离婚家庭、单亲家庭等）的学生来说，教师的爱和关怀能够补偿学生在家庭中的情感缺失，有助于学生学业的进步和健康心理的发展。最后，良好的师生关系本身就是教师职业道德的一种体现和验证。因此，良好的师生关系能够在一定程度上促进教师职业道德的发展。

二、教师的人性假设与学生管理

由于师生关系是一种垂直的关系，因此教师对学生的控制与管理是制约师生关系良好与否的关键因素。在教育教学工作中，教师如何看待学生、如何认识学生的本性，与教师的学生管理工作的开展存在直接关系。教师对学生的管理总是以对学生人性或本性的认识为基础展开的。下面我们将着重介绍教师的人性假设在学生管理中的作用。

1. 经济人假设与学生管理

经济人假设源于 *18* 世纪亚当·斯密关于劳动交换的经济理论。后来，麦格雷戈将这一理论概括为 X 理论，其基本观点是：①人生来就是懒惰的，只要有可能就会逃避工作；②一般人都缺乏雄心壮志，也不愿意负任何责任，宁可要他人来领导与指挥；③人生来就以自我为中心，漠视组织的需要；④人是缺乏理性的，本质上不能自律，容易受他人的影响；⑤一般人参加工作都是为了自己的生理和安全需要，只有金钱和物质利益才能激励他们工作。

根据"经济人"的人性假设，教师应该对学生采取以下管理措施：①学生管理的重点是完成教学目标，提高学习效率，不需要关心学生的感情和愿望；②在管理的手段上，对于积极者给予奖励，对于不积极者给予严厉惩罚，即采用所谓的"胡萝卜加大棒"的管理方式；③制定严格的规范，强调规则管理；④学生的责任是学习，听从管理者（教师）的指挥。

经济人假设及由此产生的学生管理措施，强调了学生学习的物质诱因，提出了"胡萝卜加大棒"的管理方式，突出了目标或任务的完成，这对学生的管理工作无疑具有一定的启发。然而，它把学生的学习完全看做是物质驱动的，忽视了学生的感情、愿望，以及人性的复杂性和多样性。因此，在学生管理中完全运用这种方式是行不通的。

2. 社会人假设与学生管理

社会人假设是基于梅奥的"霍桑实验"而形成的，强调最令人满意的组织将是最有效率的组织。这一人性假设的主要内容是：①驱动人们工作的最大动力是社会需要和心理需要，而非经济需要，人们追求的是保持良好的人际关系；②生产率主要取决于员工的士气，而士气则取决于家庭、社会生活以及组织中人与人之间的关系是否协调一致；③在正式组织中存在非正式组织，而非正式组织有其特殊的行为规范，对其成员有着很大的影响；④领导者要善于倾听意见，使正式组织的经济需要和非正式组织的社会需要取得平衡。

根据社会人假设，教师在学生管理工作中的相应对策是实行"人际管理"，包括：①教师不应该只关注教学任务的完成，而应该将重点放在关心和满足学生的需要上；②教师要重视师生关系的培养，培养学生的归属感和整体感；③提倡奖励集体的制度，不提倡奖励个人的制度；④让学生参与管理；⑤教师应该在学生和学校之间起沟通作用。

社会人的人性假设强调了个体的社会和心理需要，在一定程度上是对经济人假设的超越。它对于"以人为中心"的管理思想的形成具有重要价值。然而，这一人性假设尚没有揭示人的需要的多层次性和复杂性，并且这一人性似乎过于强调感情，忽视理性，使管理陷入了另一泥潭。

3. 自我实现人假设与学生管理

自我实现人假设，是由美国心理学家马斯洛首先提出来的一种人性假设。马斯洛认为，人的行为都是由需要决定的，而需要是有层次的，只有在低层次的需要满足之后，才能实现高层次的需要。人具有五种基本的需要类型，依次是：生理的需要、安全的需要、爱和归属的需要、尊重的需要、自我实现的需要。自我实现的需要居于最高层次。所谓自我实现是指人都需要发挥自己的潜力，表现自己的才能，只有如此，才会感到满足。麦格雷戈将自我实现理论进一步深化，提出了 Y 理论，其主要内容包括：①人生来并非是懒惰的，一般人的本性是勤奋的；②人能够进行自我指导和自我控制，因而强制与惩罚不是实现管理目标的唯一方法；③在正常情况下，人们不仅愿意承担责任，还会主动寻求责任；④员工的自我实现倾向与组织所要求的行为之间并没有矛盾，只要管理适当，人们就会把个人目标与组织目标统一起来；⑤大多数人都有一定的想像力和创造力，在现代工业社会中，人的智力并没有充分发挥出来。

根据自我实现人的人性假设，教师对学生的管理应该是：①作为管理者，教师应该为学生创设一个有利于发展的制度和环境，使学生能够充分发挥自己的能力和潜力，实现自身的最大价值；②强调内在激励，把获得知识、增长才干和实现自我成就感作为学生学习的动力；③由于学生具有一定的自控和自治能力，因此，教师可以下放权力，建立决策参与制度，让学生充分施展才能；④制定班级（学校）和学生个人的发展计划，把学生的个人目标和班级（学校）目标统一起来。

自我实现人假设强调民主管理，把激发个体的自我实现需要作为管理的基础，这对于教师的学生管理无疑具有重要的启示。然而，自我实现人假设把人性过于理想化。人的本性是先天素质和后天环境交互作用的产物，人性本善或人性本恶的极端观点都是不全面的甚至是错误的。

4. 复杂人假设与学生管理

复杂人假设是针对经济人、社会人和自我实现人假设的局限性而提出的一种人性假设。复杂人假设认为，人是复杂的，人的差别不仅因人而异，而且同一个人在不同年龄、不同地位、不同时间和不同地点会有不同的需求、动机和行为。基于这一假设，形成了管理学中的"超 Y 理论"，即权变理论。这一理论认为：①人的需要是多种多样的，而且随着人的发展和生活条件的变化，需要的层次也在不断改变；②人在同一时间会有各种各样的需要和动机，它们会发生相互作用，并结为一个整体，形成错综复杂的动力模式，共同决定人的行为；③人在组织中的工作和条件是在不断变化的，因而会不断产生新的需要和动机；④不存在适用于一切的管理措施，组织管理必须因时、因地而异。

复杂人假设对于教师的学生管理工作产生的启示是：①教师不仅要了解学生整体特点，还要了解每位学生的需要和特征，实施因人而异、因地制宜的管理方式；②教师要了解学生的变化，以动态的眼光看待学生的发展，灵活地变换管理方式；③对于教育教学过程中遇到的不同性质的问题，应采用不同的管理方式；④要把激发学生自我实现的需要作为灵活多样的管理方式的立足点。

复杂人假设按照动态的和辩证的观点来审视人性，关注到个体的行为动机和行为方式的动态变化，因此对于提高管理制度的效率是十分有效的。然而，从一定程度上说，复杂人假设过分强调了人的差异性的一面，而相对忽视了人所具有的共性的一面。

5. "人性假设"的回归：以人为本的管理

上述的四种人性假设和管理方式从不同的角度探究了对人的管理，在某种程度上都有其可取之处，然而也不可避免地存在一些缺陷。*20世纪70年代以后*，有关人和人性的研究并没有终止，但重点不再是探究"人是什么样"的问题，而是着眼于研究人"为什么会这样""怎样去影响人"的问题。在这一背景下，以人为本的管理理念逐渐成为一种主导性的管理思想，具体来说，以人为本的管理强调：①人的全面发展是管理的终极目标；②开发人的潜能是管理的主要任务；③组织与人的共同发展是管理的最高境界。

以人为本的管理思想体现在教师的学生管理中，表现为：①教师要承认并确定学生的主体地位；②充分开发学生的潜能；③关心学生及其正当权益；④引导学生获得全面发展，帮助他们满足自我实现的需要；⑤统一学生的个人目标和班级（学校）目标，实现学生个人发展和班级（学校）发展的双赢。

三、优化师生关系，掌握人际沟通技巧

优化学生的管理，需要良好的师生关系作为基础；良好师生关系的建立，则需要"以人为本"的学生管理的支持。除了运用科学的学生管理方式，灵活运用人际沟通的技术也是优化师生关系的一个重要方面。要达到师生之间的有效沟通，教师需要掌握以下人际沟通技巧。

1. 关注技巧

关注技巧是教师需要掌握的首要的沟通技巧。关注是指教师要使用身体语言、面部表情和眼神向学生表示：你是我现存唯一关心的目标，我会把精力集中在你身上。使用关注技巧，可以加深学生对教师的信任，强化其继续讲话的欲望。关注是使学生打开"话匣子"的开关。教师使用关注技巧要遵循下述要求：①全神贯注地聆听学生讲话；②认真观察其细微的情绪与体态的变化；③做出积极回应，如当学生哭泣时递给学生一张纸巾等；④运用言语和体态语来表现对学生表述内容的关注与理解，使学生感到他讲的每一句话、表露的每一种情感都受到了教师的充分重视。

在使用关注技巧时，教师可采取"嗯""噢""是的""我明白了"等语言，使学生的话题能够继续；在体态语方面，教师可以运用点头、注视、面部表情的变化、适宜的坐姿及一定的沉默等向学生表示自己的关注程度。

2. 积极聆听技巧

积极聆听是指认真听对方讲话，认同其内心体验，接受其思维方式，

以求设身处地的思考并给予反馈。通过积极聆听，可以使师生之间的沟通保持顺畅，使学生感受到教师的爱与关怀，并且有助于培养学生的独立自主能力。采用积极聆听的沟通技巧要遵循以下原则：①把握时机。只有当学生在倾诉情感时，积极聆听才是有效的。如果学生所问的是知识性的问题，积极聆听就无效了。②对事不对人。教师应明了积极聆听的着力点是倾听和理解学生流露出的情感，而非对学生本人或所言之人进行人身评价。③要有耐心。积极聆听需要花费许多时间，因此当教师觉得很忙而无法对学生进行积极聆听时，要向学生坦诚说明，表示愿意另约时间倾听。同时，在使用积极聆听技巧时，教师要向学生反复表明，老师相信他自己解决问题的能力，并愿意与他花时间一起解决问题。④尊重学生隐私。师生沟通时，学生向教师吐露的心声，教师要为之保密。如果学生知道教师把他的隐私作为同事间的谈资，势必会损及师生关系。⑤在积极聆听时，教师要做到不批评、不判断、尊重、敏锐和以对方为中心。

使用积极聆听技巧的重点在于：一是要仔细倾听学生的感受，二是要对学生的情感做出反应。在教师的语言反应上，可以使用"你觉得……""你认为……"等句式。

3. 探讨技巧

探讨技巧是指教师帮助学生积极认识、思考其成长中的挫折与障碍的过程。探讨是以讨论为基础、以启发为手段的积极的思维过程。通过探讨，教师可以帮助学生从不同角度思考其生活中遇到的困难与挫折及其解决方法。因此，探讨的最终结果是助人自助。

教师在使用探讨技巧时要注意：①在帮助学生认识与思考其当前的困难、挫折与自我成长的关系时，多提问题，少加评论；②多启发，少说教；③多鼓励对方讲话，少讲个人意见；④多提开放性问题，少提封闭性问题。

当然，教师与学生的探讨并不意味着教师要消极、被动地完全认同学生所讲的每一句话。相反，教师要学会以提问来表达自己的不同意见，以讨论来加深学生对面临的困难与自我成长之间的辩证关系。

4. 同理心

同理心是指沟通方暂时放弃自身的主观参照标准，尝试设身处地地从对方的参照标准来看待事物，使个体能够从对方的处境来体察他的思想、行为，了解他因此而产生的独特感受。个体具有同理心需要达到三个要求：

①站在对方的立场去理解对方；②了解导致这种情形的因素；③使对方了解自己这种为对方设身处地的思考。

　　对于师生之间的沟通来说，教师要具有同理心就是指教师要站在学生的立场和处境，设身处地地体验学生的认知和感受。因此，同理心在师生沟通过程中能够使教师正确地了解学生的感受，并能够将这种体验向学生转达。在教师处理问题时，可以运用同理心来思考以下内容：①发生了什么事（经验）；②学生在这一过程中的体验（感受）；③学生期望采取的行动（行为）。对于这些问题的考虑，将有助于教师设身处地地为学生着想，从而找出有效的解决问题的办法。